대입전략의 모든 것

대입전략의 모든 것

박종석 외 지음

이담 Books

머리말

　대학의 문은 여전히 높다. 정확하게 말하면, 어떤 지점을 찾아가야만 원하는 대학의 문을 들어갈 수 있을까? 물론 입시 전문가라면 비교적 쉽게 답을 찾겠지만, 수험생이나 저학년, 그리고 자녀 입시에 관심이 많은 학부모에게는 대학 합격은 여전히 높은 문턱이다. 희망하는 대학 문을 쉽게 찾아 열 수 있는 방법은 없을까?

　학교 현장에서는 고3 담임일 경우에는 수험생 진학지도 차원에서 입시 정보에 대해 지속적인 관심을 가지지만, 입시제도의 변화무쌍함에 고3 담임조차도 혀를 내두를 지경이다. 현 정부에 들어와서 입시 정책이 간소화되었다고는 하지만, 그 속사정을 현미경으로 들여다보면 대학마다 내신 반영 방법과 교과목마다 선택의 폭이 달라서 간소화라는 입시 정책이 무색할 정도이다.

　이미 출판한 『대학을 사로잡는 자기소개서, 추천서』, 『명문대가 뽑아주는 대입 자기소개서, 추천서』, 『명문대가 뽑아주는 대입 면접의 모든 것』은 대학 수시에 관한 각각의 개별적인 입시 서적들이었다. 그나마 수험생들과 학부모, 교사, 입시 관련 기관에 다소간의 도움이 되었다고 자평하는 바이다. 이는 판매와 관련한 저자의 판단일 뿐이다. 이러한 자평 속에서도 조금 아쉬운 부분이 있었다면, 대학 진학과 관련한 실전에서 개별 학생의 구체적인 사례가 없어 어느 기준점이 정확한

지 다소 불분명한 것이 사실이었다. 그래서 한 학생의 내신과 모의고사의 상관관계, 그리고 수능 성적의 최저학력기준의 반영과 관련한 구체적인 합격사례와 학생부교과전형과 달리 학생부종합전형일 경우의 자기소개서 혹은 추천서를 정리하였다. 그리고 불합격일 경우 정시지원 가능 여부 및 가능 대학 수준까지 한 번에 파악하여 정리했기에 이 책은 가치가 있다고 판단한다.

대학 진학 과정을 7단계로 정리할 수 있는데, 이 책에 이를 한눈에 볼 수 있도록 구성하였다. 입시와 관련해서 실증적인 사례를 바탕으로 매우 실감 나도록 담고자 노력하였다. 그리고 한눈에 입시 관련 사항들을 판단하도록 정리하였다. 매우 구체적인 사례를 가지고 학생의 내신 성적 판단—모의고사와의 상관성, 그리고 수시지원의 경우 합격한 자기소개서(혹은 추천서)를 정리하였다. 더불어 불합격의 경우, 이들의 자료를 바탕으로 정시지원까지 사실적인 정보를 정리하였다. 그래서 '매우 실감'이라는 표현을 쓴 것이다. 다만 200여 개에 달하는 대학과 각 대학의 학과별, 계열별에 해당하는 수험생의 정보를 다 정리할 수 없다는 한계가 있음을 고백할 수밖에 없다. 그러나 유사한 위치로 평가되는 대학, 학과를 지원하고자 할 때는 상당한 도움이 되리라고 생각한다. 수시 6군데를 지원한 경우에 합격한 사례를 한 곳만을 중심으로 목차를 잡았지만, 불합격한 대학의 경우가 더 많아 진학과 관련한 간접적인 정보로 활용될 수 있다는 점을 염두에 두고 이 책을 읽을 필요가 있다.

수시의 경우, 학생부교과전형에서는 당연히 자기소개서가 없겠지만, 학생부종합전형이라 하더라도 수험생 개인의 신상과 밀접하게 관계되는 경우는 부득이 자기소개서를 정리하지 못한 점은 아쉽다. 그리고 현장에서 지도했던 교사 집필진의 실제 상담이다 보니 큰 형식을 일정한 기준을 잡아 정리했지만, 개별 수험생에 대한 상담 접근 방법과 수험생의 입시 관련 성적에 대한 판단이 다소 자의적일 수밖에 없기 때문에 내용을 이해하는 데 지장이 없으면 그대로 수집 정리하는 데 그쳤다. 끝으로 반드시 이 책의 〈대학 진학, 수시와 정시〉에 나오는 '대학 진학의 7단계'를 반드시 필독하길 바란다. 왜냐하면 이 책의 자료를 유용하게 활용할 수 있기 때문이다.

개인의 정보를 소중하게 생각하는 시대에 자신의 허물 혹은 자랑인 학생들의 정보를 모아 주신 집필진 선생님과 이들 선생님께 자료를 제공한 학생 여러분에게 감사의 마음을 전한다. 이 자료가 대학 진학을 앞둔 후배에게, 혹은 밤늦도록 입시를

지도하시는 교사에게, 또 입시 변화를 알고 싶어 하는 학부모나 자녀들의 대학 합
격 여부에 신경을 곤두세우는 학부모들에게 도움이 되길 바란다.

2015년 6월 15일
울산에서 박종석

대학 진학, 수시와 정시

대학 진학을 위한 입시는 수시(최대 6회)와 정시(최대 3회)를 구분해서 지원할 수 있다. 먼저, 수시를 지원할 때 특히 고려하는 것은 내신과 모의고사[1](전국연합학력평가, 사설모의고사, 평가원 모의평가 등) 성적이다. 이를 활용하는 이유는 내신은 대학에서 요구하는 수시전형의 핵심적인 요건이 되며, 모의고사 성적은 대학에서 정한 최저학력기준을 가늠할 수 있는 방법이 되기 때문이다.

그러나 학교 내신은 단위 학교별로 차이가 나고 또한 지역 간에도 차이가 있기 때문에, 시도 교육청이나 단위 학교에서는 대학에 진학한 선배 학생들의 합격 자료를 수집하고 이를 바탕으로 수험생이 지원 대학을 적절하게 판단한다. 모의고사 경우는 실제 수능에 응시하는 수험생의 수보다 적기 때문에, 수험생들의 학력 수준을 모의고사 성적보다 조금 낮게 잡을 필요가 있다. 반(半)수생이나 재수생들이 있기 때문인데, 특히 명문대 출신의 반수생들은 기본적인 성적이 높고 그들의 입장에서는 한 문제 한 문제에 따라 원하는 대학과 학과가 달라지기 때문에 항상 입시 전쟁에서 '게릴라 전사'로 불린다.

이 책에서는 대학 진학 과정을 아래와 같이 7단계로 정리하여 각 단계를 구체적으로 담아 한눈에 볼 수 있도록 하였다. 대학 지원 시 다음과 같은 내용을 참고할 필요가 있다.

첫째, 내신은 '1.3〉 1.5〉 2.0 수도권 작전'(『명문대가 뽑아주는 대입 면접의 모든

---

[1] 이 책에서 '모의고사'는 교육과정평가원 주관의 6월·9월 모의평가와 전국연합학력평가 및 사설모의고사 등을 편의상 부르는 개념으로 정리하고자 한다.

것』, 25~27쪽 참고)을 바탕으로 수시지원 대학을 [안정(하향 안전 합격선)-적정(적정 합격선)-소신(상향 지원)]으로 나누어, 대개 한 곳의 대학을 1회 혹은 3회 정도씩 지원한다.

둘째, 지원 대학의 수능최저학력기준을 염두에 두고 지원해야 합격 가능성이 높다. 실제 상위권 대학의 경우, 수능최저기준에 도달하지 못하는 학생이 적게는 20%에서 많게는 70%까지 나타나기도 한다.

셋째, 내신과 모의고사 성적을 고려해서 학생부종합전형으로 지원할 때, 자기소개서 혹은 추천서를 신경 써야 한다. 2015학년도 입시에서는 자기소개서 및 추천서 표절 건수가 9,300여 건이 적발되었다.

넷째, 서류 반영(학생부 혹은 자기소개서) 비율을 고려해야 한다. 반영 비율에 따라 면접 점수의 효력이 있기 때문에 이를 파악해서 지원해야 한다. 서류 반영 비율이 높으면 상대적으로 면접 접수가 낮다. 그러므로 이런 경우에는 면접으로 합격 당락이 바뀔 경우의 수가 적어진다는 점을 염두에 두어야 한다.

다섯째, 수시지원을 하되, 지원 횟수에 논술전형 지원도 고려해야 한다. 이는 대학 합격에 이르는 유력한 방법이기도 하기 때문이다. 준비를 시작하는 시기는 인문계열은 2학년 1학기가 적절하고, 자연계열의 경우는 수학, 과학의 교육과정이 끝난 뒤 대략 3학년 시작 무렵 정도가 적절하다고 생각한다.

여섯째, 수시전형에서 1단계를 통과할 경우, 내신과 더불어 비교과 활동이 영향을 준다. 그리고 대부분 대학의 입시전형의 2단계인 면접에서는 자기소개서 등의 서류와 전공 관련 교육과정에 대한 이해, 시사적인 교양을 준비해야 한다.

끝으로 정시의 경우 수능 점수만을 반영하는 전형과 내신 성적을 일정 비율 반영하는 전형을 고려해서 지원해야 한다. 특히 정시의 경우는 지원 횟수보다는 지망 대학과 지망학과의 모집 정원이 적어 신중을 기하지 않으면 재수를 각오해야 한다. 그래서 안정-적정을 중심으로 지원할 필요가 있다.

이 책에서는 위와 같은 일련의 과정을 수시(인문·자연계열), 정시로 나누어 실제 상담한 사례와 이런 사례의 합격, 불합격의 여부를 구체적으로 확인할 수 있도록 하였다.

수시 상담에는 객관적 성적 지표[2]가 중요하므로, 6월 모의평가까지의 모의고사 성적을 바탕으로 학생 개개인의 최대 백분위점수와 최소 백분위점수를 산출한다. 학생의 모의고사 성적을 아래의 기입 양식과 같이 정리하면 수험생의 성적을 한눈에 볼 수 있다.

고사명	국어				수학				영어			탐구(1)				탐구(2)			
	유형	표점	백분	등급	유형	표점	백분	등급	표점	백분	등급	유형	표점	백분	등급	유형	표점	백분	등급
3월 연합	A	121	85	3	B	101	57	5	121	81	3	화 I	61	81	3	생 I	57	74	4
4월 연합	A	115	75	4	B	139	96	1	135	96	1	화 I	64	89	2	생 I	55	68	4
6월 수능	A	118	78	3	B	117	74	3	124	91	2	화 I	52	58	5	생 I	65	91	2

7월 모의고사 성적은 수시 상담이 이루어지는 시기에 제공되지만 위 데이터와 큰 차이를 볼 수 있고, 9월 모의평기 성적은 수시지원 전에는 원점수만 알 수 있기에 수시 상담 자료를 작성할 때에는 반영하지 않도록 하겠다.

표준점수는 모집단에 따라 점수가 변하게 되므로 이전 연도와 성적을 비교하는 데 무리가 있다. 반면에 백분위점수는 모집단이 변하더라도 해당 영역 및 세부 과목에서 학생 개인의 위치는 거의 변하지 않을 것이기에 이 백분위점수를 활용하는

것이 보다 타당하리라고 생각된다.

먼저 3회 모의고사 성적 중 각 영역·과목별 최대 백분위합을 선별한다. 위의 자료에서는 국어: 85, 수학: 96, 영어: 96이다. 단, 탐구 영역은 두 과목을 더해서 2로 나누어 평균값을 구한다. 즉, 화학Ⅰ: 89와 생명과학Ⅰ: 91을 더해서 2로 나누면 90이다. 산출한 백분위값을 더하면 최대 백분위합은 367이다. 같은 방법으로 최소 백분위값을 구하면 276이다. 즉, 위 학생은 수능 성적이 가장 잘 나온다면 백분위합이 367, 아무리 성적을 못 받아도 백분위합이 276일 것이라고 가정할 수 있다.

위 결과를 6월 모의평가 이후 각 입시기관에서 배부하는 '대입 지원가능 대학 학과' 배치표에 넣어 본다면 지원할 대학을 결정하는 데 도움이 된다.

학생별 상담을 위해서 위 방법을 알려주고 '수시상담기록카드'에 지원 대학 요강을 적어 오도록 한다. 단, 학생 개인이 원하는 대학을 결정할 때 위 백분위 구간에서 367에 인접한 대학은 '소신', 276과 367의 평균값에 인접한 대학은 '적정', 276에 인접한 대학은 '안정'이라고 표시한다. 극단적으로 '소신'에만 6곳 지원을 한다거나 '안정'에만 6곳을 지원하는 것은 자제해야 하며 소신, 적정, 안정에 각 2개씩 골고루 배분해서 찾아오되, 경우에 따라서 약간의 개수 조정은 필요하다.

학생들이 작성해온 '수시상담기록카드' 기록 내용을 바탕으로 3학년 담임교사가 보유하고 있는 UNIV2014, 대입상담프로그램 등의 상담프로그램을 활용하여 전년도 입시결과를 통해 합격 가능성을 예측하고 조언한다.

참고로 UNIV2014 대학입학정보시스템은 (주)비엘소프트에서 제공하는 상담프로그램으로 모든 학년이 사용할 수 있으며, 내신 성적 산출 외에 다섯 번의 전국 단위 수능모의고사와 실제 수능점수를 입력하여 반영영역별 수능예상 석차를 산출하고 지원 학과를 입력한 후 모의 지원서비스를 할 수 있다. 이를 통해 학생들의 지원 대학·학과에 대한 예상 경쟁률 및 합격 가능성들을 예측할 수 있어 체계적이고 객관적인 입시지도를 할 수 있는 프로그램이다. 위 프로그램은 학교단위로 구입하여 3학년 담임교사에게 제공되며 매년 재계약을 통해 프로그램을 이용하고 있다. 대입상담프로그램은 한국대학교육협의회 대입상담프로그램(http://counsel.kcue.or.kr) 자료실에서 다운받아서 설치할 수 있다. '지원/협력고'로 신청한 학교는 매년 업데이트된 자료를 열람할 수 있고, 학생 개인별 수시/정시 합격 가능성을 예측해볼 수 있다.

일선 학교에서 활용하는 수시지원카드 양식과 인터넷 커뮤니티에서 제공되는 것을 종합해 보면 아래와 같이 정리할 수 있고, 카드 작성을 통해 학생의 수시지원 현황을 한눈에 볼 수 있다. 프로그램을 활용하여 수시지원의 실제 사양식을 정리하면 다음과 같다.

대입전형 수시지원카드(양식1)

인적사항	국영수과 (내신)	모의고사 성적현황	국어 (형)	수학 (형)	영어	탐구1 ( )	탐구2 ( )	합(탐구는 2과 목 평균값)
학교명	( ) 등급	3월 모의고사 백분위						
		4월 모의고사 백분위						
학번		6월 모의평가 백분위						
		백분위 중 최댓값						
이름		백분위 중 최솟값						

대입전형 수시지원카드(양식2)

순	지원수준 (소신) (적정) (안정)	지원 대학	학과 (학부)	계열 (인문) (자연) (예체)	전형 명칭	모집 인원	전년도 경쟁률	수능최저 학력기준	대학별 환산등급	대학별 환산점수 (득점/배점)	대학별 고사일 (월/일)
1											
2											
3											
4											

대입전형 수시지원카드(양식3)

순	전형방법		전형요소 및 비율				면접 (%)	논술 (%)	적성 (%)
			서류(%)						
			학생부		자소서	추천서			
			교과	비교과					
1	일괄합산		40					60	
	단계별	1단계(배수)							
		2단계							
2	일괄합산		55					45	
	단계별	1단계(배수)							
		2단계							
3	일괄합산		40					60	
	단계별	1단계(배수)							
		2단계							
4	일괄합산		50					50	
	단계별	1단계(배수)							
		2단계							

위의 방법을 활용하여 실제 상담 사례를 정리하였다. 이러한 양식을 통해 합격 여부를 확인하는 과정에서 앞으로 진학할 대학을 어떤 위치에서 가늠할 것인가를 예측할 수 있다는 점에서 이 책의 가치를 발견할 것이다.

Part 1

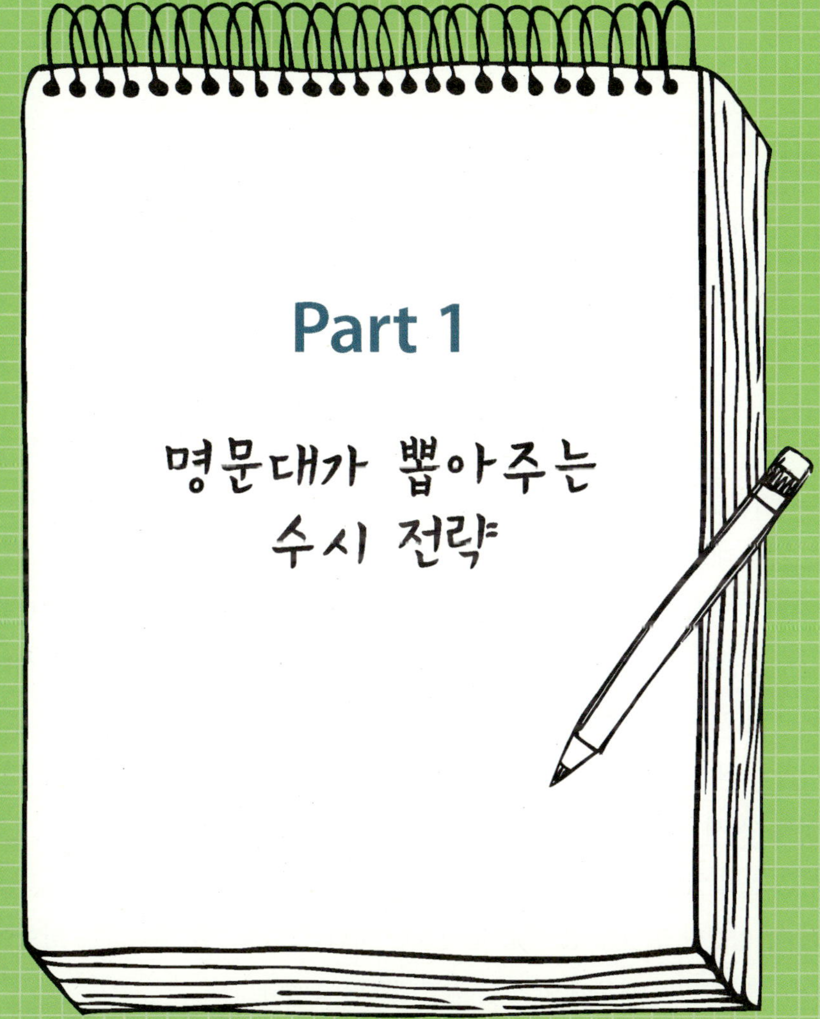

01 인문계열

수시는 최대 6회에 걸쳐 지원하기 때문에 대학별로 정리하는 것이 어렵다. 가령 서울대학교를 지원한 학생의 경우, 다섯 군데를 더 지원하기 때문에 합격 여부에 따라 지원 대학을 분류하기 어려운 점이 있다. 그래서 최초합격한 대학을 기준점으로 해서 대학을 구별해서 정리하였다. 그리고 모든 대학을 정리할 수 없다는 점이 아쉽지만 불합격한 나머지 지원 대학을 함께 정리해 놓았기 때문에 수험생이 지원하려고 할 때 대학의 점수와 정보가 도움이 되도록 하였다.

다만 이 책은 다음과 같은 점을 염두에 두고 입시 자료로 활용되었으면 한다.

첫째, 실제 상담 사례를 다수의 교사들이 작성했기 때문에 일관성을 유지하기 어려운 점이 있음을 이해해 주었으면 한다.

둘째, 일정한 양식에 담긴 입시 자료라 하더라도 자료를 처리하는 방향이 교사마다 다를 수 있기 때문에 이 또한 참고했으면 좋겠다.

셋째, 합격한 사례는 그대로 입시 정보로 활용하면 되지만 자료 가운데 불합격의 사례도 더러 있다. 이 또한 대학 지원의 한계를 볼 수 있다는 점에서 가치가 있을 것으로 판단하여 정리해 두었다.

넷째, 여섯 군데 지원한 경우에 합격한 사례를 한 곳만을 중심으로 목차를 잡았지만 불합격한 대학의 경우가 더 많아 진학과 관련한 간접적인 정보로 활용될 수 있다는 점을 염두에 두어 정리해 놓았다.

1) 서울대학교, 연세대학교, 고려대학교

■ 작성 사례: 서울대학교 인문(광역)

2015학년도 대입전형 수시지원카드

국영수과 (내신[3])	모의고사 성적현황	국어 (B형)	수학 (A형)	영어	탐구1 (한국지리)	탐구2 (사회문화)	합(탐구는 2과목 평균값)
(1.13) 등급	3월 모의고사 백분위	98.85	98.07	98.51	99.29	99.15	394.65
	4월 모의고사 백분위	99.4	97.05	94.53	96.1	93.4	385.73
	6월 모의평가 백분위	98	99	97	99	98	392.5
	백분위 중 최댓값	99.4	99	98.51	99.29	99.15	396.13
	백분위 중 최솟값	98	97.05	94.53	96.1	93.4	384.33

---

3) 내신 성적은 평균 등급을 기준으로 가늠하는 것이 가장 일반적이다. 지원하고자 하는 대학 또는 학과에서 반영하는 교과목이 전 과목인지 일부 과목인지를 먼저 살펴보고 해당 교과목의 내신 성적을 산출하는 것이 기본이다. 학생에 따라서 전 과목 내신 등급과 일부 과목 내신 등급의 차이가 큰 학생이 있으므로 앞에서 언급한 내신 성적 산출 프로그램 등을 활용한 정확한 내신 등급을 구하는 것이 중요하다.

4) 수시지원의 전형 유형에 대한 이해가 부족한 학생과 학부모를 대상으로 간략하게 설명하면 대학별로 자신만의 특유의 유형을 만들고 명칭을 부여한다. 하지만 이러한 유형들도 크게 학생부종합전형, 학생부교과전형, 대학별고사 실시전형 등으로 나눌 수 있다. 학생부종합전형은 말 그대로 학생의 교과성적뿐만 아니라 다양한 활동을 평가하는 전형이다. 이를 위해서 학생의 자기소개서와 교사 추천서 등을 요구한다. 학생부교과전형은 학생의 내신 성적을 중심으로 학생을 평가하고 선발하는 전형이다.대학별고사 실시 전형은 논술고사 및 적성고사를 실시하는 전형을 일컫는다.이 외에도 일반전형이라는 용어도 사용되는데, 이는 내신 성적과 학생부, 면접 등의 요소를 모두 활용하는 전형을 이른다. 용어가 다소 생소하기는 하지만 이 책에 언급된 선생님들의 상담사례에 각 유형의 특징과 대비 방법이 언급되어 있으므로 이해에는 크게 어려움이 없을 것으로 본다.

순	지원수준(소신)(적정)(안정)	지원대학	학과(학부)	계열(인문)(자연)(예체)	전형명칭[4]	모집인원	전년도경쟁률	수능최저학력기준	대학별환산등급	대학별환산점수(득점/배점)	대학별고사일(월/일)
1	소신	서울대학교	인문광역	인문	지역균형	56	4.2:1	3개 영역 2등급(탐구 '상위' 2과목 반영, 한국사 필수)	1.1	97.194 / 100	11/28(금)
2	안정	연세대학교	언론홍보영상학부	인문	학생부교과	5	신설	국B, 수A, 영, 사과(평균) 2개 영역 합 4	1.06	98 / 100	없음.
3	안정	연세대학교	언론홍보영상학부	인문	학교활동우수자(종합)	6	14.88:1	국B, 수A, 영, 사과(평균) 3개 영역 합 6	1.06	19.99 / 20	11/29(토)
4	적정	연세대학교	언론홍보영상학부	인문	일반전형(논술)	12	51.59:1	국B, 수A, 영, 사과(1과목) 4개 영역 합 6	1.06	19.99 / 20	10/4(토)
5	안정	고려대학교	미디어학부	인문	학교장추천	13	11:1	국B, 수A, 영, 사(평균) or 국A, 수B, 영, 과(평균) 2개 영역 합 4	1.05	795 / 800	11/16(일)
6	적정	고려대학교	미디어학부	인문	일반전형(논술)	24	43:1	국B, 수A, 영, 사(평균) or 국A, 수B, 영, 과(평균) 3개 영역 2등급	1.05	449.995 / 450	11/23(일)

순	전형방법		전형요소 및 비율					면접(%)	논술(%)	적성(%)
			서류(%)							
			학생부		자소서	추천서				
			교과	비교과						
1		일괄합산	서류 및 면접 100							
	단계별	1단계								
		2단계								
2		일괄합산								
	단계별	1단계(3배수)	100							
		2단계	70	30						

번호	단계별	구분						
3		일괄합산						
	단계별	1단계(일정배수)	서류(학생부, 자소서, 추천서) 100					
		2단계	70				30	
4		일괄합산	20	10				70
	단계별	1단계						
		2단계						
5		일괄합산	45	10				45
	단계별	1단계						
		2단계						
6		일괄합산						
	단계별	1단계(3배수)	80	서류(비교과, 자소서, 추천서) 20				
		2단계	서류 70				30	

■ 상담의 실제

이 학생은 성적면에서 흠 잡을 곳이 없다. 내신 등급이 1.0이다. 물론 인원수로 봤을 때 수능 만점자들보다는 수치상으로 적지만 대학에서 이런 미묘한 차이를 갖고 수시전형에서 합격과 불합격을 결정짓지는 않는다고 생각한다. 그런 면에서 이 학생의 성적은 충분하다. 이 학생의 다른 강점은 바로 비교과에 있다. 1학년 때부터 꾸준히 참여했던 교지부 활동과 학생회 활동, 진로(언론, 인문)와 연관된 많은 수상실적, 다채로운 독서이력 등이 그것이다. 생활기록부만 봐도 이 학생이 인문과학 분야에서 탁월한 능력을 갖고 있으며, 앞으로의 행보가 더욱 기대된다는 것을 알 수 있다. 많은 학생들이나 학부모들이 비교과에 신경을 쓰면 공부는 언제 하냐고 묻지만 현재 학생부종합전형에서 성적에 대한 정량 평가를 하는 곳은 그리 많지 않다. 작년 서울대학교 수시에서 내신 점수 만점자 중 50% 가량이 불합격했다는 사실은 이 점에서 시사하는 바가 크다. 따라서 상위권 대학 학생부종합전형을 생각하는 학생들이라면 비교과에서 꾸준하고 다채로운 활동을 보여 주는 것이 매우 중요하다.

이 학생의 3학년 생활 중 가장 고비는 일반전형을 생각하다가 지역균형선발전형(줄여서 '지균')으로 바꿔야 했을 때였다. 2학년 때까지는 지균 대상자가 아니었는데, 3학년 1학기까지 내신 성적을 산출한 결과 이 학생이 지균 대상자가 된 것이다. 이렇게 되면서 준비하지 않던 한국사를 공부해야 했다. 여름방학의 상당한 시간을 한국사에 투자했다. 지켜보는 입장에서 판단했을 때, 이 일이 생활의 균형을 굉장히 흔들었다고 생각한다. 공부의 불균형, 다른 과목에 대한 불안감, 전체적인 컨디션 저하의 과정이 분명히 있었을 것이다. 그리고 꼭 이 원인 때문만은 아니지만, 쉬운 수능에서 한두 문제를 실수하며 지균의 최저학력기준인 3개 영역 2등급도 간신히 맞출 수 있었다. 당일 컨디션 난조도 있었을 테지만, 한국사를 너무 늦게 시작한 시점부터 뭔가 불안감이 있었다. 그런데 아이러니한 것은 한국사를 2등급을 맞는 덕에 최저조건이 채워졌다는 사실이다. 고생한 보람이 있었다고 해야 할지, 사서 고생을 했다고 해야 할지 모르겠다. 이를 통해 말하고 싶은 부분은 서울대학교에 지원하려는 학생들은 여러 가지 상황을 열어 놓아야 한다는 점이다. 인문계열 학생들의 경우에는 2016학년 수능 응시생들은 한국사를 필수로 배우기 때문에 이런 문제가 없겠지만 자연계열의 경우 과학탐구영역 중 Ⅱ과목에 대한 준비가 필요하다. 지균을 위해서도 그렇고 면접을 위해서도 그렇다.

이 학생은 서울대학교, 연세대학교, 고려대학교에만 지원을 했다. 연세대학교는 언론홍보영상학부였고 고려대학교는 미디어학부였다. 사실 서울대학교도 처음에는 언론정보학과로 지원하려고 했다. 하지만 언론정보학과는 지균에서 겨우 7명만 뽑기 때문에 지도하는 입장이나 학생이나 부담스러웠다. 그래서 56명을 뽑는 인문광역으로 방향을 바꿨다. 사실 언론 계열 종사자들의 전공은 '언론'이란 글자가 안 들어간 학과가 훨씬 많기 때문에 학생을 설득시키기는 그리 어렵지 않았다. 그리고 학생 본인도 인문광역에 대한 관심이 예전부터 있기도 했다. 이 학생의 경우, 연세대학교와 고려대학교보다 서울대학교 합격을 훨씬 낙관했다. 그만큼 서울대학교 인재상(학업능력/자기주도적 학업태도/전공분야에 대한 관심/지적 호기심)에 부합했기 때문이다. 모의면접을 해봐도 다른 학생들에 비해 답변이 훌륭했고, 진솔했다. 예상대로 합격했다.

그다음부터가 문제였다. 연세대학교 교과전형이야 당연히 합격을 예상했고 합격했다. 하지만 연세대학교 종합전형에서는 불합격했다. 게다가 고려대학교 학교장추천전형도 불합격했다. 종합전형에서 이 학생이 불합격할 리가 없다고 생각했기 때문에 충격이었다. 이유를 세 가지 정도로 가정해볼 수 있다. 하나는 연세대학교 언론홍보영상학부와 고려대학교 미디어학부는 마니아층이 두텁다는 점이다. 서울대학교, 연세대학교, 고려대학교의 학교 간 편차가 점점 줄고 있고, 처음부터 작정을 하고 연세대학교와 고려대학교 특정 학과에 지원하는 학생들은 서울대학교로 이탈하는 경우가 적다는 가정이다. 또 다른 하나는 이 학생의 자세이다. 이 학생은 처음부터 서울대학교를 목표로 한 탓인지 연세대학교와 고려대학교 면접에 임할 때 '절실함' 같은 것이 없었다고 했다. 학생이 말하길, 서울대학교의 경우는 어떻게든 한마디라도 더 해보려고, 눈이라도 한 번 더 맞춰 보려고 노력했는데 연세대학교와 고려대학교는 그런 점이 없었던 것 같다고 했다. 마지막은 인재상의 차이이다. 종합 평가로 입시를 진행하는 횟수가 늘어나고 대학별로 노하우가 쌓이면서 각 학교가 원하는 인재상에 걸맞은 학생을 뽑고 있다고 말할 수 있다. "정답이 이거다!"라고 분명히 말할 수는 없을 것 같다.

마지막으로 고려대학교 논술전형을 언급하고 싶다. 평소 교지에 쓴 글을 보거나 모의논술 답안을 보며 나는 이 학생이 매우 훌륭한 학생 문사(文士)라고 생각했다. 그래서 변수가 많은 논술이지만 충분히 합격하리라 판단했다. 학생도 주어진 문제를 모두 다 풀었다고 말했다. 하지만 불합격했다. 교직생활 10년 동안 논술에서 의외의 결과를 많이 보았다. 이 학생도 그런 맥락에서 이해해야 할 것 같다. 논술은 당일의 컨디션, 문제 난이도, 그리고 알 수 없는 그 무엇이 복합적으로 작용한다. 그래서 지도하는 입장에선 논술을 배제하기도 권장하기도 애매하다.

이 학생은 서울대학교가 원하는 인재상에 최적화된 학생이었고 서울대생이 되었다. 이 학생은 비교과활동을 하면서 여러 날 밤을 새웠는데, 그런 과정을 자신의 발전 기회로 생각하며 즐거운 마음으로 임했다. 그리고 이런 마음이 진로를 결정하고, 3학년이 되어 학업에 집중하는 데에 큰 도움을 주었다(한국사에 손을 대기 전까지는 내신 성적과 모의고사 성적에서 완벽했음). 수험생들은 이 학생의 이런 측면을 주목했으면 좋겠다. 새로운 시대다. 시대는 새로운 인재상을 요구하는데, 그 인재상이 책상에만 앉아 있는 모습이 아니란 것은 자명하다.

■ 수시 결과

순	지원 대학	학과 (학부)	계열 (인문) (자연) (예체)	전형명칭	합격 여부 (최초합격, 후보○, 불합격)	교사 의견
1	서울대 학교	인문광역	인문	지역균형	최초합격	서울대학교 '소신' 지원으로 거의 100% 합격을 예상했음.
2	연세대 학교	언론홍보 영상학부	인문	학생부교과	최초합격	내신 성적에서 어느 누구와 붙여 놔도 경쟁력이 있을 것으로 보여 합격을 예상했음.
3	연세대 학교	언론홍보 영상학부	인문	학교활동 우수자(종합)	불합격	합격을 예상했으나 불합격했음. 딱히 무엇이 원인이라고 말하지 못하겠음.
4	연세대 학교	언론홍보 영상학부	인문	일반전형 (논술)	불합격	논술을 못 썼으니 불합격했다고 말한다면 할 말이 없음. 하지만 평소에 지켜본 바로 결코 불합격할 학생이 아님. 논술의 예측 불가능한 측면에 대해 생각해 보게 되었음.
5	고려대 학교	미디어 학부	인문	학교장 추천	불합격	합격을 예상했으나 불합격했음. 딱히 무엇이 원인이라고 말하지 못하겠음.
6	고려대 학교	미디어 학부	인문	일반전형 (논술)	불합격	논술을 못 썼으니 불합격했다고 말한다면 할 말이 없음. 하지만 평소에 지켜본 바로 결코 불합격할 학생이 아님. 논술의 예측 불가능한 측면에 대해 생각해 보게 되었음.

■ 자기소개서 및 추천서(서울대학교)

〈자기소개서〉

1. 고등학교 재학기간 중 학업에 기울인 노력과 학습 경험에 대해 배우고 느낀 점을 중심으로 기술해 주시기 바랍니다. (1,000자 이내)

학교에서 얻은 지식은 '제 것' 같지 않았습니다. 모두 성적을 위한 단편적인 지식의 암기에 그쳤습니다. 저는 이 지식들을 활용해 삶에 관한 깊은 사고를 하고 싶었고, 제 생각을 제 목소리로 말하고 싶었습니다. 그리고 그 아쉬움을 해소하기 위해 노력했습니다.

대회는 제 바람을 글로 이뤄 낸 첫 번째 경험이었습니다. 저는 1학기 동안 지정된 5권의 책을 모두 읽고, 『음식 전쟁, 문화 전쟁』이라는 책을 택해 대회에 참가했습니다. 저에겐 상을 떠나 경험 자체가 주는 의미가 컸습니다. 책들은 모두 이제까지는 꺼려했던 수준 높은 책들이었습니다. 그 책들을 읽는 동안 제 고민의 원인은 독서를 편식하는 제 습관 탓이었음을 깨달았습니다. 어려운 책들 속엔 더 깊이 있는 지식이 담겨 있었고, 이러한 책들을 읽는 도전이 진정한 '사고'를 위한 발판이었던 것입니다. 논술로 상을 받았다는 사실 또한 항상 확신할 수 없었던 제 작문에 전환점이 되었습니다.

언젠가 본 〈100분 토론〉은 꽤 인상 깊었습니다. 사회적 이슈에 대해 고민하고, 지향점을 모색하는 것이 진정한 지식의 활용이라고 생각했습니다. 그래서 ◇◇대회에 주저 없이 참가했습니다. 하지만 시작부터 어려움을 겪었습니다. 첫 토론에서 맡은 '동성애 반대'라는 입장이 제 실제 의견과 달랐던 것입니다. 제 의견이 옳다고 생각했고, 거짓으로 토론을 하기가 힘들었습니다. 저와 '다른' 입장을 '잘못된' 것이라 여기는 아집에 빠졌던 깃입니다. 제 편견임을 깨딛고, 그 입장의 논리도 존중하기 시작하자 준비는 수월해졌습니다. 팀원과 날을 새가며 연습해 첫 토론에 이어 모든 토론에서 이길 수 있었습니다. 평소 저는 큰 목소리로 주장하는 데 소극적이었습니다. 그래서 이 경험이 더욱 소중합니다. 이로써 공식적 말하기에 대한 두려움을 떨쳤고, 끝에는 침착한 대응과 논리력으로 칭찬을 받기도 했습니다. 또한 이 경험으로 올바른 생각을 가지는 것만큼 중요한 것이 제 생각을 말하는 것이라는 것을 몸소 다시 한 번 깨닫게 되었습니다.

2. 고등학교 재학기간 중 본인이 의미를 두고 노력했던 교내 활동을 배우고 느낀 점을 중심으로 3개 이내로 기술해 주시기 바랍니다. 단, 교외 활동 중 학교장의 허락을 받고 참여한 활동은 포함됩니다. (1,500자 이내)

지금 이 순간, 지난 3년을 알차게 보냈다고 자부할 수 있는 이유는 학교에서 제 손으로 해낸 일들이 있기 때문입니다. 그 중심은 학생회 활동입니다. 학생회는 자율, 주체 그 자체였습니다. 제가 학교와 학생회에 대한 애정이 각별한 이유이기도 합니다. 학생회는 체육대회, 성가합창제, 축제 등 모든 학교 행사의 기획과 준비에 참여했습니다. 직접 기획한 일이 실제로 학교에서 시행되고, 학교를 개선된 방향으로 이끈다는 것에서 오는 뿌듯함은 제 원동력이었습니다. 홍보부원으로서의 만족감도 큽니다. 저는 학교를 홍보하는 데 가장 중요한 것은 온라인 홈페이지라고 생각했고, 학생회 활동, 학교행사, 교정 사진을 찍어서 학교행사, 사진갤러리에 게시했습니다. 한적했던 학교 게시판이 가득 찼고, 반응도 좋았습니다. 제 노력이 인정받아 제 사진들이 공식적인 기록물로 교내도서관에 보관되기도 했습니다. '학교에 기여한 사람이 됐다'는 사실은 항상 저를 기쁘게 했습니다. 매일 목에 걸었던 카메라가 무겁지 않을 정도였습니다.

글쓰기란 제게 두려움이자 하고 싶은 일이었습니다. 그래서 학생들이 직접 교지를 출간한다는 '☆☆부'의 홍보물을 보고는 바로 가입했습니다. 모든 것이 새로워 처음 기사를 쓸 땐 몇 시간 동안 신문 기사만 읽었습니다. 뭐든 직접 해야 했기에, 주 1회는 꼭 모여 글감을 구상하고, 기사를 분배하고, 사진을 찍었습니다. 고생해 처음 쓴 기사가 교지에 실렸을 때의 희열은 동아리에 대한 열정으로 이어졌고, 저는 2학년 때 부편집장 일을 자원했습니다. 기존 일에 회원들의 기사를 모으고 직접 수정하는 일이 더해져 고되기는 했지만 그보다 더한 보람이 저를 채웠습니다. 가끔씩 친구들이나 선생님들께서 교지 잘 봤다며 말을 건넬 때의 기쁨도 남달랐습니다. 빈 공간을 제 생각을 담은 글로 채운다는 것, 제 글을 사람들이 읽는 것은 너무나도 매력적인 일이었습니다. 글을 통해 사람들과 소통하는 일은 제게 점점 큰 의미로 다가왔습니다.

'ㅁㅁ' 동아리는 제가 '생각' 하고 있음을 느끼게 해준 활동입니다. 활동하는 1년 동안 친구들과 함께 문학, 사회, 역사를 넘나드는 책들을 읽어온 후 토론을 해왔습니다. 초반엔 진지한 분위기가 어색해 모두 말을 선뜻 꺼내지 못했지만, 점차 자유로운 대화로 나아가 틀에 박힌 토론보다 더 진솔한 이야기를 할 수 있었습니다. 저는 소외된 계층이나 사회적 문제를 다룬 책에 대해서 토론하는 것을 좋아했습니다. 『내 이름은 욤비』를 읽고는 연민에 그치지 않고 난민법을 개정해야 한다며 열띤 토론을 벌이기도 했는데, 그때의 즐겁고 열정적이었던 저희의 모습이 반가웠습니다.

마지막 활동인 나희덕 시인과의 만남은 인생에서 손꼽힐 만한 소중한 시간이었습니다. 시인의 시 창작과 그 배경을 직접 들으며 저는 그 삶의 섬세함과 차분함에 감동을 받았습니다. '시인은 그 삶을 순간순간 온몸에 스미듯이 느끼는 사람이구나' 하는 생각이 들었습니다. 그때의 감격은 시에 대한 호기심으로 이어졌고, 이는 문학에 대한 배움을 꿈꾸게 했습니다.

3. 학교생활 중 배려, 나눔, 협력, 갈등 관리 등을 실천한 사례를 들고, 그 과정을 통해 배우고 느낀 점을 기술해 주시기 바랍니다. (1,000자 이내)

선생님들께서 제가 학교 직원 같다는 농담을 하실 정도로 저는 많은 일을 맡았습니다. 하지만 그 덕에 앉아서 공부만 했다면 얻을 수 없는 매일 새로운 하루를 보냈습니다.

1년간 활동했던 '○○' 활동도 그랬습니다. '○○'은 급식 줄을 불편해하는 학생들의 의견을 모아 학생회에서 직접 기획한 봉사동아리였습니다. 지원을 받아 조를 짜고, 급식 질서 정리부터 식판 정리까지의 일을 해냈습니다. 한 달에 세 번은 식사 후 쉬는 시간을 포기하고 친구들과 봉사했습니다. 이런 경험은 저도 몰랐던 적극성을 가져다주었습니다. ○○이 없어, 식판 정리가 엉망이었던 날이었습니다. 결국 식판이 다 무너졌고, 저는 식사를 멈추고 바로 달려 나가 식판 정리를 했습니다. 다 정리하고 보니 달려 나온 학생들은 다 ○○친구들이었습니다. 그날 크게 감격했고, 다시 한 번 제 선택을 자랑스럽게 생각하게 됐습니다. 이런 봉사 경험이 없었다면 저는 그냥 모른 체하고 앉아 있는 학생들 중 하나였을 것입니다.

사실 여러 동아리와 학생회 등의 많은 활동을 한 것은 결국 저에게 득이었지만 고민이기도 했습니다. 시험 기간에도, 일이 있을 때마다 당연하게 저는 나가야 했고, 여러 활동이 겹칠 때는 혼란스러웠습니다. 공부 시간이 부족해 힘들었던 것은 물론이고, 건강에도 무리였습니다. 하지만 제가 세운 약속들이었기에 하나라도 소홀할 수 없었습니다. 그만큼 더 노력했습니다. 수업시간은 절대 놓치지 않았고, 잠도 줄였습니다. 그래서 가장 바빴던 2학년 때, 모든 활동에 성과를 내는 동시에 성적 또한 향상시켰습니다. 고3 때는 작년의 열정을 공부로 이어나갔고, 나아가 내신과 모의고사에서 가장 좋은 성적을 얻게 되었습니다. 이 경험은 남아 있었던 제 미래에 대한 불안감을 덜어주었습니다. 아직도 놀라울 따름입니다. 전에는 하루에도 몇 번씩 스스로를 의심했습니다. 저에겐 정말 꾸준함만이 무기였습니다. 그리고 지금은 현재를 다채롭게 즐기며 노력하는 것을 의심하지 않게 됐습니다.

4. 고등학교 재학 기간 또는 최근 3년간 읽었던 책 중 자신에게 가장 큰 영향을 끼친 책을 3권 이내로 선정하고 그 이유를 기술하여 주십시오.
▶ '선정 이유'는 각 도서별로 띄어쓰기를 포함하여 500자 이내로 작성
▶ '선정 이유'는 단순한 내용 요약이나 감상이 아니라 읽게 된 계기, 책에 대한 평가, 자신에게 준 영향을 중심으로 기술

① 도서명: 우리가 일상에서 부딪히는 철학적 질문들
저자/역자: 앤서니 그레일링
출판사: 블루엘리펀트

고3이 된 후 저는 스스로 정체됨을 느꼈습니다. 확고했던 진로가 흔들렸기 때문입니다. 오랜 고민 끝에도 구체적인 미래를 정하진 못했지만 한 가지는 결정했습니다. "'무엇'이 되는 것보다 '어떤 삶'을 살아야 할지를 먼저 정하자." 그러니 자연히 '어떤 삶에서 의미를 찾을 수 있는가'에 대한 의문이 일었습니다. 저는 이러한 고민을 일찍이 해온 철학자들로부터 답을 얻을 수 있을 거라 기대했습니다. 하지만 책은 '정답'을 제시해 주지 않았습니다. 대신 제가 스스로 '생각'할 것을 강조했습니다. 책 속의 일상적 논제들을 생각해보면서도 저는 계속 '삶의 의미'를 생각했습니다. 책을 덮고 나서 저는 가치 있는 삶이란 '삶의 의미를 찾아가는 끝없는 과정'에 있지 아닐까 하는 나름의 결론을 내릴 수 있었습니다. 책을 읽으며 고민했던 매 순간이 저에게 매우 의미 있는 시간이었기 때문입니다. 그리고 저는 새로운 학문을 통해 삶에 대해 생각하는 것이 꽤 재밌는 일이란 것도 몸소 깨닫게 되었습니다.

② 도서명: 인간에 대해 과학이 말해준 것들

저자/역자: 장대익

출판사: 바다출판사

이 책을 통해 얻고 싶었던 것보다 더 많은 것을 얻게 되었습니다. 인간에 대한 철학적 견해를 접했던 저는 이제 과학의 말을 듣고 싶었습니다. 그런 기대를 품었던 저는 과학의 답뿐만 아니라 색다른 호기심도 얻게 되었습니다. 융합적인 사고에 관한 호기심이었습니다. 저자가 강조했던 '융합'이란 단어가 저에게는 상당히 인상 깊게 와 닿았습니다. 사실 문과에 들어온 이후로 전 '과학'을 제 인생에서 다신 필요 없을 학문이라 여기는 일종의 편식을 해왔습니다. 하지만 인간을 철학, 과학의 관점에서 바라보고 나니 느낀 것은 공부는 칸막이 없이 모두 하나이고 끝이 없다는 것이었습니다. 또한 한 질문에 대해서 광범위한 사고를 할 수 있는 것은 참 매력적인 일이라는 생각이 들었습니다. 이후 저는 광범위한 공부를 통해 더 넓고 다각적인 시야를 갖게 된 미래의 저를 상상하곤 합니다. 매일 새로운 삶을 살고 싶었던 저의 소망도 끝없는 공부를 통해 실현시킬 수 있을 것이란 확신도 생겼습니다.

③ 도서명: 엄마를 부탁해

저자/역자: 신경숙

출판사: 창비

『엄마를 부탁해』는 읽을 때마다 다른 느낌을 줍니다. 마지막으로 읽었을 때 느낀 것은 '문학적 글쓰기'에 대한 호기심이었습니다. 엄마라는 우리 모두의 약점을 다루었다는 점을 넘어서, 이 소설엔 슬픔을 유도하는 무언가가 있었습니다. 등장인물인 딸을 '너'라고 하며 서술한 부분은 특히 인상 깊었습니다. 읽다 보면, '너'는 어느새 제가 되어 있었습니다. 단순한 감정이입을 넘어서 작가가 마치 저를 꾹꾹 눌러 부르는 듯 했습니다. 날카롭게 쳐다보는 것 같은 느낌에 불편하기도 했습니다. 처음엔 이렇게 생소했던 이 서술 방식은 매력적으로 다가왔습니다. 이는 전체적인 문학적 글쓰기에 대한 관심으로 이어졌고, 저는 이에 도전했습니다. 당시 저는 글로 현재의 일들과 저의 생각을 고백하는 매 순간 해방감을 느꼈습니다. 제 이야기를 쓰는 것이 이전에는 부끄러운 일이었지만 지금은 제 자신을 알아가고 위로하는 과정이 되었습니다. 그래서 이 책은 아직까지도 저에게 커다란 의미로 다가옵니다.

〈추천서〉

1.

지원자는 한 곳에 정체하려 하지 않았습니다. 그런 도전이 위태로워 보였습니다. 지원자는 2학년 때 ○○부 부편집장, 학생회 홍보부장을 맡았고, 동아리 ◇◇에도 참여했습니다. 부편집장은 여러 날을 새야 했고 홍보부장은 카메라를 매고 줄기차게 뛰어다녀야 했으며, 동아리에서는 독서와 토론이 계속 진행되었습니다. 지켜보면서 걱정도 되었지만 마무리를 잘 지었습니다. 이런 과정이 지원자를 다채롭게 만들었다고 생각합니다.

2.

○○부는 대부분의 진행과정이 학생의 힘으로 이루어집니다. 편집장은 기획, 부편집장은 세부내용 점검으로 분업화되어 있습니다. 하지만 당시 편집장은 제 역할을 행하지 못했습니다. 지원자가 편집장과 부편집장의 일을 모두 해야 하는 상황이었습니다. 저는 조정을 하는 대신 지켜보는 쪽을 택했는데, 잡음 없이 한 해를 넘겼습니다. 이런 것을 배려라고 해야 할지 미련하다고 해야 할지 모르겠습니다. 조금 미련한 학생이라고 해야 맞을 것입니다.

3.

지원자는 2학년 초에 ㅁㅁ지역방송국 ★★★에서 제작하는 '◎◎대회'라는 프로그램에 학교 대표로 출전을 하게 되었습니다. 그런데 프로그램이 끝날 때까지 단한 문제에서도 버튼을 누르지 못했습니다. 다음 날 등교해서 응원해 준 친구들과 선생님들에게 고맙다고 햄버거를 돌리면서 민망해하기도 하고, 조금 울먹이는 것같기도 해서 안쓰러워 보였습니다. 1학년 때부터 동아리에서 본 모습으로는 문제를 못 풀 학생이 아닌데 그런 결과가 나오니 저로서는 안타까움이 더 컸습니다. 나중에 물어보니 아는 문제들이었는데도 머뭇거리다가 버튼을 누르지 못했다는 말을 했습니다.

지원자는 제가 보기에도 1학년 때부터 내성적인 학생이었습니다. 본인과 주변 사람들 모두 아는 일이었는데, 이 사건은 지원자에게도 충격적으로 다가왔던 것 같았습니다. 지원자는 이후로 소극적인 면모를 일신하기 위해 부단히도 노력했습니다. 1번 항목에서 활동을 무리하면서 했다고 언급했는데, 아마도 이런 이유 때문이 아니었을까 생각됩니다. 이후 앞에서 말을 해야 할 상황이 있으면 피하지 않았습니다. 끊임없는 반복으로 자신감을 만들어 내었습니다. 2학년 말에 있었던 ○○대회에서 그 결과가 잘 드러났습니다. 상대팀을 논리로 제압해야 하는 토너먼트 방식의 대회였는데, 버튼 앞에서 손을 떨던 TV 속의 모습이 아니었습니다. 정연한 논리와 순발력이 매우 돋보였습니다. 그리고 3학년 초에 심화반 학생들을 모아 놓은 자리에시 한 명씩 지목하며 자기소개를 구두로 하는 시간이 있었습니다. 차분한 목소리로 부드럽게 이야기를 하는 모습을 바라보며 그동안 참 애썼고, 많이 늘었다는 생각을 했습니다.

극복을 위해 힘든 시간이 필요했을 '신중함'이지만, 이 부분이 글쓰기에서는 큰 장점이 됩니다. 교지에 제출한 글들을 보면 오히려 지원자의 단점 같았던 점들이 글을 빛나게 했습니다. 개인적으로는 이 학생이 글을 쓸 때의 신중함을 버리지 않고, 글을 쓰듯 말을 하는 학생이 되기를 바랍니다. 대학에서 지원자가 이런 성취를 이룰 수 있기를 바랍니다.

2015학년도 대입전형 수시지원카드

국영수과 (내신)	모의고사 성적현황	국어 (B형)	수학 (A형)	영어	탐구1 (한국사)	탐구2 (법과 정치)	합(탐구는 2과목 평균값)
(1.04) 등급	3월 모의고사 백분위	96	100	98	99	100	393
	4월 모의고사 백분위	100	100	97	97	99	395
	6월 모의평가 백분위	99	97	93	82	99	380
	백분위 중 최댓값	100	100	98	99	100	395
	백분위 중 최솟값	96	97	93	82	99	380

순	지원 수준 (소신) (적정) (안정)	지원 대학	학과 (학부)	계열 (인문) (자연) (예체)	전형 명칭	모집 인원	전년도 경쟁률	수능최저 학력기준	대학별 환산 등급	대학별 환산점수 (득점/ 배점)	대학별 고사일 (월/일)
1	소신	고려대 학교	사회 학과	인문	융합형 인재	7	19.7:1	국어B, 수학A, 영어, 사과탐(2과목 평균) 2개 영역 등급 합 4			11/29 (토)
2	소신	고려대 학교	사회 학과	인문	일반 전형	25	40.3:1	국어B, 수학A, 영어, 사탐(2과목 평균) 3 개 영역 2등급	1.02	449.99 / 450	11/23 (일)
3	소신	서울대 학교	인문 (광역)	인문	지역 균형 선발	56	4.2:1	국어B, 수학A, 영어, 사과탐(한국사 필 수), 제2외국어/한문 3개 영역 2등급	1.06	97.07 / 100	11/28 (금)
4	적정	연세대 학교	사회 학과	인문	학교 활동 우수자	5	13:1	국어B, 수학A, 영어, 사과탐(2과목평균) 3 개 영역 등급 합 6			11/29 (토)
5	적정	연세대 학교	영어 영문 학과	인문	학생부 교과 전형	7	신설 전형	국어B, 수학A, 영어, 사과탐(2과목평균) 2 개 영역 등급 합 4	1.04	97.7 / 100	없음.

순	전형방법		전형요소 및 비율						
			서류(%)				면접 (%)	논술 (%)	적성 (%)
			학생부		자소서	추천서			
			교과	비교과					
1		일괄합산							
	단계별	1단계(3배수)	100						
		2단계	1단계 70				30		
2		일괄합산	45	10					45
	단계별	1단계(배수)							
		2단계							
3		일괄합산	100						
	단계별	1단계(배수)							
		2단계							
4		일괄합산							
	단계별	1단계(배수)	100						
		2단계	1단계 70				30		
5		일괄합산							
	단계별	1단계(3배수)	100						
		2단계	70	30					

■ 상담의 실제

이 사례 학생은 화려한 외부 스펙이나 활동을 쌓는 대신 충실한 교내 활동, 열정적인 학습과 내신관리로 희망하는 대학에 진학하는 꿈을 이룬 모범적인 경우이다. 3학년 1학기까지의 전 교과 내신은 1.05, 국수영탐 내신은 1.04로 상당히 우수하였다. 1학년 때 다소 불안한 내신 점수가 2학년, 3학년으로 진급하면서 확고한 최상위권으로서의 자리를 굳혔다. 또한 모의학력평가 점수 역시 흔들림 없이 고득점을 유지하여 대학 입학 전형에서 수시에 상향 지원을, 차선으로서 정시에 지원하더라도 입시 전략을 다양하게 구상할 수 있었다.

학교생활기록부의 활동 내용을 보면 다양한 교내활동에 참가하여 좋은 성과를 거두었다. 각종 교과우수상, 교내경시대회, 모범상, 동아리발표대회 등의 교내 수상실적과 함께 자율활동, 봉사활동, 동아리활동을 적극적으로 하였다. 특히 폭넓은 주제의 독서를 통해 인문학도로서의 기본 자질을 잘 키워 나갔음을 학교생활기록부에 잘 기록하였다. 진로활동에는 국제기구에 진출하여 국제공무원으로서의 포부를 잘 밝히고 있다. 다만 아쉬운 점은 자율활동, 동아리활동 등이 동료 학생들과 구분되지 않고 일괄적으로 기록되어 이 사례 학생만의 장점을 부각시킬 수 없었는데 이런 점을 반영할 수 있는 것이 자율동아리활동이다. 3학년 때 활동한 자율동아리활동을 통해서 이 학생의 인문학적 소질과 잠재성, 관심을 객관적으로 표현할 수 있었다. 학생의 진로와 전공, 역량을 잘 파악하고 이를 자율동아리로 활성화시켜 학생의 활동자료로 구성하는 기획력이 돋보였다. 또한 학생의 자기소개서, 교사의 추천서가 객관적으로 학생의 잠재성을 입학사정관에게 잘 표현하였다.

대학수시지원에서는 학생부종합전형으로 2회, 학생부교과전형으로 2회, 일반전형(논술위주)으로 1회 지원하였다. 학생부종합전형에서는 우수한 내신과 뛰어난 인문학적인 잠재성으로 서울대학교 지역균형선발전형의 인문(광역)군에 지원하여 합격하였다. 서울대학교 지역균형선발전형은 학교 소개자료 제출, 학생의 우수한 내신과 역량, 면접능력, 학교생활기록부상에 나타난 적극적인 활동성과 및 자기주도적인 학습 역량, 발전 가능성 등이 공정하게 평가받아야 하고 이와 더불어 자기소개서, 면접, 수능최저학력기준(3개 영역 2등급)이라는 어려운 조건을 모두 만족해야 하는 전형이기에 대단히 자랑스럽고 멋진 결실이었다.

또한 연세대학교 영문학과에 학생부교과전형으로 전형으로 지원하여 합격하였다. 일관되고 안정된 모의학력평가 성적으로 변별력 난조로 상위권 학생들이 곤란을 겪은 올해의 수학능력시험에서도 흔들림 없이 수능최저학력기준을 무난히 만족하였다.

■ 수시 결과

순	지원 대학	학과 (학부)	계열 (인문) (자연) (예체)	전형명칭	합격 여부 (최초합격, 후보O, 불합격)	교사 의견
1	고려대 학교	사회학과	인문	융합형인재	불합격	충분히 합격할 것으로 예상하였으나 1단계에서 합격하지 못했는데, 고려대학교 단계별 전형기준은 예상하고 만족하기가 상당히 어려웠음. 학교생활기록부와 자기소개서에 나타난 고려대학교의 인재상에 대한 평가가 낮았음.
2	고려대 학교	사회학과	인문	일반전형	불합격	논술시험에 미응시하였음.
3	서울대 학교	인문 (광역)	인문	지역균형 선발	합격	우수한 내신관리와 더불어 올해 강화된 서울대학교 수능최저학력기준을 만족하였고 서류 및 면접 준비를 잘하여 합격함.
4	연세대 학교	사회학과	인문	학교활동 우수자	후보 5위	후보 순위 충원율이 낮았음.
5	연세대 학교	영어영문 학과	인문	학생부 교과선형	합격	우수한 내신관리 및 수능최저학력기준을 만족하여 합격함.

■ 자기소개서

1. 고등학교 재학기간 중 학업에 기울인 노력과 학습 경험에 대해 배우고 느낀 점을 중심으로 기술해 주시기 바랍니다. (1,000자 이내)

공부를 하면서 정석이라 여겨지는 과정만을 고집하지 않은 것이 지금의 저를 만들었다고 생각합니다. 수학은 답을 찾아가는 과정에서 다양한 방식을 활용할 수 있다는 점이 가장 큰 매력이었습니다. 제가 수학에 더욱 애착을 가진 이유도 여기에 있습니다. 그래서 시간이 많이 걸리더라도 답을 찾아가는 새로운 과정에서는 시간이 오래 걸리더라도 해답지를 보지도 선생님께 질문을 하지도 않았습니다. 같은 문제를 혼자 7번이나 풀어 본 적도 있고, 혹 문제를 풀었더라도 어려운 방법을 활용했다는 생각이 들면 다른 방법을 찾았습니다. 삼각형의 넓이를 구할 때도 삼각비, 사선공식 등 다양한 접근 방법을 시도해 보았습니다. 수학공부를 통해 제 스스로 공부에 대해 다양한 접근 방식을 찾아보며, 목표를 이루기 위한 과정을 더욱 즐길 수 있었습니다.

하지만 수학과 달리 국어는 저에게 항상 추리소설처럼 갈피를 잡기 힘든 과목이었습니다. 제 주관적 시각을 가지고 문학작품에 접근하다 보니 정작 글쓴이가 말하고자 하는 바를 이해하기 쉽지 않았습니다. 먼저 국어에 대한 거부감을 해소하고, 문학작품을 감상하는 법을 알기 위해 한국문학책을 시간 내어 읽었습니다. 그렇게 집에 있던 한국문학책을 모두 읽었습니다. 또한 의문점이 완전히 해소되지 않는 부분은 쉬는 시간, 점심시간 할 것 없이 선생님께 찾아가서 모르는 부분을 질문했습니다. 세세한 부분까지 질문하다 보니 선생님께서 힘들어하시고 '시험에 나오지 않으니까 그렇게까지 하지 않아도 된다'라는 말씀까지 하셨지만 저는 계속 질문했습니다. 국어에서 제가 많이 부족하다는 것을 스스로 느꼈기 때문에 누구에게도 노력으로 지지 않는다는 마음가짐을 가지고 공부했습니다. 제 끊임없는 노력은 국어에 대한 저의 자신감 상승과 성적 향상으로 이어졌습니다.

어떤 공부를 하던 목표를 위한 과정에 충실했다면 설정한 목표보다 나은 결과가 따라왔습니다. '정석'을 따라가기에 앞서 저만의 방법을 만들고자 했던 과정 속에서의 제 의지와 노력이 학습의 기본자세라는 믿음이 생겼습니다.

2. 고등학교 재학기간 중 본인이 의미를 두고 노력했던 교내 활동을 배우고 느낀 점을 중심으로 3개 이내로 기술해 주시기 바랍니다. 단, 교외 활동 중 학교장의 허락을 받고 참여한 활동은 포함됩니다. (1,500자 이내)

제 고등학교 생활 중 빼놓을 수 없는 분야가 토론활동이었습니다. 1학년 한국사 시간에 처음 참여한 토론활동이 3학년 때 '온고지신' 동아리활동까지 이어졌습니다. 처음에는 친구들의 반론을 듣거나 저와 다른 의견을 들을 때 반발심을 가졌습니다. 마치 제가 틀렸다고 말하는 것 같았기 때문입니다. 그러나 다양한 의견을 듣는 것으로 끝내지 않고 도서관을 찾아가고, 신문자료를 열람하는 등 더 많은 자료를 찾아보았습니다. 그 과정에서 친구들의 의견이 나름의 이유와 가치가 있다는 것을 알게 되었습니다. 토론활동을 할수록 제 생각과 과정만을 앞세우기보다 친구들의 의견에 더 귀 기울이는 자세를 가지게 되었습니다. 하나의 주제에도 친구들마다 다양한 의견을 가지고 있다는 것이 흥미로웠고, 저와 다른 의견을 알아보는 과정이 즐거웠습니다. 다른 의견을 들을 때마다 스스로 관련 자료를 찾아보는 일도 잦아졌습니다. 토론활동을 통해 친구들의 의견을 존중하는 태도를 중요시하고, 제가 몰랐던 점에 대해 더 알아보는 계기를 마련했습니다. 2학년 동아시아사 시간에 '역사채널 H' 제작을 하면서 매체가 곧 메시지라는 시대를 실감했습니다. '일제강점기 한국인을 도와준 일본인'이라는 주제에서 인물에 대한 설명보다는 현재 우리를 돌아볼 수 있는 계기를 만들고 싶었습니다. '가네코 후미코'라는 인물에 대한 고민 끝에 '잘못된 시대의 가치관에 저항할 수 있는 용기'라는 메시지를 생각했습니다. 친구들에게 제 메시지를 효과적으로 전달하기 위해 배경음악 선정부터 자막이 읽히는 시간까지 세세한 부분들까지 신경을 썼습니다. 현재 우리들의 시각과의 비교를 위해 친구, 경비실 아저씨, 엄마와 제 동생까지 다양한 사람들의 인터뷰도 삽입했습니다. 그렇게 완성된 동영상이 친구들에게 박수를 받았을 때, 저의 의도가 친구들에게 잘 전해진 것 같아 뿌듯했습니다. 동영상을 직접 제작하면서 역사가 책 속에만 존재하는 고리타분한 것이 아니라 현재를 살아가는 우리에게 메시지를 전달할 수 있는 학문이라는 것을 실감했습니다.

처음으로 고향의 문화재에 관심을 가지게 해주었다는 이유로 '유네스코' 동아리에 애착을 가지고 있습니다. 문화재 탐방에만 머물지 않고 이를 시민들에게 홍보하는 캠페인을 중점 활동으로 하다 보니 적극적인 저와 잘 맞기도 했습니다. 제가 살고 있는 지역은 공업도시 이미지 외에도 '문화도시'로서의 역량도 충분히 가지고 있습니다. 그런데 반구대 암각화에 대해 알수록 가치 있는 문화재가 무관심 속에 방치되고 있다는 생각이 들었습니다. 반구대 암각화에 가장 필요한 것은 '관심'이라는 생각에 반구대 암각화를 알리고, 또 보존에 동참하자는 캠페인에 적극적으로 참여하게 되었습니다. 해변을 뛰어다니며 서명운동을 하고, 직접 만든 피켓을 들고 암각화의 가치를 알리기도 했습니다. 캠페인을 하는 내내 우리가 지켜야 할 소중한 문화재는 우리와 가까운 곳에 있음을 알게 되었습니다. 또한 문화재의 가치를 스스로가 알고, 많은 사람들에게 그 가치를 알리는 것이 문화재의 보존에 필요한 활동이라는 생각이 들었습니다.

3. 학교생활 중 배려, 나눔, 협력, 갈등관리 등을 실천한 사례를 들고, 그 과정을 통해 배우고 느낀 점을 기술해 주시기 바랍니다.

〈All I want for christmas is you〉 이 노래를 들으며 1학년 때 친구들과의 합창 공연이 기억납니다. 합창 공연을 통해 좋은 공연은 각자의 실력이 뛰어난 것이 중요한 것이 아니라 함께하는 과정에서 온다는 것을 알게 되었습니다. 화음이 조화를 이루는 과정과 그 과정에서 구성원들이 하나가 되는 모습이 중요하다는 것을 깨달았습니다. 그런 모습을 위해 저 자신부터 많은 노력이 필요했습니다. 제 높은 목소리가 불협화음의 원인이 되었기 때문입니다. 그래서 합창 대열에서 나와 친구들이 함께 내는 소리를 먼저 들어 보았습니다. 한 번으로는 제대로 알 수가 없어서 친구들의 화음을 녹음해서 여러 번 들으면서 연습했습니다. 친구들의 목소리를 듣는 것이 제 목소리를 내는 것보다 더 중요하다고 생각하며 연습을 했습니다. 친구들의 목소리에 집중할수록 서로의 화음이 맞아가는 것을 느낄 수 있었습니다.

별 탈 없이 공연을 준비할 것 같았던 저희 반도 오디션에서 선생님의 혹평을 듣고, 일주일이 넘는 기간 동안 자습을 빠지고 축제 연습을 하면서 많이 힘들어했습니다. 저는 비록 노래를 잘 부르지는 못했지만 친구들과 함께하는 연습이 즐거웠으면 좋겠다고 생각했습니다. 그래서 연습기간 중 저의 높은 목소리로 친구들 앞에서 노래를 부르기도 하고 노래에 맞춰 춤을 추는 등 연습으로 힘들어하는 친구들에게 비타민 같은 역할을 하려고 노력했습니다. 다소 소극적인 아이들에게 먼저 다가가 같이 연습하자며 말을 걸었고, 가사가 잘 외워지지 않는 친구와 즐겁게 가사를 외웠습니다. 긴 시간의 연습으로 지친 친구들을 즐겁게 해주고 싶다는 마음으로 제가 더 활기찬 모습을 보여 주려고 했습니다. 합창공연이 성공적으로 끝난 뒤 친구가 '네 덕분에 즐겁게 연습했어'라고 얘기해 주었을 때 정말 기뻤고, 보람을 느꼈습니다. 즐거운 연습시간을 보내려던 마음은 학교생활에서도 지속되었습니다. 그 이후에 친구들이 힘들어할 때 분위기 메이커로서의 역할을 부끄러워하지 않고 나서서 하게 된 계기가 되었습니다.

4. 고등학교 재학 기간 또는 최근 3년간 읽었던 책 중 자신에게 가장 큰 영향을 끼친 책을 3권 이내로 선정하고 그 이유를 기술하여 주십시오.
   ▶ '선정 이유'는 각 도서별로 띄어쓰기를 포함하여 500자 이내로 작성
   ▶ '선정 이유'는 단순한 내용 요약이나 감상이 아니라 읽게 된 계기, 책에 대한 평가, 자신에게 준 영향을 중심으로 기술

① 도서명: 새로운 기아

저자/역자: 크리스티앙 트루베

출판사: 알마

'기아 문제에 있어서는 아는 것, 바로 그것이 행동의 시작이다.' 이 책에서 가장 기억에 남는 구절입니다. 유네스코에서 기아대책 활동을 하면서 이 책을 읽게 되었습니다. 동아리활동 중 전체적으로 인간은 풍족해졌음에도 불구하고 왜 아직까지 기아 문제가 발생하는지 의문이 생겼습니다. 기아 문제가 단순히 식량 부족의 문제가 아니라 분배의 문제와 연관되어 있으며 그 분배의 과정도 국가의 역사적, 정치적 문제와 결부되어 있다는 것을 알게 되었습니다. 단순히 남는 식량을 나눈다고 해서 기아 문제가 해결되는 것은 아니었습니다. 그래서 저는 기아에 대한 정확한 인식을 바탕으로 기아가 발생하는 원인을 파악하는 것을 해결해야 할 중요한 과제로 삼게 되었습니다. 이 같은 깨달음은 동아리활동 중의 세계시민교육과 기아 관련 활동에 적극적으로 참여하는 태도를 가질 수 있게 해주었습니다. 캠페인을 하면서 단순히 도움의 손길만을 요구하는 것이 아닌 기아의 상황을 정확히 알리려는 태도를 중요하게 여겼습니다.

② 도서명: 금난새와 떠나는 클래식 여행 1

저자/역자: 금난새

출판사: 생각의 나무

평소 가요부터 뉴에이지까지 다양한 종류의 음악을 즐겨 듣지만 클래식은 생소하게 느껴지고, 어떻게 접근해야 할지 몰라 읽게 된 책입니다. 클래식 음악이 예술가의 생애와 밀접한 관련이 있다는 관점을 읽을 수 있었습니다. 클래식 음악의 형성에 17~19세기의 급격한 사회상황이 영향을 주었다는 것을 알게 되었는데, 바로크 음악이 당시 탐험시대와 연관이 있다는 사실은 음악이 그 당시 시대상황과 긴밀하게 연관되어 있다는 것을 알려주는 좋은 사례였습니다. 그 낭시 사회상황과 같은 길을 걸어가는 예술가와 그의 작품에 흥미가 생겼습니다. 꼭 역사책을 통해서만이 아니라도 지난 과거를 돌아보는 다양한 방법이 존재한다는 사실도 알게 되었습니다. '클래식'은 단순히 음악의 한 장르가 아니었습니다. 인류가 만든 가치 있는 문화유산이자 과거의 시대상을 들춰보는 또 하나의 역사였습니다. 클래식 음악은 우리 일상과 동떨어진 예술이라기보다는 사람의 생활 그 자체라는 사실을 알고 난 후 클래식을 편하게 듣게 되었습니다.

③ 도서명: 대구

저자/역자: 마크 쿨란스키

출판사: 알에이치코리아

통념에서 벗어날 수 있는 길은 새로운 길을 개척하는 것에 있다는 사실을 알려준 책입니다. 이 책은 역사적 사건들의 원인이 거창하고, 뭔가 비밀이 숨겨져 있을 것이라고 생각했었던 통념에서 저를 벗어나게 해주었습니다. 책은 '대구'라는 생선을 통해 역사를 바라보고 있습니다. 미국 독립혁명, 노예산업 등 여러 역사적 사건 속에 대구가 빠지지 않았다는 사실은 새로운 관점의 시작이었습니다. 대구에 초점을 맞춘 시각으로 이렇게나 다양한 일들을 설명하고 바라볼 수 있다는 것이 흥미로웠습니다. 대구를 통해 일련의 과정들을 바라본 작가를 상상하다 대구가 아닌 다른 소재로도 역사를 바라볼 수 있지 않을까 하는 생각이 들었습니다. 그만큼 역사는 다양한 관점으로 바라볼 수 있고 또 그래야 한다는 결론을 얻었습니다. 그만큼 공부할 것이 많은 학문이라는 생각도 들었습니다. 역사를 공부할 때 고정관념을 가지지 않고, 다양한 시각을 찾아보고 수용하는 태도가 우선되어야 한다는 생각을 하게 되었습니다.

■ 작성 사례: 연세대학교 언론홍보영상학부

2015학년도 대입전형 수시지원카드

국영수사 (내신) (1.7) 등급	모의고사 성적현황	국어 (A형)	수학 (B형)	영어	탐구1 (한국사)	탐구2 (사회문화)	합(탐구는 2과목 평균값)
	3월 모의고사 백분위	85	99	89	95	88	91.20
	4월 모의고사 백분위	90	98	98	97	99	96.40
	6월 모의평가 백분위	97	99	97	90	98	96.20
	백분위 중 최댓값	97	99	98	97	99	**98.00**
	백분위 중 최솟값	85	98	89	90	88	**90.00**

순	지원 수준 (소신) (적정) (안정)	지원 대학	학과 (학부)	계열 (인문) (자연) (예체)	전형 명칭	모집 인원	전년도 경쟁률	수능최저 학력기준	대학별 환산 등급	대학별 환산점수 (득점/ 배점)	대학별 고사일 (월/일)
1	소신	연세대 학교	언론홍보 영상학부	인문	일반전형 (논술)	12	51.6:1	국B, 수A, 영어, 사탐(1과목)영역 등급 합이 6 이내	1.65	93.5 / 100	10.04
2	소신	서강대 학교	커뮤니케 이션학부	인문	논술	14	42.1:1	국B, 수A, 영어, 사탐(2과목 평 균) 영역 중 3개 영역 이상 각 2 등급 이내	1.65	750 / 750	11.16
3	소신	성균관 대학교	사회과학 계열	인문	논술우수	160	57.3:1	국B, 수A, 영어, 사탐(1과목)영역 중 3개 영역 등 급 합이 6 이내	1.65		11.15

| 4 | 소신 | 중앙대학교 | 미디어커뮤니케이션학부 | 인문 | 논술전형 | 9 | 60.6:1 | 국B, 수A, 영어, 사탐(1과목-제2외한문영역 사탐 1과목 인정)영역 중 3개 영역 등급 합 6 이내 | 68.58 / 1.65 | 11.22 / 70 |

순	전형방법		전형요소 및 비율				면접(%)	논술(%)	적성(%)
			서류(%)						
			학생부		자소서	추천서			
			교과	비교과					
1		일괄합산	20	10				70	
	단계별	1단계(배수)							
		2단계							
2		일괄합산	20	20				60	
	단계별	1단계(배수)							
		2단계							
3		일괄합산	20	20				60	
	단계별	1단계(배수)							
		2단계							
4		일괄합산	20	20				60	
	단계별	1단계(배수)							
		2단계							

■ 상담의 실제

위 학생은 총 6회의 수시전형 중 4회에 지원하였으며, 희망하는 대학 및 학과의 합격 기준에 못 미치는 내신 성적(주요 교과 1.7등급)과 스펙 관리 소홀로 인해 모두 논술전형을 활용하기로 하였다. 평소 신문 방송 쪽의 일에 관심이 많아서 지원 학과 또한 언론, 미디어, 커뮤니케이션 쪽으로 정하였다.

논술전형에 대한 본격적인 준비는 2학년 겨울방학부터 시작하였다. 맨 처음에는 특정 대학을 염두에 두고 준비하기보다 전반적인 글쓰기 훈련이나 배경지식을 활용한 내용 조직 등에 신경을 쓰면서 기초 논술 수업을 들었으며, 3학년 1학기 중간고사 후부터 지원 대학을 정리하여 그에 맞게 각 대학의 논술 특징을 분석하며 대비를 해나갔다.

1순위로 지원한 연세대학교 언론홍보영상학부 논술전형의 경우, 추상적이고 함축적인 비교적 짧은 제시문을 바탕으로 글자 수 1,000자를 요구하는 2개의 논제가 출제되기에 논제를 파악하는 연습과 150자 범위 허용 내에서 이에 맞추어 글 쓰는 훈련을 집중적으로 하였다. 또한 글자 수가 비교적 많은 만큼 서론, 본론, 결론의 명확한 답안 구성에도 신경을 썼다.

2순위로 지원한 서강대학교 커뮤니케이션 학부 논술전형의 경우, 총 2문항에 각 문항별로 800~900자로 작성하는데 주요 특징으로는 인문, 사회계열에 자연과학적 성격의 제시문이 포함되기도 하므로 수리와 과학을 통합한 통합교과형 문제 출제에 대한 대비도 미리 해두도록 하였다.

3순위로 지원한 성균관대학교 사회과학계열의 경우, 연세대학교, 고려대학교, 서강대학교와 같이 비슷한 수준의 타 학교에 비해 문제 수준이 그렇게 까다로운 수준은 아니어서 내심 가장 큰 기대를 갖고 도전을 해본 경우이다. 하지만 논술을 준비하는 많은 학생들이 선호하는 대학인만큼 완벽한 답안이 아니라면 합격하기 힘들고, 타 학교와 달리 글자 수 제한이 없기 때문에 비교적 짧은 답안이라노 논제가 요구하는 사항을 최대한 포함시킬 수 있는 능력을 기르기로 하였다.

4순위로 지원한 중앙대학교 미디어커뮤니케이션학부의 경우, 인문 논술에 해당되는데, 인문학과 사회과학의 다양한 주제들을 활용해 인문, 사회과학적 사고력을 종합적으로 평가하는 통합논술이기에 제시문에 나타난 주장과 근거를 활용하여 까다로운 논제의 조건을 충족시키면서 자신의 생각을 체계적으로 표현할 수 있는 연습을 하였다. 논술 1문항에 75분, 글자 수 1,000자가 배정되어 있지만 문항별로 소문항이 있을 수도 있을 가능성도 있어 이에 대한 대비도 하였다.

■ 수시 결과

순	지원 대학	학과 (학부)	계열 (인문) (자연) (예체)	전형명칭	합격 여부 (최초합격, 후보○, 불합격)	교사 의견
1	연세대 학교	언론홍보 영상학부	인문	일반전형 (논술)	불합격	정시에 대한 자신감과 학생부종합전형에 대한 회피성 논술 준비 성격이 강해 논술에 대한 절실함이 부족했던 것으로 보임.
2	서강대 학교	커뮤니케이션학무	인문	논술	불합격	정시에 대한 자신감과 학생부종합전형에 대한 회피성 논술 준비 성격이 강해 논술에 대한 절실함이 부족했던 것으로 보임.
3	성균관 대학교	사회과학 계열	인문	논술우수	불합격	정시에 대한 자신감과 학생부종합전형에 대한 회피성 논술 준비 성격이 강해 논술에 대한 절실함이 부족했던 것으로 보임.
4	중앙대 학교	미디어커뮤 니케이션 학부	인문	논술전형	불합격	정시에 대한 자신감과 학생부종합전형에 대한 회피성 논술 준비 성격이 강해 논술에 대한 절실함이 부족했던 것으로 보임.

■ 작성 사례: 연세대학교 경영학부

2015학년도 대입전형 수시지원카드

국영수사 (내신)	모의고사 성적현황	국어 (A형)	수학 (B형)	영어	탐구1 (한국사)	탐구2 (사회문화)	합(탐구는 2과목 평균값)
(1.04) 등급	3월 모의고사 백분위	98	99	99	92	99	97.40
	4월 모의고사 백분위	97	98	95	84	97	94.20
	6월 모의평가 백분위	93	99	97	88	98	95.00
	백분위 중 최댓값	98	99	99	92	99	97.40
	백분위 중 최솟값	93	98	95	84	97	93.40

순	지원수준 (소신)(적정)(안정)	지원대학	학과(학부)	계열 (인문)(자연)(예체)	전형명칭	모집인원	전년도 경쟁률	수능최저 학력기준	대학별 환산등급	대학별 환산점수 (득점/배점)	대학별 고사일 (월/일)
1	소신	서울대학교	경제학부	인문	지역균형 선발	33	3.4:1	국B, 수A, 영어, 사탐(각2과목), 제2외국어/한문영역 중 3개 영역 이상 2등급 이내	1.04	96.78 / 100	11.28
2	소신	연세대학교	경영학과	인문	학교활동 우수자	37	5.3:1	국B, 수A, 영, 사탐(2과목 평균)영역 중 3개 영역 등급 합 6 이내	1.04	97.2 / 100	11.14
3	소신	고려대학교	경영학과	인문	융합형 인재	19	10.6:1	국B, 수A, 영, 사탐(2과목 평균)영역 중 2개 영역 평균 2등급 이내	1.04	449.99 / 500	11.29

순		전형방법	전형요소 및 비율				면접 (%)	논술 (%)	적성 (%)
			서류(%)						
			학생부		자소서	추천서			
			교과	비교과					
1		일괄합산	100						
	단계별	1단계(배수)							
		2단계							
2		일괄합산							
	단계별	1단계(배수)	100						
		2단계	70	30					
3		일괄합산							
	단계별	1단계(배수)	100						
		2단계	70				30		

■ 상담의 실제

위 학생은 1학년 때부터 3학년 1학기까지 내신관리가 철저했으며 그 결과 1학년 1학기 때 4단위의 수학 한 과목에서 2등급이 있을 뿐 나머지 과목들은 모두 1등급을 받아 전 과목 기준 최종 내신등급이 1.04였다. 따라서 수시에서 내신에 대한 불리함은 없다고 판단되었기에 학생부종합전형에 필요한 서류를 꼼꼼히 챙기고 면접에 대한 적응력을 높여 가는 것을 수시전형의 주요 관건으로 삼아 이를 바탕으로 수시전형을 준비하기로 하였다.

경제 및 경영학과 진학에 대한 확고한 의지가 있었기에 이를 바탕으로 총 3번의 수시전형, 즉 서울대학교 경제학부 지역균형선발, 연세대학교 경영학과 학교활동우수자, 고려대학교 융합형 인재전형에 응시하기로 하였으며, 모든 전형이 수능 이후에 면접이 실시되었기에 수능 전까지는 특히 서류 준비와 수능 공부 병행에 매진하기로 하였다.

학생부종합전형을 준비하면서 자기소개서 작성에 많은 시간과 노력을 투자했는데, 위 학생은 생활기록부상에 학년별 평균 5개 이상의 교과 우수상, 영어 및 수학 경시대회 수상, 독서경시대회 수상, 표창장 등의 수상 기록과 비교과 경제동아리 활동, 교과동아리 시사탐구반, 학교장을 허락을 득한 교외 봉사활동 실적(입학 때부터 2학년 겨울방학까지 총 80시간), 3학년 학급반장, 매 학년 5권 이상의 독서기록 등이 구체적으로 명시가 되었고 이를 바탕으로 자기소개서를 작성하기로 하였다. 7월 기말고사 이후부터 자기소개서 작성에 돌입했으며 작성 과정 중에 맞춤법뿐만 아니라 사실적 자료를 활용한 논리적이고 설득력 있는 내용 전개를 위해 담임 선생님을 비롯하여 매 학년 인연을 맺었던 여러 국어 선생님들께 첨삭과 조언을 구하며 다듬어 나갔으며 많은 학생들이 자기소개서 작성 증후군으로 인해 엄청난 스트레스를 받는 데 반해 위 학생은 평소 긍정적이고 낙천적인 성격을 지니고 있었기에 오히려 과정을 즐기는 모습이 인상적이었다.

비록 서울대학교 경제학부 지역균형선발에는 합격을 이루어 내지 못했지만 연세대학교 경영학과 학교활동우수자전형과 고려대학교 경영학과 융합형인재전형에서는 쟁쟁한 경쟁률을 뚫고 당당히 합격하게 되었다. 우수한 내신 성적을 받고도 서울대학교 합격을 이루지 못한 부분이 무척 아쉬웠지만 평소 인성면접이든 심층면접이든 면접에 대비한 다수의 시뮬레이션을 통해 면접에 대한 적응력을 키워 나가는 것의 필요성을 절감하였다.

■ 수시 결과

순	지원 대학	학과 (학부)	계열 (인문) (자연) (예체)	전형명칭	합격 여부 (최초합격, 후보○, 불합격)	교사 의견
1	서울대 학교	경제학부	인문	지역균형 선발	불합격	인성면접이라고는 하지만 평소 면접에 대한 연습이 부족했던 것으로 보임.
2	연세대 학교	경영학과	인문	학교활동 우수자	합격	우수한 내신 성적을 바탕으로 거창하지는 않지만 생활기록부상의 다양한 활동들을 자소서에 의미 있게 옮김.
3	고려대 학교	경영학과	인문	융합형인재	합격	고려대학교가 바라는 인재상에 적합한 것으로 보임.

■ 작성 사례: 연세대학교 정치외교학과(불합격)

2015학년도 대입전형 수시지원카드

국영수사 (내신)	모의고사 성적현황	국어 (A형)	수학 (B형)	영어	탐구1 (한국사)	탐구2 (법과정치)	합(탐구는 2과목 평균값)
(1.0) 등급	3월 모의고사 백분위	93	99	96	92	98	95.60
	4월 모의고사 백분위	93	99	94	97	95	95.60
	6월 모의평가 백분위	92	99	97	99	97	96.80
	백분위 중 최댓값	93	99	97	99	98	97.20
	백분위 중 최솟값	92	99	94	92	95	94.40

순	지원 수준 (소신) (적정) (안정)	지원 대학	학과 (학부)	계열 (인문) (자연) (예체)	전형 명칭	모집 인원	전년도 경쟁률	수능최저 학력기준	대학별 환산 등급	대학별 환산점수 (득점/ 배점)	대학별 고사일 (월/일)
1	소신	서울대 학교	정치외교	인문	지역균형 선발	18	5.4:1	국B, 수A, 영어, 사탐(각 2과목), 제2외국어/한문영역 중 3개 영역 이상 2등급 이내	1	96.83 / 100	11.28

순	소신	대학교	학과	계열	전형방법	모집인원	경쟁률	수능최저		점수	발표일
2	소신	연세대학교	정치외교	인문	학생부교과	10	신설	국B, 수A, 영, 사탐(2과목 평균)영역 중 2개 영역 등급합 4 이내	1	97.2 / 100	10.10
3	소신	연세대학교	정치외교	인문	학교활동우수자	11	11.3:1	국B, 수A, 영, 사탐(2과목 평균)영역 중 3개 영역 등급합 6 이내	1	97.2 / 100	11.14
4	소신	고려대학교	정치외교	인문	일반전형(논술)	26	42.7:1	국B, 수A, 영어, 사탐(2과목 평균) 영역 중 3개 영역 이상 2등급 이내	1	450 / 450	11.23

순	전형방법		전형요소 및 비율				면접 (%)	논술 (%)	적성 (%)
			서류(%)						
			학생부		자소서	추천서			
			교과	비교과					
1		일괄합산	100						
	단계별	1단계(배수)							
		2단계							
2		일괄합산							
	단계별	1단계(배수)	100						
		2단계	70	30					
3		일괄합산							
	단계별	1단계(배수)	100						
		2단계	70				30		
4		일괄합산	45	10				45	
	단계별	1단계(배수)							
		2단계							

■ 상담의 실제

위 학생은 사회과학 분야에 대한 관심이 많았고, 장래 희망 또한 줄곧 법조계에서 일하는 것이었기에 관련 분야 중 정치외교학과에 진학하고자 하였다. 1학년 1학기 때부터 3학년 1학기까지 전 과목 1등급을 달성함으로써 내신 등급에서는 결점이 없었고, 뚜렷하게 차별화되는 스펙은 부족했지만 나름대로 준비해 온 다양한 활동과 논술 준비를 바탕으로 학생부종합전형 2회, 학생부교과전형 1회, 논술전형 1회와 같이 총 4회의 수시전형에 응시하기로 하였으며, 학생부교과전형을 제외하고 나머지 전형들은 수능 이후에 실시하는 것들이라서 수능 준비 소홀에 대한 부담감을 조금이나마 덜 수 있었다.

학생부종합전형으로는 서울대학교 정치외교학과 지역균형선발 전형과 연세대학교 정치외교학과 학교활동우수자전형에 응시하였는데 학년별 평균 5회 이상의 교과 우수상, 수학 및 영어경시대회 수상, 독서경시대회 수상, 표창장, 공로상 등 다수의 수상실적을 보유하고 있었으며, 비교과 경제동아리활동과 학생회 임원으로서 정기적인 자치법정 활동, 지역 인근 학교 사회과학도 지망 학생들과 연계된 동아리 활동을 통한 팀 논문 작성, 월드비전 봉사활동 실적 등을 갖추고 있었다.

학생부교과전형으로는 연세대학교 정치외교학과에 지원하였는데, 이는 1단계 교과성적 100%로 3배수 선발, 2단계 교과 70%와 비교과 30%를 합산하여 최종합격을 결정하며 1단계 교과성적의 경우 경쟁력을 갖추고 있었기에 2단계 교과 및 비교과에 대한 합산 평가에 따라 당락이 결정될 것으로 판단되었다.

논술전형으로는 고려대학교 정치외교학과에 지원하였는데 작년까지 제시문의 요약, 비교, 문제해결 능력 등을 측정하는 문제가 출제되었다면 올해부터는 적당한 길이의 느슨한 연관성을 가진 글 3~4개와 표제어를 제시해 수험생 자신만의 문제 도출 및 해결능력을 평가하는 방식으로 바뀌었기에 이에 대한 대비를 해나가려고 노력하였으며, 이를 위해 고려대학교 입학처의 기출문제 목록에 있는 '2015학년도 모의 논술 자료집'을 다운로드 받아 연구 및 분석하며 실전 감각을 끌어올리는 연습을 하였다.

■ 수시 결과

순	지원 대학	학과 (학부)	계열 (인문) (자연) (예체)	전형명칭	합격 여부 (최초합격, 후보○, 불합격)	교사 의견
1	서울대 학교	정치외교	인문	지역균형 선발	불합격	자기소개서의 내실 부족 및 면접 대비 미흡
2	연세대 학교	정치외교	인문	학생부 교과	1단계 합격, 최종 불합격	타 지원자들에 비해 생활기록부상의 뚜렷하게 특징적인 활동이 부족했던 것으로 보임.
3	연세대 학교	징치외교	인문	학교활동 우수자	불힙격	타 지원자들에 비해 생활기록부상의 뚜렷하게 특징적인 활동이 부족했던 것으로 보임.
4	고려대 학교	정치외교	인문	일반전형 (논술)	불합격	평소 글쓰기에 대한 지신감 부족이 실전에서도 드러나지 않았나 판단됨.

■ 작성 사례: 고려대학교 영어교육학과

2015학년도 대학교입전형 수시지원카드

국영수사 (내신)	모의고사 성적현황	국어 (B형)	수학 (A형)	영어	탐구1 (한국사)	탐구2 (사회문화)	합(탐구는 2과목 평균값)
(1.3) 등급	3월 모의고사 백분위	98	96	97	98	99	97.60
	4월 모의고사 백분위	88	96	99	97	99	95.80
	6월 모의평가 백분위	100	93	97	88	98	95.20
	백분위 중 최댓값	100	96	99	98	99	**98.40**
	백분위 중 최솟값	88	93	97	88	98	**92.80**

순	지원 수준 (소신) (적정) (안정)	지원 대학	학과 (학부)	계열 (인문) (자연) (예체)	전형 명칭	모집 인원	전년도 경쟁률	수능최저 학력기준	대학별 환산 등급	대학별 환산점수 (득점/ 배점)	대학별 고사일 (월/일)
1	소신	연세대 학교	영어영문 학과	인문	학교 활동 우수자	10	8.5:1	국B, 수A, 영, 사탐 (2과목 평균)영역 중 3개 영역 등급 합 6 이내	1.27	96.1 / 100	11.14

순		학교	학과	계열	전형	모집인원	경쟁률	수능최저학력기준			
2	소신	연세대학교	심리학과	인문	일반전형(논술)	10	57.3:1	국B, 수A, 영, 사탐(1과목)영역 등급 합이 6 이내	1.27	96.1 / 100	10.4
3	소신	고려대학교	영어영문학과	인문	학교장추천	19	7.1:1	국B, 수A, 영어, 사탐(2과목 평균) 영역 중 2개 영역 평균 2등급 이내	1.27	449.97 / 450	11.16
4	소신	고려대학교	심리학과	인문	일반전형(논술)	18	41.7:1	국B, 수A, 영어, 사탐(2과목 평균) 영역 중 3개 영역 이상 2등급 이내	1.27	449.97 / 450	11.23
5	소신	서강대학교	사회과학계열	인문	논술	22	58:1	국B, 수A, 영어, 사탐(2과목 평균) 영역 중 3개 영역 이상 각 2등급 이내	1.27	750 / 750	11.16

순	전형방법		전형요소 및 비율					면접 (%)	논술 (%)	적성 (%)
			서류(%)							
			학생부		자소서	추천서				
			교과	비교과						
1	단계별	일괄합산								
		1단계(배수)	100							
		2단계	70					30		
2	단계별	일괄합산	20	10					70	
		1단계(배수)								
		2단계								
3	단계별	일괄합산								
		1단계(배수)	80		20					
		2단계	70					30		
4	단계별	일괄합산	45	10					45	
		1단계(배수)								
		2단계								
5	단계별	일괄합산	20	20					60	
		1단계(배수)								
		2단계								

■ **상담의 실제**

위 학생은 1, 2학년 때까지 특정 대학에 가고자 하는 목표 의식이 없었고, 내신 관리를 철저하게 하지 않아 비교과 활동이 전무한 상태였다. 뒤늦게 3학년이 되어서야 수시지원 전형에서 학생부종합전형이 차지하는 비중이 상당하는 사실을 알게 되었고, 이런 사실을 미리 인지한 다른 학생들과 비교해 스펙 측면에서 많이 밀릴 수밖에 없는 상황이었다. 이는 학생의 생활기록부상에 기재된 세부항목별 기록들만 보더라도 알 수 있는데 3~4번의 교과 우수상 수상실적을 제외하고는 비교과 동아리활동, 봉사활동 등과 관련하여 임팩트를 줄 수 있는 활동에 대한 기록이 없었다. 또 스스로 글을 쓰는 재능이 부족하다고 느끼고 있었고 다른 학생에 비해 논술 준비가 늦었다는 것을 인정했지만, 3학년 1학기부터 뒤늦게 논술학원에 다니며 준비한 것을 바탕으로라도 논술전형을 수시지원 전략에 포함시켜 활용하고자 했다.

학생부종합과 논술에 대해 취약한 점을 보였던 것과 달리 모의고사 성적은 3년 동안 꾸준히 상승곡선을 그리고 있었다. 즉, 1, 2학년 때의 모의고사 전 영역 등급 평균이 2~3 등급이었던 것에 비해 3학년이 되어서 1점대 초반의 전 영역 평균 등급을 꾸준히 유지할 수 있었기에 정시까지 갈 가능성이 높다고 예측을 하였으며, 이에 따라 수능 공부에 방해가 되지 않는 선에서 학생부 종합과 논술전형에 부담 없이 넣어 보기로 하였다. 학생부종합전형 2회, 논술전형 3회, 즉 총 5번의 수시전형에 지원하기로 했다. 학과의 경우 평소 영어나 심리에 관심이 많아 해당 학과들을 위주로 지원을 했으나 학교장추천전형으로 지원한 고려대학교 영어영문학과 1단계 합격을 제외하고는 모두 1단계 불합격의 쓴맛을 보고 말았다. 어떻게 보면 필연적인 결과라고 할 수 있는데, 체계적이고 절실한 논술 준비 그리고 학생부종합전형을 위한 생활기록부와 관련된 지속적이고 알찬 활동들이 많이 아쉬운 대목이다.

■ 수시 결과

순	지원 대학	학과 (학부)	계열 (인문) (자연) (예체)	전형명칭	합격 여부 (최초합격, 후보○, 불합격)	교사 의견
1	연세대 학교	영어영문 학과	인문	학교활동 우수자	불합격	**생활기록부상**에 학생부종합전형에 필요한 다양한 활동 부족
2	연세대 학교	심리학과	인문	일반전형 (논술)	불합격	체계적인 논술 준비 부족
3	**고려대 학교**	**영어영문 학과**	인문	학교장추천	1단계 합격, 최종 불합격	평소 말을 조리 있게 잘하는 것으로 보였지만 실제 면접에서는 너무 긴장한 탓인지 질문에 대한 답변을 자신 있고 명확하게 전달하지 못함.
4	고려대 학교	심리학과	인문	일반전형 (논술)	불합격	체계적인 논술 준비 부족
5	서강대 학교	사회과학 계열	인문	논술	불합격	수능 가채점 결과 정시에서도 그 이상의 합격 가능성이 높아 미응시

〈자기소개서〉

1. 고등학교 재학기간 중 학업에 기울인 노력과 학습 경험에 대해 배우고 느낀 점을 중심으로 기술해 주시기 바랍니다. (1,000자 이내)

초등학생 때 미국에서 지내는 1년 동안 식당에 가면, 제가 주문을 하곤 했습니다. 그런데 주문할 때, 아는 단어를 말했는데도 불구하고 발음이 틀려 "Excuse me?"라는 말을 들은 경험이 많았습니다. 이 경험과 더불어 모의고사 영어 듣기 문제에서 뜻을 알지만, 발음은 모르는 'Vacuum'이라는 단어 때문에 틀린 경험으로 무작정 뜻만 외우는 단어 공부 방법에 변화가 필요함을 느꼈습니다.

그 이후로, 먼저 발음 기호를 공부했습니다. 그리고 강세와 장음에 유의하며 단어를 암기하였습니다. 처음에는 시간이 많이 드는 이 방법에 대해 회의감이 들기도 했지만 'Colonel'과 같이 표기와 발음이 확연히 다른 단어는 이 방법이 옳다는 것에 대한 확신을 주었습니다. 이렇게 단어 하나하나를 꼼꼼히 공부하는 습관은 다른 과목에도 적용되었습니다. 특히 취약했던 문학의 경우, 단순 암기식으로 감상하지 않고 작품 하나하나에 대해 세심하게 접근해 보았습니다. 예를 들어, 이육사의 '절정'을 감상할 때, 일제강점기라는 시대 상황과 시인의 적극적인 저항 의지에 비추어 '칼날, 무지개'와 같은 시어의 함축적 의미를 암기가 아닌 이해를 할 수 있었습니다.

발음 공부로 시작된 꼼꼼한 공부의 시작으로 학업적인 면에서 영어 듣기 능력을 향상하고, 여러 과목의 기초를 탄탄하게 했을 뿐만 아니라 꾸준하게 성적을 올릴 수 있었습니다. 그리고 꼼꼼하게 공부하는 습관은 곧 신중한 성격으로 이어졌습니다. 이 성격이 빠른 변화를 추구하는 현대사회에서 남들이 무심코 지나친 부분을 잡아내고 매사에 신중한 선택을 하는 데 도움이 될 것으로 생각합니다. 한편으로는 발음에 대한 고찰이 영어에 대한 흥미를 찾아주어 전공 선택 과정에서 영어영문학과를 생각해볼 수 있게 해준 계기가 되었습니다. 이 경험을 시작으로 지금은 외교부에서 영어권 국가를 담당하는 전문가가 되는 것이 제 꿈이 되었습니다. 그곳에서 다른 국가와의 문화협력을 통해 국가 경쟁력을 높이는 역할을 맡고 싶습니다.

2. 고등학교 재학기간 중 본인이 의미를 두고 노력했던 교내 활동을 배우고 느낀 점을 중심으로 3개 이내로 기술해 주시기 바랍니다. 단, 교외 활동 중 학교장의 허락을 받고 참여한 활동은 포함됩니다. (1,500자 이내)

① Pop&Talk

1학년 때 발음에 대한 고민으로 영어에 대한 관심이 높아졌을 때, 미국문화와 영어가사의 특징에 대해 탐구하는 Pop&Talk 동아리에 가입했습니다. 한번은 미국의 언어문화를 주제로 발표할 기회가 생겨 영국식 영어 발음과 미국식 영어 발음의 차이에 대해 찾아보았습니다. 여러 개의 차이점이 있었지만, 대표적으로 미국에서는 영국과 달리 어말 또는 모음 뒤에 'r'이 올 경우 'r' 발음을 살리는 경향이 있으며, 어말 또는 모음 뒤에 't'가 올 경우 [트]로 발음하는 영국과 달리 미국에서는 받침으로 발음하는 경향이 있음을 알 수 있었습니다. 이 발표를 통해, 같은 영어를 사용하더라도 나라마다 발음이 확연하게 다를 수 있음을 알게 되었습니다. 특히, 학교에서는 배우지 않는 내용에 대해 직접 발음을 들으며 탐구함으로써 영어에 대한 흥미를 키울 수 있었습니다. 또 이 때문에 영어영문학과에 진학해서 알파벳의 음운학, 음소학과 같은 심화 내용을 공부하고 싶어 하는 저 자신을 발견할 수 있었습니다.

② 한국사 발표

1학년 한국사 시간에 한국사에 관한 자유로운 주제로 발표 기회가 생겼을 때 바로 지원했습니다. 주제는 친구들의 흥미를 끌 수 있는 동시에 원통한 역사를 되뇌어 볼 수 있는 '마루타'로 정했습니다. 자료를 수집하면서 일본인들이 저지른 생체실험과 동상실험과 같은 비윤리적인 실험을 보며 일제강점기의 비통한 역사를 간접적으로 경험할 수 있었습니다. 여기에 그치지 않고, 우리나라가 왜 그런 수모를 겪어야만 했는지를 생각해 보았습니다. 복합적인 이유가 있었겠지만, 가장 큰 이유는 일본과 달리 우리나라는 세계정세에 적극적으로 대응하지 못하여 대외적으로 국가 경쟁력을 높이지 못하였기 때문이라고 생각했습니다. 이 발표를 통해 사람이든지 국가이든지 간에 추세에 뒤처지지 않는 것의 중요함을 배웠습니다. 나아가 국가 고유의 문화가 중요시되는 21세기에 맞게 다른 국가와의 문화협력을 통해 국가 경쟁력을 높이는 외교부에 들어가고자 하는 꿈을 꾸게 되었습니다.

③ 교내 논술 수업

글쓰기라곤 독후감밖에 몰랐던 2학년 때, 글쓰기 능력을 향상하고자 교내 논술 수업을 듣기 시작했습니다. 수업은 대학 논술 기출문제로 진행되었습니다. 첫 수업날 무작정 지문들을 읽기 시작했는데, 핵심어가 잘 보이지 않았습니다. 하지만 선생님께서 알려 주신 대로 논제를 먼저 분석하고 다시 지문을 보니 핵심어가 보이기 시작했습니다. 그리고 비교, 비판과 같은 고차원적인 사고력을 함양하기 위해 하나의 지문을 여러 개의 관점으로 보도록 노력했습니다. 예를 들어, '한국사 국정 교과서화'에 대한 하나의 지문을 찬성 쪽과 반대 쪽, 그리고 중립 쪽의 입장에서 여러 번 읽어 보았습니다. 이렇게 다각도로 글을 분석함으로써 글을 적을 때, 주장에 대한 근거를 설득력 있게 펼칠 수 있었습니다. 한 학기 동안의 수업을 통해 어떤 글을 읽을 때 기존의 신념과 다르더라도 여러 관점에서 해석하고, 토론할 때도 설득력 있게 말할 수 있는 능력을 키울 수 있었습니다.

3. 학교생활 중 배려, 나눔, 협력, 갈등 관리 등을 실천한 사례를 들고, 그 과정을 통해 배우고 느낀 점을 기술해 주시기 바랍니다. (1,000자 이내)

"이번 학년은 이상하게 공차기를 좋아하네." 저희 학년부장 선생님께서 자주 하셨던 말씀입니다. 저희 학년은 그만큼 축구를 좋아했고, 2학년 때는 개교 이후 처음으로 '△△△△'라는 축구 동아리도 만들었습니다. 저는 팀에서 부주장을 맡았습니다. 동아리 창단 후, 얼마 되지 않아 저희 축구부는 '2013년도 ◎◎◎ 유, 청소년 클럽리그'에 참가하였습니다. 하지만 아무래도 연습량이 부족하다 보니 다른 팀에게 조직력 측면에서 밀릴 수밖에 없었습니다. 아쉽게도 3승 2무 2패로 본선에는 진출하지 못했지만 7번의 경기는 평생 잊지 못할 것 같습니다. 한번은 감독님께서 학교에 일이 있으셔서 경기 당일에 오시지 못하게 되었는데, 팀의 유일한 공격수인 주장을 대신해서 제가 임시감독을 맡았습니다. 선수로서 경기에 뛸 때는 몰랐는데 감독이 되어 보니 그 책임감이 정말 막중했습니다. 특히 선발 선수를 정할 때, 승리와 공평한 기회 사이에서 많은 고민을 했습니다. 지금까지 경기를 뛰지 못한 친구도 있었기에 자칫하면 팀 분위기가 나빠질 수도 있었습니다. 고민 끝에 저는 이 동아리의 취지가 협동심과 도전정신의 함양이니만큼 그동안 못 뛴 팀원들을 위주로 선발 선수를 정했습니다. 다행히 친구들도 제 마음을 잘 이해해 주었고 화목한 팀 분위기에서 감독으로서의 첫 경기는 승리로 장식하였습니다. 뜻하지 않게 감독이라는 책임감이 필요한 직책을 맡아 봄으로써 '리더'란 무엇인지 경험할 수 있었습니다. 이 경험을 바탕으로 리더는 때로는 구성원들의 의견을 적극적으로 수용하고, 또 때로는 강력한 추진력으로 구성원들로 하여금 따르게 하는 따뜻한 카리스마가 필요하다는 것을 배웠습니다. 그리고 객관적인 전력으로 밀렸던 경기에서 3:0으로 승리한 것은 개인적인 기량과 더불어 화목한 팀 분위기가 경기 결과에 많은 영향을 끼침을 가르쳐 주었습니다. 이 경기를 포함한 '△△△△'가 치른 모든 경기를 통해 저희 팀원 모두 미래의 조직 생활을 대비해 다른 구성원들과 협력하는 방법을 미리 익힐 수 있었습니다.

4. (연세대학교) 고등학교 재학기간 중 진로 선택을 위해 노력한 과정 또는 개인적인 어려움이나 좌절을 극복한 과정을 사례를 들어 구체적으로 기술해 주시기 바랍니다. (1,000자 이내)

중학교 2학년 때, 저의 형은 모두의 축하를 받으며 명문대에 합격했습니다. 고등학교에 입학 후 형처럼 되고 싶은 마음에 형의 공부법을 따라 무작정 공부하기 시작했습니다. 하지만 고등학교 첫 성적은 형에 비해 턱없이 부족했습니다. 부모님께서는 풀이 죽은 제 모습을 보시고 이 성적은 첫 성적일 뿐 대학이 모든 것을 결정하지 않는다고 격려해 주셨습니다.

다시 기운을 차리고 형이 아닌 저에게 가장 잘 맞는 공부법을 찾기로 했습니다. 그러다 빌음에 내한 고잘이라는 좋은 경험으로 양보다 질적으로 공부하는 것이 효과가 좋다는 것을 알게 되었고, 이 방법으로 꾸준하게 성적을 올릴 수 있었습니다. 그리고 제 성적을 형의 성적과 비교하지 않았습니다. 그러고 나니 어느 순간 제 성적이 형의 성적 못지않게 돼 있었습니다. 선생님들께서도 관심을 두시며 지금처럼만 하면 충분히 꿈을 이룰 수 있다고 용기를 북돋아 주셨습니다.

돌이켜 보면 1학년 때의 저는 자신을 '형'이라는 틀 안에 가두고, 그 틀의 기준에 미치지 못한 저 자신을 자책하기도 했습니다. 하지만 선생님과 부모님 덕분에 틀에서 벗어나게 되었고, 저에게 가장 알맞은 방법을 찾음으로써 비로소 기준에 어느 정도 도달할 수 있었습니다. 이 경험을 통해 본받고 싶어 하는 사람처럼 되기 위해 노력하되 그 사람이 사용한 방법까지 따라 하는 것은 좋은 방법이 아니라는 것을 알게 되었습니다. 대신 각자 다른 성격에 따른 저마다의 최적의 방법을 빨리 찾는 것이 중요하다는 것을 배웠습니다. 그리고 형보다 저 자신에게 초점을 맞추기 시작한 2학년부터 성적이 향상된 경험으로 미루어 볼 때, 자신을 발전시키기 위해서는 다른 사람과의 비교가 아닌 자기 자신과의 경쟁에서 이기는 것이 가장 중요하다는 것을 알게 되었습니다.

한때 저에게 부담을 안겨 주었던 형이라는 존재가 이제는 저 자신을 계발하고, 나아가 사회에 나가서도 주체적으로 사는 방법을 가르쳐 준 고마운 존재가 되었습니다.

5. (고려대학교) 해당 모집단위에 지원한 동기와 준비과정을 기술해 주시기 바랍니다. (1,000자 이내)

제 꿈은 외교부에서 세계 여러 나라와의 문화 교류를 통해 우리나라를 널리 알리는 것입니다. 그러기 위해 고려대학교의 영어영문학과에서 영어권 국가들의 문화와 언어로서의 영어와 그리고 영문학을 공부하고 싶습니다.

어렸을 적부터 국제협력 부서에서 근무하시는 아버지 덕분에 다양한 외국 문화를 접할 수 있었고, 고등학교 진학 후에도 동아리에서 견학한 지역 외국어 교육원에서의 경험 등 꾸준히 영어에 대한 흥미를 키울 수 있었습니다. 특히 교육원에서 본 영어를 모국어 또는 공용어로 사용하는 국가의 수에 관한 자료를 통해 세계화가 진행되는 현대사회에 고등학교 영어 교육 수준 이상의 교육이 필요하다는 것을 느꼈습니다. 그리고 3학년이 되어서 "내가 진정으로 흥미가 있고, 또 잘할 수 있는 것이 뭘까?"라는 저 자신에게 던진 질문은 현재의 꿈을 결정하는 질문이 되었습니다.

비록 꿈을 확정한 시기는 3학년 때이지만, 그전에도 영어를 가능한 한 깊게 공부하기 위해 노력했습니다. 먼저 아버지께서 즐겨 보시던 CNN을 함께 시청했습니다. 처음에는 학교에서 배우던 영어 듣기와는 차원이 다른 속도와 발음에 주눅이 들기도 하였지만, 그럴수록 더욱 집중해서 들었습니다. 그리고 아버지께서 이해가 되지 않는 문구와 어려운 단어를 설명해 주셔서 수월하게 공부할 수 있었습니다. 약 1년 정도 꾸준히 듣다 보니 화면의 문구와 들리는 말을 조합해 미약하게나마 이해할 수 있었습니다. 이렇게 여러 나라의 발음과 문화를 익히기 위해 CNN을 시청하였다면, 미래에 영어로 된 문서를 실수 없이 처리하기 위해 독해 문제를 세심하게 풀기 시작했습니다. 특히 발음에 관한 경험으로 터득한 꼼꼼한 공부법으로 공부하는 모든 지문을 문장 하나하나씩 꼼꼼하게 분석하였습니다. 그러다 보니 자연스럽게 독해력이 향상되었고, 이는 교내 영어 경시대회와 시험에서의 좋은 결과로 이어졌습니다.

대학생이 되어서는 고등학생 때 미처 경험해 보지 못한 영문학과 알파벳의 음운학, 음소학과 같은 심화 내용을 꼭 공부하고 싶습니다.

■ 작성 사례: 고려대학교 행정학과(논술)

2015학년도 대입전형 수시지원카드

국영수사 (내신) (1.41) 등급	모의고사 성적현황	국어 (A형)	수학 (B형)	영어	탐구1 (한국사)	탐구2 (사회문화)	합(탐구는 2과목 평균값)
	3월 모의고사 백분위	98	97	99	83	94	94.20
	4월 모외고사 백분위	100	98	95	69	95	91.40
	6월 모의평가 백분위	92	93	97	90	98	94.00
	백분위 중 최댓값	100	98	99	90	98	97.00
	백분위 중 최솟값	92	93	95	69	94	88.60

순	지원 수준 (소신) (적정) (안정)	지원 대학	학과 (학부)	계열 (인문) (자연) (예체)	전형 명칭	모집 인원	전년도 경쟁률	수능최저 학력기준	대학별 환산 등급	대학별 환산점수 (득점/ 배점)	대학별 고사일 (월/일)
1	소신	연세대 학교	응용통계	인문	학교 활동 우수자	8	6.7:1	국B, 수A, 영, 사 탐(2과목 평균)영 역 중 3개 영역 등 급 합 6 이내	1.42	95.6 / 100	11.14
2	소신	연세대 학교	경제학부	인문	일반 전형 (논술)	24	31.8:1	국B, 수A, 영, 사 탐(1과목)영역 등 급 합이 6 이내	1.42	95.6 / 100	10.04

순	구분	대학	학과	계열	전형	모집	경쟁률	수능최저	내신	환산점수	
3	소신	고려대학교	통계학과	인문	학교장추천	13	5.7:1	국B, 수A, 영어, 사탐(2과목 평균) 영역 중 2개 영역 평균 2등급 이내	1.42	449.96 / 500	11.16
4	소신	고려대학교	행정학과	인문	일반전형(논술)	27	42.6:1	국B, 수A, 영어 등급 합 5 이내	1.42	449.96 / 500	11.23
5	소신	서강대학교	경제학부	인문	학생부종합	15	17:1	없음.	1.42	749.95 / 750	10.26

순	전형방법		서류(%)				면접 (%)	논술 (%)	적성 (%)
			학생부		자소서	추천서			
			교과	비교과					
1		일괄합산							
	단계별	1단계(배수)	100						
		2단계	70				30		
2		일괄합산	20	10					70
	단계별	1단계(배수)							
		2단계							
3		일괄합산							
	단계별	1단계(배수)	80	20					
		2단계	70				30		
4		일괄합산	45	10				45	
	단계별	1단계(배수)							
		2단계							
5		일괄합산							
	단계별	1단계(배수)	100(활동보충자료포함, 2~5배수)						
		2단계	80				20		

■ 상담의 실제

위 학생은 서울대학교, 고려대학교, 연세대학교, 서강대학교 학생부종합전형과 고려대학교, 연세대학교 논술전형 총 6회 수시지원을 하였다. 지원한 대학의 다른 지원자들에 비해 내신 성적이 좋은 편이 아니라서 대학을 낮춰볼까, 지원 학과를 바꿔 볼까 등 많은 고민을 했지만 평소 경제 관련 분야로의 진학에 대한 확고한 의지가 있었기에 관련 학과를 위주로 모두 소신 지원하였다. 또, 모의고사 성적 또한 들쭉날쭉했기 때문에 소위 정시에서 대박을 내서 원하는 대학에 가겠다는 기대는 현실적으로 갖고 있지 않았다. 다만, 지원하고자 하는 대학 및 학과에서 요구하는 수시최저수능등급은 충족 가능성이 높았기 때문에 수능은 수시를 위한 최저등급 맞추기용이었고, 이에 따라 수시에 대한 절실함으로 학생부종합전형을 위한 자기소개서 준비 및 논술전형을 위한 논술 준비에 매진하기로 하였다.

평소 교내 글쓰기 대회를 통해 다수의 수상실적을 내곤 했지만, 본격적인 논술에 대한 준비는 3학년 초부터 이루어졌다. 학교에서 논술 수업을 들을 수 있는 기회가 있었지만 더욱 꼼꼼하게 개인지도를 받을 수 있는 논술학원에 다니며 논술을 준비했다. 고려대학교와 연세대학교 일반전형을 집중 준비했던 파이널 기간을 제외하고 지원한 대학 외의 여러 대학 논술 기출문제를 풀어 보면서 예기치 못한 논제에 대처하는 법, 글의 형식을 잡아 나가는 방법을 바탕으로 자신만의 글쓰기 전략을 쌓아 나갔다. 이를 기초해 파이널 수업 때 고려대학교와 연세대학교의 모의논술, 기출문제를 풀어 보면서 지원 대학의 문제 유형에 익숙해지려 노력했다.

연세대학교 논술전형의 경우, 수능 이전이라 고려대학교 논술전형을 준비할 때보다 시간적 여유가 부족했고 문제 유형에 대한 정확한 분석 또한 미비했던 결과 불합격하였다. 하지만 고려대학교 논술의 경우 예년과 달리 완전히 바뀐 새로운 유형의 문제에 대한 대처방법에 대해 집중적으로 고민했고, 모의논술 해설에 제시된 예시답안들과 총평을 자세히 읽어 보고 분석한 결과 합격을 이루어 낼 수 있었다.

학생부종합전형에서 평가하는 항목들이 다양했지만, 그중 성실함을 보여 주는 가장 큰 스펙은 내신이라고 생각했기에 3학년 1학기까지 초심을 잃지 않고 내신관리에 철저히 임했다. 내신 성적 외에 영어, 독서, 한국사경시대회 수상 실적과 교과우수상, 표창장, 공로상 등 여러 가지 수상실적을 보유하고 있었으며, 교과 동아리활동으로 1학년 때부터 지속적으로 활동한 교내합창단 활동도 있었다. 이는 자기소개서란에 학교생활 중 가장 재미있고, 의미 있었던 활동 중 하나로 진솔하게 기록할 수 있었던 부분이다. 비교과 동아리활동으로 평소 상경계열 진학을 희망하

는 학생들과 힘을 합쳐 만든 경제 동아리활동과 격주 주말마다 가까운 현충원 봉사
활동을 하였고, 학생회 임원으로 활동하면서 학생회 페이지 설립 및 수능 응원 영
상 제작 등은 많은 학생들의 참여와 호응을 이끌어 낸 의미 있는 결과물들이라고
할 수 있겠다. 덕분에 고려대학교 학교장추천전형에서 경쟁자들에 비해 낮은 내신
성적을 갖고도 기적처럼 1차 합격을 했고, 2차 면접고사 이후 예비번호 11번을 받
아 2차 추가합격을 하게 되었다.

■ 수시 결과

순	지원 대학	학과 (학부)	계열 (인문) (자연) (예체)	전형명칭	합격 여부 (최초합격, 후보○, 불합격)	교사 의견
1	연세대 학교	응용통계	인문	학교활동 우수자	불합격	쟁쟁한 타 지원자들과 비교해서 내신이나 학교활동 실적에서 뚜렷한 두각을 나타내지 못했던 것으로 보임.
2	연세대 학교	경제학부	인문	일반전형 (논술)	불합격	수능 이전에 실시했던 논술 고사에 대한 대비가 미흡했던 것으로 보임.
3	고려대 학교	통계학과	인문	학교장추천	후보 11번 / 최종합격	서류 준비에 충분한 공을 들였고 면접고사 이전 다수의 모의면접 연습을 통해 대비한 결과 합격함.
4	**고려대 학교**	**행정학과**	인문	일반전형 (논술)	합격	해당 대학 논술고사에 대한 철저한 분석을 바탕으로 당일 컨디션이 적절한 조화를 이룬 듯함.
5	서강대 학교	경제학부	인문	학생부종합	불합격	서강대학교가 바라는 인재상에 맞지 않았던 듯함.

<자기소개서>

1. 고등학교 재학기간 중 학업에 기울인 노력과 학습 경험에 대해 배우고 느낀 점을 중심으로 기술해 주시기 바랍니다. (1,000자 이내)

한국사를 공부하면서, 많은 학습량 때문에 어려움을 겪었습니다. 다른 사회탐구 과목과 달리 단순 암기와 유형별 문제풀이만으로는 높은 성적을 받는 데에 한계가 있다고 느꼈고, 최선의 학습법이 무엇일까 생각해 보았습니다. 그러던 중 한국사 는 사건들의 흐름을 파악하는 것이 중요하다는 선생님의 말씀이 떠올랐고, 교과서 에 제시된 문헌자료 하나까지 꼼꼼히 살펴보며 그 흐름을 찾기 위해 노력했습니다. 반복되는 과정 속에 이전까지 보이지 않던 사건들의 맥락이 보였고, 인간의 행동 과 의식이 변해 온 과정을 기록한 학문인만큼 사건마다 발생할 수밖에 없었던 이유 가 존재한다는 사실을 알게 되었습니다. 그때부터 '왜 당시에 그런 일이 발생할 수 밖에 없었을까?'라는 의문점이 학습의 바탕이 되었습니다. 단순히 역사직 사건의 발생순서와 연도를 외우는 것에 매달리지 않고, 저만의 한국사 노트를 만들어 발생 배경을 정리했습니다. 배경을 알고 나니 역사적 사건들 간에는 명확한 인과관계가 있다는 것을 알게 되었습니다. 예를 들면 일제강점기 때, 우리나라와 일본 간의 무 역에서 관세가 철폐된 것이 물산장려운동의 도화선이 된 것, 갑신정변이 우리나라 최초의 신문인 한성순보 폐간의 원인이 된 것 등 사건들 사이에 연결고리가 존재했 음을 알았습니다.

흐름 속에서 알게 되는 한국사는 더 이상 암기가 아닌 이해의 대상이 되었습니 다. 암기에 대한 부담감이 줄면서 제 눈에 들어온 것은 경제에 대한 부분입니다. 우리나라 역사의 변곡점에는 항상 경제력의 변화가 있었고, 그것은 곧 정치, 외교 등 모든 분야에서의 변화로 이어졌습니다. 그리고 경제력 변화의 중심에는 새로운 경제정책의 수립이 있었습니다. 특히 흥선대원군 집정기의 당백전 발행과 같은 잘 못된 통화정책이 국가 경제에 부정적인 영향을 끼치는 모습을 보았습니다. 한 나라 의 운명을 좌우하는 것은 결국 경제력이라는 것을 깨달으면서 경제라는 분야에 더욱 관심을 가지게 되었고, 바람직한 통화정책 수립으로 국가 경제에 이바지하는 일을 하고 싶다고 생각하게 되었습니다.

2. 고등학교 재학기간 중 본인이 의미를 두고 노력했던 교내 활동을 배우고 느낀 점을 중심으로 3개 이내로 기술해 주시기 바랍니다. (1,500자 이내)

① '◇◇◇◇' 동전교환캠페인

경제동아리인 '◇◇◇◇'의 총무로 활동하던 중 한국은행에서 실시하는 동전교환캠페인을 알게 되었습니다. 가성에서 잠자고 있는 동전의 유통으로 주조비용 감소에 도움이 되자는 취지를 설명하며 부원들에게 캠페인 동참을 제안했습니다. 캠페인은 이틀 동안 학생들로부터 모은 동전을 한국은행 지점에서 지폐로 바꾼 후 참가자들에게 다시 전해 주는 방식으로 진행했습니다. 전교생을 대상으로 진행하다 보니 걱정하는 부원들도 있었습니다. 하지만 제가 제안한 활동인 만큼 성공적으로 이끌고 싶은 마음에 먼저 장소를 섭외하고, 홍보물을 제작하면서 앞장서는 모습을 보이자 모두 적극적으로 협력해 주었습니다. 결과는 194만 원이나 모이는 예상외의 성과로 마무리되었고, 그만큼 국가경제에 이바지했다는 사실이 자랑스러웠습니다. 캠페인을 통해 ◇◇◇◇는 인지도를 높이며 '학생들과 소통하는 동아리'라는 지향점을 가지게 되었습니다. 그뿐 아니라, 사회 참여적인 활동이었다는 점에서 부원들에게도 좋은 경험이 되었습니다. 이 활동을 통해 한국은행의 업무를 체험해볼 수 있었고, 동아리가 나아갈 바람직한 방향을 인식하는 계기를 가졌습니다. 또한 모범을 보이는 자세가 공동체를 이끄는 리더에게 얼마나 중요한 자질인지도 배웠습니다.

② 합창동아리 '☆☆☆'

어릴 때부터 사람들 앞에서 발표하는 것에 두려움이 많았습니다. 이 약점을 고치고 싶었고, 반복하여 무대에 오르다 보면 무대공포증을 완화할 수 있을 것이라 생각하여 합창부에 자원했습니다. 합창 경험은 처음이었지만, 평소 노래 부르는 것을 좋아했기에 큰 어려움 없이 연습을 따라갔습니다. 베이스 파트장을 맡으면서 막중한 책임감으로 직접 시범을 보이며 연습에 어려움을 겪는 친구들을 돕기도 했습니다. 함께 화음을 맞춰 가는 과정에서 합창은 무대 공포증을 극복하는 방법이 아닌, 즐거움 그 자체로 다가왔습니다. 처음에는 연습할 때도 무대 위라는 사실만으로 심장이 쿵쾅거렸지만, 교내외 행사에 여러 번 참가하면서 두려움을 차츰 극복해 나갔습니다. 그 결과로 2학년 때 참가한 교육청 토론대회와 교내 발표대회에서 스스로 만족할 만한 결과를 얻을 수도 있었습니다. '☆☆☆'는 합창의 즐거움을 넘어 어떤 두려움도 노력을 통해 극복할 수 있다는 용기를 주었습니다.

③ 학생회 SNS 운영

학생회 임원으로 활동하면서 회의에서 논의된 내용이 학급에 잘 전달되지 않는다는 것을 알게 되었습니다. 근본적인 원인은 학생과 학생회 간의 소통 부재라 생각했고, 해결책으로시 학생회 SNS 운영을 제안했습니다. 학생들은 SNS를 통해 더 쉽게 건의할 수 있었고, 학생회는 논의결과의 공개와 문제의 즉각적인 해결로 응답했습니다. 학생과 학생회 간의 소통은 교내 쓰레기통 설치와 동아리 관리의 결실을 맺으며 너 좋은 학교를 만드는 데 일조했습니다. 학생회 SNS 운영을 통해, 작은 변화가 큰 결실을 맺을 수 있다는 것을 배웠습니다. 그리고 제대로 된 자치기구의 역할을 다하기 위해서는 먼저 다가가고 소통하려는 노력이 무엇보다 중요하다는 사실을 알게 되었습니다.

3. 학교생활 중 배려, 나눔, 협력, 갈등 관리 등을 실천한 사례를 들고, 그 과정을 통해 배우고 느낀 점을 기술해 주시기 바랍니다. (1,000자 이내)

네 명의 친구들을 모아 1년 동안 현충원에서 봉사활동을 했습니다. 현충원 주변과 현충탑 내부를 청소하였는데, 벽에 적힌 순국선열들의 이름을 보며 진한 전율을 느낄 수 있어 무척 의미 있는 활동이었습니다. 하지만 거리가 먼 탓에 일찍 모이는 것이 어려워 자주 지각을 하거나 아무 말 없이 결석을 하던 친구가 있었습니다. 한

학기가 끝날 무렵, 결석이 잦았던 친구도 똑같은 봉사시간을 받는 것에 나머지 친구들이 불만을 표했습니다. 서로 간의 갈등의 골이 깊어지면서 2학기 활동을 진행하기 어려운 지경까지 이르렀습니다. 활동을 주도한 입장으로서 책임감을 느꼈고, 친구들을 화해시키기 위해 노력했습니다. 두 입장을 모두 위로하면서 남은 한 학기를 잘 마무리하자고 격려하였고, 서로의 입장을 이해해 줄 것을 당부했습니다. 친구들은 갈등을 해소하기 위해 애쓰는 저의 노력을 알아주었고, 다행히 다시 의기투합하여 활동을 잘 마무리했습니다. 위의 경험으로 자신이 주도한 일에 끝까지 책임을 지는 태도와 공동체 내에서 서로의 입장을 이해하려는 배려의 자세가 얼마나 중요한 것인지 깨달았습니다.

한편 교과목 성취도가 낮은 학우와 1:1 결연을 맺어 학습도우미 역할을 하는 멘토링 활동을 통해서는 제가 갖춘 능력으로 남을 돕는 것이 참으로 가치 있는 일임을 알았습니다. 과목마다 기본기가 부족했던 멘티를 위해 개념서를 정독하며 쉽게 가르칠 방법을 연구했습니다. 저는 다양한 용례를 보여 주며 새로운 영문법을 가르치는 등 개념이 실제로 활용되는 것을 보여 주며 최대한 빨리 체화할 수 있도록 도왔습니다. 이후 친구는 국영수에서 높은 성적 향상을 이뤄 낼 수 있었습니다. 그런데 처음에는 그저 베푸는 활동이라고만 여겼던 멘토링 활동이 어느 순간 저의 기본기를 더 탄탄하게 해주고 있음을 알게 되었습니다. 이를 통해 제가 갖춘 능력을 베푸는 것은 타인뿐만 아니라 결국 저 자신에게 되돌아온다는 사실을 배웠습니다. 따라서 대학 진학 후의 학업 또한 남과 사회를 위해 실천하고 기여하는 삶을 지향하고자 합니다.

**4. 고등학교 재학기간 중 진로 선택을 위해 노력한 과정 또는 개인적인 어려움이나 좌절을 극복한 과정을 사례를 들어 구체적으로 기술해 주시기 바랍니다.
(1,000자 이내)**

한국사 공부를 통해 경제력의 중요성을 인식하면서 경제에 더욱 관심을 가지게 되었고, 바람직한 통화정책의 수립으로 경제 발전에 기여하고 싶다는 소망은 한국은행 입행의 꿈을 키웠습니다. 자연스럽게 경제에 대해 더 알고 싶어졌고, 상경계열을 희망하는 친구들과 함께 경제동아리를 창설했습니다. 부원들은 각자의 방법으로 습득한 경제 지식을 다양한 주제의 토론을 통해 공유했습니다. 저는 한국은행 홈페이지에서 경제교육을 이수했고, 경제도서와 신문을 읽으면서 다양한 사례에 배운 내용을 접목해 보며 전반적인 경제동향을 이해하려고 노력했습니다.

경제동아리는 학교와의 소통을 지향하며 다양한 활동을 전개하기도 했습니다. 〈○○○○〉 학생기자로서 작성한 기사를 정리하여 교내에 배부할 동아리 신문을 발행했고, 교내 동전교환캠페인과 경제설문조사 등을 통해 경제 지식을 실질적으로 활용해볼 수도 있었습니다. 그런데 교내 엥겔지수 조사를 시행하면서, 수집한 자료로부터 정보를 이끌어 내고 결론을 도출하는 데에 어려움을 겪은 적이 있습니다. 이 경험을 통해 저는 자료를 분석하는 능력이 경제이론에 대한 이해만큼이나 중요하다고 느꼈고, 금융시장을 읽어 내는 중앙은행인에게도 필수적인 자질이라 생각했습니다. 그래서 전문적인 분식지식을 배울 수 있는 곳이 어디인지 찾아보았습니다. 그 결과, 고려대학교 정경대학의 통계학과가 제게 필요한 학문을 배울 수 있는 최적의 장소라고 판단했습니다. 국가적 차원의 경제개발계획 수립을 위해 설립된 통계학과는 제 꿈과 밀접하게 연관되어 있다고 생각합니다. 특히 교과과정을 실무로 그대로 연결시킬 수 있는 고려대학교만의 인턴십 프로그램은 목표를 이루기까지의 과정에서 충분한 경험을 쌓을 수 있는 기회를 제공할 것이라 생각되어 매력적으로 다가왔습니다.

위의 경제 동아리활동들은 경제에 대한 흥미를 높여 주었고, 통계학과 진학의 목표를 세우는 계기가 되었습니다. 유용한 정보의 생산능력을 함양하고 방법론으로서의 통계학을 접할 수 있는 고려대학교 통계학과에서 반드시 제 꿈의 초석을 닦고 싶습니다.

2) 서울시립대학교, 수도권 대학교 기타

■ 작성 사례: 서울시립대학교 경영학부

2015학년도 대입전형 수시지원카드

국영수사 (내신)	모의고사 성적현황	국어 (A형)	수학 (B형)	영어	탐구1 (한국사)	탐구2 (한국지리)	합(탐구는 2과목 평균값)
(2) 등급	3월 모의고사 백분위	92	97	92	95	84	92.00
	4월 모의고사 백분위	94	97	96	92	96	95.00
	6월 모의평가 백분위	92	99	93	93	89	93.20
	백분위 중 최댓값	94	97	96	95	96	95.60
	백분위 중 최솟값	92	97	82	92	84	89.40

순	지원 수준 (소신) (적정) (안정)	지원 대학	학과 (학부)	계열 (인문) (자연) (예체)	전형 명칭	모집 인원	전년도 경쟁률	수능최저 학력기준	대학별 환산 등급	대학별 환산점수 (득점/ 배점)	대학별 고사일 (월/일)
1	소신	연세대 학교	경영학과	인문	일반전형 (논술)	37	5.3:1	국B, 수A, 영, 사탐(2과목 평균)영역 중 3개 영역 등급 합 6 이내	2.04	92.8 / 100	11.14
2	소신	고려대 학교	경영학과	인문	일반전형 (논술)	108	39.9:1	국B, 수A, 영어, 사탐(2과목 평균)영역 중 3개 영역 이상 2등급 이내	2.04	449.90 / 500	11.23
3	소신	성균관 대학교	경영학과	인문	논술	100	47:1	국B, 수A, 영어, 사탐(1과목)영역 중 3개 영역 등급 합이 6 이내	2.04		11.15

순	전형	대학	모집단위	계열	전형	모집 인원	경쟁률	수능최저학력기준	학생부	논술	충원 합격
4	소신	중앙대 학교	경영학부	인문	논술	157	20.5:1	국B, 수A, 영어, 사탐(1과목-제2 외/한문영역 사탐 1과목 인정)영역 중 3개 영역 등급 합 6 이내	2.04	68.05 70	11.22
5	소신	경희대 학교	경영학과	인문	논술	48	56.8:1	국B, 수A, 영어, 사탐(2과목 평균- 제2외/한문영역 탐구영역의 1과목 으로 인정)영역 중 2개 영역 각 2등급 이내	2.04	681.78 700	11.16
6	소신	서울 시립 대학교	경영학부	인문	논술	20	14.6:1	국B, 수A, 영어, 사 탐/과탐(2과목 평 균)영역 중 2개 영 역 등급 합 4 이내	2.04		11.18

순	전형방법		선형요소 및 비율					면접 (%)	논술 (%)	적성 (%)
			서류(%)							
			학생부		자소서	추천서				
			교과	비교과						
1		일괄합산								
	단계별	1단계(배수)	100							
		2단계	70					30		
2		일괄합산	45	10					45	
	단계별	1단계(배수)								
		2단계								
3		일괄합산	20	20					60	
	단계별	1단계(배수)								
		2단계								
4		일괄합산	20	20					60	
	단계별	1단계(배수)								
		2단계								
5		일괄합산	30						70	
	단계별	1단계(배수)								
		2단계								

6	단계별	일괄합산					100	
		1단계(배수)						
		2단계						

■ 상담의 실제

주요 과목 내신등급은 1.97이었는데, 이는 1학년과 2학년 1학기까지는 2등급 후반대에 머물다가 2학기부터 뒤늦게 내신관리에 공을 들여 2학년 2학기와 3학년 1학기 때 1등급 초·중반대를 유지한 결과였다. 일찍 내신관리에 관심을 좀 더 갖지 못한 점이 아쉬웠다.

입학 후 2학년 때까지 교내 야구 동아리활동에 너무 열중한 나머지 입시에 대한 구체적이고 현실적인 대처가 늦은 측면이 있었고, 이를 깨달았을 2학년 겨울방학 시점부터 정시 위주의 지원 전략을 바라보아야 했다. 하지만 수능 하나만을 바라보기에는 리스크가 너무 컸기에 3학년 초부터 논술 준비를 본격적으로 시작하였고 수시전형 지원 전략 역시 논술전형에 절대적으로 의존한 결과 연세대학교, 고려대학교, 성균관대학교, 중앙대학교, 경희대학교, 서울시립대학교에 지원하였다. 올해 논술전형 응시자 수가 대략 65만 명에 이르는데 이 가운데 1만6천 명 정도의 학생만이 논술전형을 통해 대학에 입학하기 때문에 평균 40:1이라는 극악의 경쟁률을 보이는 어려운 상황에서 서울시립대학교를 제외한 나머지 대학들은 실패하였다. 아니 그보다 지원자는 서울시립대학교 경영학부에 약 55:1이라는 어마어마한 경쟁률을 뚫고 합격하였다. 3학년 1학기에는 특정 대학의 논술 문제 유형에 집중해 기출 문제를 풀이하기보다는 다양한 대학의 문제들을 접해보며 사고력을 키우고 전체적인 글의 구조를 안정시키는 데 주력했으며 1학기 여름방학 때부터 대학별 특색 있는 문제에 대한 적응력을 키우려고 노력하였다. '논술은 첨삭이 중요하다'고 말하는 주변 사람들의 만류에도 불구하고, 스스로 문제를 풀고 예시답안과 출제 의도를 꼼꼼히 참고하여 스스로 첨삭하기 시작했으며 처음에는 귀찮고 힘들어했지만 본인의 선택에 대한 책임의 절실함과 자신이 옳을 것이라는 위로와 다짐을 통해 버텨 나갔으며 포기하지 않고 여러 번 반복한 결과 학원을 다닐 때는 보이지 않던 논술의 답이 보이게 되었다. 20명을 모집하는 서울시립대학교 경영학부에 55.25:1의 경쟁률을 뚫고 합격하게 되었다.

순	지원 대학	학과 (학부)	계열 (인문) (자연) (예체)	전형명칭	합격 여부 (최초합격, 후보○, 불합격)	교사 의견
1	연세대 학교	경영 학과	인문	일반전형 (논술)	불합격	체계적인 논술 준비 부족
2	고려대 학교	경영 학과	인문	일반전형 (논술)	불합격	체계적인 논술 준비 부족
3	성균관대 학교	경영 학과	인문	논술	불합격	체계적인 논술 준비 부족
4	중앙대 학교	경영 학부	인문	논술	불합격	체계적인 논술 준비 부족
5	경희대 학교	경영 학과	인문	논술	불합격	체계적인 논술 준비 부족
6	서울시립 대학교	경영 학부	인문	논술	합격	평소 꾸준한 기출 문제 풀이를 바탕으로 논제에 따른 답변 방향에 대한 전략을 세우고 실전 논술 작성에 임함.

■ 작성 사례: 서강대학교 경영학과(불합격)

2015학년도 대입전형 수시지원카드

국영수사 (내신)	모의고사 성적현황	국어 (A형)	수학 (B형)	영어	탐구1 (한국사)	탐구2 (사회문화)	합(탐구는 2과목 평균값)
(1.82) 등급	3월 모의고사 백분위	97	96	89	83	71	87.20
	4월 모의고사 백분위	96	99	92	85	87	91.80
	6월 모의평가 백분위	95	93	87	85	93	90.60
	백분위 중 최댓값	97	99	92	85	93	93.20
	백분위 중 최솟값	95	93	87	83	71	85.80

순	지원 수준 (소신) (적정) (안정)	지원 대학	학과 (학부)	계열 (인문) (자연) (예체)	전형 명칭	모집 인원	전년도 경쟁률	수능최저 학력기준	대학별 환산 등급	대학별 환산점수 (득점/ 배점)	대학별 고사일 (월/일)
1	소신	서강대 학교	경영학과	인문	학생부 교과	24	17.4:1	국B, 수A, 영어, 사탐(2과목 평균) 영역 중 3개 영역 이상 각 2등급 이내	1.91	750 / 750	12.6 (최종)
2	소신	서강대 학교	경영학과	인문	학생부 종합	30	19.2:1	없음.	1.91	750 / 750	10.26
3	소신	성균관 대학교	경영학과	인문	논술우수	100	47:1	국B, 수A, 영어, 사탐(1과목)영역 중 3개 영역 등급 합이 6 이내	1.91		11.15
4	소신	중앙대 학교	경영학부	인문	논술	157	20.5:1	국B, 수A, 영어, 사탐(1과목-제2 외/한문영역 사탐 1과목 인정)영역 중 3개 영역 등급 합 6 이내	1.91	68.24 / 70	11.22
5	소신	경희대 학교	경영학과	인문	지역 균형	22	4.3:1	없음.	1.91	681.81 / 700	11.19
6	소신	부산대 학교	경영학과	인문	교과 전형	45	5.4:1	국B, 수A, 영어, 사탐(2과목 평균) 영역 중 영어를 포함한 2개 영역 등급 합 5 이내	1.91	98.29 / 100	12.5

순	전형방법		서류(%) 학생부 교과	서류(%) 학생부 비교과	자소서	추천서	면접 (%)	논술 (%)	적성 (%)
1		일괄합산	75		25				
	단계별	1단계(배수)							
		2단계							
2		일괄합산							
	단계별	1단계(배수)	100(활동보충자료포함, 2~5배수)						
		2단계	80				20		
3		일괄합산	20	20					60
	단계별	1단계(배수)							
		2단계							
4		일괄합산	20	20					60
	단계별	1단계(배수)	70	30					
		2단계							
5		일괄합산	70	30					
	단계별	1단계(배수)							
		2단계							
6		일괄합산	100						
	단계별	1단계(배수)							
		2단계							

■ 상담의 실제

위 학생은 총 6회의 수시전형에 지원하였는데, 학생부교과전형 2회, 논술우수자 전형 2회, 학생부종합전형 2회이다. 경영학과에 대한 진학 의지가 강했고, 1, 2학 년 때 교내 비교과 경제동아리를 만들고 동아리 회장을 맡으면서 다양한 활동을 이 끌어 본 경험과 2학년 때부터 조금씩 준비해 온 논술, 평소 모의고사 성적을 바탕 으로 했을 때 수시에서 수능최저등급 충족에 대한 기대를 바탕으로 수시전형에 응 시하기로 하였다.

3학년 1학기까지의 주요 과목 내신등급은 1.82였는데, 서강대학교 경영학과 학 생부교과전형의 경우 인문·사회계열은 3등급까지 만점을 주기 때문에, 위 학생 역시 내신에서는 불리한 측면이 없었고 면접 과정 또한 없었기 때문에 자기소개서 나 추천서 등의 서류준비에 심혈을 기울이면서 수능최저등급이 3개 영역 이상 2등급 이내라는 높은 최저등급 충족을 위해 수능 공부 또한 게을리하지 않도록 당부했다. 한편, 같은 학생부교과전형이지만 부산대학교의 경우 내신 100%를 반영하기 때문에 오히려 내신만을 놓고 보았을 때는 부산대학교의 합격 가능성이 부족했던 게 사실이다. 하지만 '영어를 포함한 2개 영역 등급 합이 5 이내'라는 수능최저등급은 충족 가능성이 높았기 때문에 추가합격에 대한 기대를 갖고 지원하게 되었다.

성균관대학교와 중앙대학교 두 학교는 모두 경영학과 논술전형을 응시하였다. 2학년 1학기 때부터 성균관대학교와 중앙대학교 논술을 꾸준히 준비해 왔는데 성균관대학교는 여러 해 동안 같은 문제 형식을 고수해 온 대표적인 학교이기에 4개의 논제와 5~6개의 제시문을 독해하고 2시간 내에 작성하는 과정을 틀로 연습을 해왔고, 중앙대학교는 매년 제작 및 배포하는 당해 논술 자료집을 바탕으로 최대한 해당 틀에 맞게 작성 연습을 해왔다. 또 중앙대학교 경영학과는 지나치게 어렵지는 않지만 수리논술 문제도 출제되기 때문에, 이를 위해 고등학교 수학 과정 중 '통계' 파트나 연립 이차방정식을 이용한 문제에도 관심을 갖고 실전에서의 대처능력을 기르는 연습을 하였다.

학생부종합전형으로는 서강대학교 경영학과와 경희대학교 경영학과 학교장추천전형에 지원을 하였는데, 두 전형 모두 수능최저가 없었기에 약간의 부담감을 덜 수 있었으며, 두 전형 모두다 지원자가 1학년 때부터 지속적으로 활동해 온 비교과 경제동아리활동과 학생회 임원, 교내 수상실적, 교내 봉사활동 등을 바탕으로 자기소개서를 꼼꼼하게 챙겼다.

■ 수시 결과

순	지원 대학	학과 (학부)	계열 (인문) (자연) (예체)	전형명칭	합격 여부 (최초합격, 후보ㅇ, 불합격)	교사 의견
1	서강대 학교	경영학과	인문	학생부교과	불합격	수능최저등급 미충족

2	서강대학교	경영학과	인문	학생부종합	불합격	다른 경쟁자들에 비해 내실 있는 활동이 부족했던 것으로 보임.
3	성균관대학교	경영학과	인문	논술우수	불합격	수능 가채점 결과 수능최저등급 미충족을 예상하였기에 미응시
4	중앙대학교	경영학부	인문	논술	불합격	수능 가채점 결과 수능최저등급 미충족을 예상하였기에 미응시
5	경희대학교	경영학과	인문	지역균형	불합격	학생부종합전형 준비(자기소개서, 면접)에 따른 수능시험 준비 부족으로 인한 수능최저학력기준 미달
6	부산대학교	경영학과	인문	교과전형	불합격	수능최저등급 미충족

■ 작성 사례: 인하대학교 정치외교학과

2015학년도 대입전형 수시지원카드

국영수사 (내신) (2.2) 등급	모의고사 성적현황	국어 (A형)	수학 (B형)	영어	탐구1 (한국지리)	탐구2 (사회문화)	합(탐구는 2과목 평균값)
	3월 모의고사 백분위	81	88	70	84	93	83.20
	4월 모의고사 백분위	59	95	92	82	79	81.40
	6월 모의평가 백분위	93	88	97	89	77	88.80
	백분위 중 최댓값	93	95	97	89	93	93.40
	백분위 중 최솟값	59	88	70	82	77	75.20

순	지원 수준 (소신) (적정) (안정)	지원 대학	학과 (학부)	계열 (인문) (자연) (예체)	전형 명칭	모집 인원	전년도 경쟁률	수능최저 학력기준	대학별 환산 등급	대학별 환산점수 (득점/ 배점)	대학별 고사일 (월/일)
1	소신	인하대학교	정치외교학과	인문	학생부종합 (리더십)	4	9.3:1	없음.	2.79	993.37 / 1000	11.22
2	소신	공군사관학교	단일계열	인문	일반전형			없음.			8.2
3	소신	인천대학교	정치외교학과	인문	학생부종합(자기추천)	4	13:1	없음.	2.75	297.95 / 300	12.6 (최종발표)

순										
4	소신	경북대학교	정치외교학과	인문	학생부종합	5	9.7:1	국B, 수A, 영, 사탐(1과목)영역 중 3개 영역 등급 합 7 이내	2.97	380.17 / 400

<table>
<tr><td rowspan="3">순</td><td colspan="2" rowspan="3">전형방법</td><td colspan="4">전형요소 및 비율</td><td rowspan="3">면접
(%)</td><td rowspan="3">논술
(%)</td><td rowspan="3">적성
(%)</td></tr>
<tr><td colspan="4">서류(%)</td></tr>
<tr><td colspan="2">학생부</td><td rowspan="2">자소서</td><td rowspan="2">추천서</td></tr>
<tr><td></td><td></td><td>교과</td><td>비교과</td></tr>
<tr><td rowspan="3">1</td><td colspan="2">일괄합산</td><td></td><td></td><td></td><td></td><td></td><td></td><td></td></tr>
<tr><td rowspan="2">단계별</td><td>1단계(배수)</td><td colspan="4" align="center">100</td><td></td><td></td><td></td></tr>
<tr><td>2단계</td><td colspan="4" align="center">50</td><td>50</td><td></td><td></td></tr>
<tr><td rowspan="3">2</td><td colspan="2">일괄합산</td><td></td><td></td><td></td><td></td><td></td><td></td><td></td></tr>
<tr><td rowspan="2">단계별</td><td>1단계(배수)</td><td></td><td></td><td></td><td></td><td></td><td></td><td></td></tr>
<tr><td>2단계</td><td></td><td></td><td></td><td></td><td></td><td></td><td></td></tr>
<tr><td rowspan="3">3</td><td colspan="2">일괄합산</td><td></td><td></td><td></td><td></td><td></td><td></td><td></td></tr>
<tr><td rowspan="2">단계별</td><td>1단계(배수)</td><td colspan="4" align="center">100</td><td></td><td></td><td></td></tr>
<tr><td>2단계</td><td colspan="4" align="center">60</td><td>40</td><td></td><td></td></tr>
<tr><td rowspan="3">4</td><td colspan="2">일괄합산</td><td></td><td></td><td></td><td></td><td></td><td></td><td></td></tr>
<tr><td rowspan="2">단계별</td><td>1단계(배수)</td><td colspan="4" align="center">100</td><td></td><td></td><td></td></tr>
<tr><td>2단계</td><td colspan="4" align="center">70</td><td>30</td><td></td><td></td></tr>
</table>

■ 상담의 실제

위 학생은 반드시 한 가지 분야에 대한 진로 의지를 갖고 있었던 것은 아니었다. 즉, 외교통상부나 국제기구에서 일해 보고자 하는 욕심도 있었고, 대한민국의 영공을 지키는 공군사관생도가 되어 장차 파일럿이 되는 것에도 관심이 많았다. 따라서 본인의 진로에 대한 관심을 반영하여 상담하였으며 이에 따라 정치외교학과와 공군사관학교를 위주로 수시전형에 지원하기로 하였다. 다만, 1학년 그리고 2학년 1학기 때까지의 주요 과목의 내신 평균 등급이 2.9였지만, 2학년 2학기와 3학년 1학기 때에는 이전보다 내신관리에 신경을 많이 쓴 결과 1.8등급까지 나왔고, 수시전형에 필요한 최종 주요 과목 내신 평균 등급은 2.2를 확보하였지만, 이는 학생부교과전형으로 목표 대학에 합격 가능성이 낮았기 때문에 결국 넉넉하지는 않지만 나름 지속적으로 참여하고 활동해 온 몇 가지 교내 활동들을 위주로 학생부종합전형에 도전해 보고자 하였다. 물론, 위 학생이 갖고 있는 스펙이 남들과 비교했을 때, 대단한 차별성을 가진다고는 볼 수는 없었지만, 해당 전형의 최종 단계까지 갈 경우 수능최저등급 충족에 대한 기대치가 높았다. 내신 등급 2.2에 비해 이전 3월 모의고사부터 수시 접수 이전 최종 6월 평가원 모의고사까지 모의고사 성적이 상향 곡선을 그리고 있었고, 6월 모의평가에서는 국어 2등급, 수학 2등급, 영어 1등급, 탐구 평균 2.5등급을 받았다.

위 학생은 수시전형에서 총 6번의 지원 기회 중 3회 지원을 하였고, 학생부종합전형으로 인하대학교, 인천대학교, 경북대학교의 정치외교학과에 지원하였다. 또한, 공군사관학교의 경우 KAIST, GIST, DGIST, 한국예술종합학교, 경찰대학교 등과 같이 특수대학으로 분류되기 때문에 수시 6회 지원에 해당되지는 않지만 결국 총 4개 대학에 지원하게 되었다.

비록 학생회 선거에 참여해 낙선했지만, 이후 당선 측 친구의 요청을 적극적으로 받아들여 학교의 발전을 위해 학생회 활동에 참여했고, 또래 상담 학생회 활동을 통해 학생들의 자치 문화 형성 및 발달을 위한 노력과 공이 컸으며, 1학년 내부터 지속적으로 참여하고 활동한 교내 합창부 동아리활동들을 많지는 않지만 이들을 자기소개서 작성에 활용해 보기로 하였다.

인하대학교, 인천대학교, 경북대학교의 경우 학생부종합전형에서 활동 자체가 없지는 않았지만 아무래도 타 지원자들에 비해 경쟁력이 조금 부족했던 게 마음에 걸렸는데 이는 불합격이라는 결과로 이어졌다. 그리고 공군사관학교의 경우 지원에 앞서 신체검사부터 꼼꼼히 살펴보는 것이 필요한데 1차 시험도 무난히 통과를 했지만, 2차 시험을 위해 사관학교에 실시한 신체검사에서 심한 원시 때문에 면접조차 보지 못하고 되돌아와야 하는 불운을 겪기도 하였다.

■ 수시 결과

순	지원 대학	학과 (학부)	계열 (인문) (자연) (예체)	전형명칭	합격 여부 (최초합격, 후보○, 불합격)	교사 의견
1	인하대 학교	정치외교 학과	인문	학생부종합리 더십	1단계 불합격	선발인원이 너무 적어 타 지원자들에 비해 경쟁력 확보에 어려움이 있었던 것으로 보임.
2	공군사 관학교	단일계열	인문	일반전형	1단계 합격 / 2단계 신체검사 / 불합격	원시로 인한 2차 신체검사 과정에서 탈락
3	인천대 학교	정치외교 학과	인문	학생부종합_ 자기추천	1단계 불합격	선발인원이 너무 적어 타 지원자들에 비해 경쟁력 확보에 어려움이 있었던 것으로 보임.
4	경북대 학교	정치외교 학과	인문	학생부종합	1단계 불합격	선발인원이 너무 적어 타 지원자들에 비해 경쟁력 확보에 어려움이 있었던 것으로 보임.

〈자기소개서〉

1. 고등학교 재학기간 중 학업에 기울인 노력과 학습 경험에 대해 배우고 느낀 점을 중심으로 기술해 주시기 바랍니다. (1,000자 이내)

부끄럽지만 1학년 때는 공부하는 목적을 뚜렷이 가지지 못하여 학원에도 가지 않고 흔한 인터넷 강의도 들을 생각도 하지 않았습니다. 다행히 수업 시간에는 집중했지만 시험기간에만 겨우 공부하여 내신 등급이 3.3에 불과합니다. 그러다 2학년에 올라가서 문득 나의 미래를 생각하니 아득하여 내가 잘하고 좋아할 수 있는 최적의 적성을 찾고자 했으나, 혼자만의 노력으론 부족하여 담임선생님과 진로선생님의 조언과 도움으로 정치외교 분야가 가장 적합함을 알았습니다. 목표가 정해지니 진지한 자세로 학업에 임할 수 있었음은 물론 공부가 이전보다 재미있어지고,

재미있어지니 더욱 집중하게 되었습니다. 결과는 2.6등급으로 상향되었습니다. 2학년 2학기부터는 향상된 성적에 자신감도 생겼지만 아직도 많이 부족함을 알게 되어, 친구들이 10시까지 야간자습을 마치고 돌아간 빈 교실에 혼자 남아 11시 30분 교문을 닫을 때까지 공부하기 시작하여 지금까지 계속하고 있습니다. 이런 노력으로 4등급, 5등급에 머물던 수학 성적은 2등급으로 향상되었고 주요과목 평균성적도 3학년 1학기에는 2학년보다도 조금 더 나은 2.3등급으로 향상되었고, 6월 대학수학능력 모의평가에서는 영어는 1등급의 성적도 거두었습니다.

지금 다른 친구들에 비해 객관적 성적이 우수하지 못할지도 모릅니다. 그러나 이제 공부해야 할 분명한 목표가 정해졌고, 노력을 하면 조금씩이라도 향상될 수 있다는 희망과 자신감을 가지게 되었습니다. 물론 남들보다 부족한 부분을 채워가기까지는 지금보다 더 꾸준하고도 강도 높은 노력이 필요함도 잘 알고 있습니다. 하지만 다른 사람들이 1번 노력으로 이룰 수 있는 일이라며 나는 100번을 노력하겠다는 자세를 가진다면 불가능한 일도 없다는 사실도 알게 되었습니다. 그러므로 이제는 어떠한 일에라도 최선의 노력을 하는 것도 물론 중요하지만, 그 노력이 제때 이루어져야만 후회가 없다는 것도 알게 되었으므로, 작고 사소한 일들이라도 지금 이 순간에 온힘 다해 노력할 것입니다.

2. 고등학교 재학기간 중 본인이 의미를 두고 노력했던 교내 활동을 배우고 느낀 점을 중심으로 3개 이내로 기술해 주시기 바랍니다. 단, 교외 활동 중 학교장의 허락을 받고 참여한 활동은 포함됩니다. (1,500자 이내)

공부에는 뒤늦게 집중하여 노력하게 되었지만, 나머지 영역에서의 학교생활은 정말로 적극적이고 의미 있게 지냈다고 자부할 수 있습니다. 먼저 1학년 때는 학급 반장으로서, 학급의 학습 분위기와 원만한 인간관계를 이루어 가기 위해 의견을 모으고 조율하는 일에 최선을 다하여 급우 간에 신망이 두텁다는 평가를 받았습니다. 또한 지역 학생교육원에 입소한 공동체 수련과정에서도 모범적인 활동으로 수료할 때 한 사람에게만 주어지는 '모범상'을 받았습니다. 가장 의미 있었던 일은 학급회의를 주관하여 월드비전 글로벌 사랑나누기 행사에 동참하기로 협의하여 작은 용돈을 모아서 '1학급 1생명 살리기' 프로그램에 참여하였고, 굿네이버스가 주관하는 '방글라데시 학교 짓기 모금활동'에도 참여하여, 지구촌 이웃과도 사랑을 나누며 봉사를 실천하여 더불어 사는 삶의 중요성을 알고 실천한 것입니다. 이 일을 통해 다른 나라의 원조를 받았던 우리나라가 사랑의 범위를 가까운 이웃에서 지구촌으로까지 확대하는 데 도움이 되었다는 사실이 무척 뿌듯했습니다.

2학년 때는 학생회 부회장에 출마했다가 낙선하기도 했습니다. 그러나 경쟁했던 친구의 요청으로 학생회 총무부 차장으로서, 학생회가 주관하는 가장 큰 행사인 축제의 중요한 임무를 맡아 이전과 남다른 축제가 되었다는 평가와 함께 '공로상'을 수상하기도 했습니다. 이 과정을 통해 최고의 존재가 아니더라도 맡겨진 임무에 충실할 때 나와 남을 동시에 빛나게 할 수 있다는 사실을 알게 되었습니다. 그래서 최고의 리더의 역할도 매우 중요하지만 그를 빛나게 하는 제2인자의 역할도 결코 가볍거나 덜 중요한 것이 아니란 사실도 배우게 되었습니다. 따라서 앞으로의 삶에서도 최고의 자리가 아니더라도 주어진 역할에 충실함으로써 모두가 빛나는 역할을 할 것입니다. 그리고 동아리활동으로 합창부에 참여하였습니다. 모두의 소리가 엉망이 되었습니다. 이 과정을 통해 나 혼자의 소리가 아닌 모두의 소리가 하나 될 때 진정한 합창이 된다는 사실을 배웠고, 합창만이 아니라 모든 집단에서도 나 하나 때문에 조화를 깰 수도 있고, 나 하나로 인해 조화를 이룰 수도 있다는 교훈을 얻었습니다. 다행히도 어려운 여건 속에서 연습했지만 지역의 '중등학생 종합학예발표대회'에 참가하여 우수한 성적을 거두어, 최선을 다한 노력은 기쁨으로 돌아온다는 사실도 가슴으로 알게 되었습니다. 이후 청소년 음악 축제에서는 바리톤 솔로를 맡은 친구가 갑자기 일이 생겨서 그 친구를 대신하여 솔로 파트를 담당하게 되었는데 처음엔 떨렸지만 다행이 잘 불러서 역시 입상함으로써 학교의 위상과 명예를 높이는 데도 작은 역할을 하였습니다. 이로 인해 나의 역할에 항상 최선을 다해 준비하고 있어야 한다는 사실도 배우게 되었고, 갑자기 주어진 역할도 잘 해냈다는 생각에 자신감을 높일 수 있는 또 하나의 계기가 되었습니다.

3. 학교생활 중 배려, 나눔, 협동, 갈등 관리 등을 실천한 사례를 들고, 그 과정을 통해 배우고 느낀 점을 기술해 주시기 바랍니다. (1,000자 이내)

학급 반장으로서, 작은 일일 수도 있지만 쉬는 시간마다 졸음을 참지 못하는 친구들을 대신하여 칠판을 닦고 다음 수업을 준비하는 것을 맡아서 했습니다. 또 학교가 낡은 편이어서 화장실 청소를 친구들이 모두 하지 않으려 한다는 사실을 알고는 자원해서 했습니다. 특히 겨울에 얼었던 오물 묻은 물이 옷에 튀어 찌푸린 적도 있지만 누군가는 해야 하는 일이었기에 기꺼이 담당했습니다. 그러자 처음엔 반장이니까 당연하다고 여기던 친구들도 나중엔 진심을 알고 고맙다고 하면서 같이 거들어주는 친구들도 생겨서 수월해졌습니다. 이 일로 남들이 하기 싫어하는 일을 솔선할 때 개인적 보람뿐만이 아니라 진정한 신뢰를 받을 수 있다는 소중한 사실을 알았습니다.

그리고 학급 친구들 간에 어려운 일이 생기면 갈등이 심해지기 전에 대화로 해결하도록 중재했습니다. 그러나 해결의 실마리가 풀리지 않으면 점심시간과 서녁시간을 이용하여 남학생들의 선호하는 축구를 함께할 것을 제안하여, 때로는 몸을 부딪치기도 하며 감정을 풀어내고, 때로는 어시스트하고 패스하면서 자연스럽게 어울리며 감정의 골을 메워 가도록 했습니다. 또한 학교에 적응하지 못해 자주 결석하는 친구에게도 자주 전화하고 등교하면 많은 대화를 나누어 학교에 계속 다니도록 설득했습니다. 물론 같은 친구로서 갈등을 조율하는 일이 쉽지만은 않아서 울산 남구 청소년 상담복지 센터에서 주관하는 '또래 상담 기초교육'을 수료하여 또래상담자로서의 역할을 충실히 하려고 노력했습니다. 이런 과정에서 어린 시절부터 부족함 없이 사랑을 듬뿍 받고 살았기 때문에 다른 친구들도 그럴 것이라 생각했지만 전혀 그렇지 않고 너무도 크고 어려운 환경 속에서 살아가는 친구들도 있다는 사실을 알았습니다. 그리고 친구들의 고민을 들어주는 것만으로도 위로가 될 수 있었다는 사실을 알았고, 앞으로의 삶에서도 다른 사람들의 처지와 입장이 모두 다를 수 있으므로 그들을 이해하려고 노력하는 삶이 인간관계에서 매우 소중함을 배웠습니다.

**4. 희망전공에 대한 지원동기와 향후 진로계획에 대해 기술해 주시기 바랍니다.
 (1,000자 이내)**

중학교 시절 네팔이란 나라에 한국인이 운영하는 고아원에 간 적이 있습니다. 고아가 된 이유가 짐승들에게 잡혀가거나 홍수, 사소한 사고, 병 때문이라는 말을 듣고 어이없다고만 생각했습니다. 이후 고등학생이 되어 삶과 사회 그리고 국가에 대해 깊이 생각하다 보니, 그 기억이 선명하게 떠오르면서 국가의 존재 이유와 책임 그리고 역할의 중요성을 알았습니다. 따라서 국가와 민족을 위해 내가 잘할 수 있는 일과 반드시 해야 할 일에 대해 깊이 고민하던 중 국가의 일을 충실하게 하면서도 국제관계에서의 역할도 담당할 수 있는 정치외교학에 관심을 가지게 되었습니다.

특히 일본과는 과거사 문제로 관계가 악화되어 있고, 중국도 경제 교역량이 증가하고, 한류가 확산되는 등 우호적 관계가 확대되고 있지만 동북공정이란 이름으로 역사왜곡을 시도하는 등 이웃나라들과의 관계에서도 우리의 이익과 위상을 지키는 것이 결코 쉬운 일이 아님을 알게 되었습니다. 물론 아직은 부족하고, 정치외교학에 대한 구체적인 전문 지식은 없지만, 대학에 진학한 후 깊고 넓은 지식을 배워 복잡한 국제 관계에 적절히 대응하여 지역사회는 물론 국가, 더 나가 인류의 보편적 가치를 실천하는 인재가 되기 위해 열심히 학업에 열중할 예정입니다. 먼저 동양과 서양, 과거와 현재의 정치현상을 배워 이를 토대로 미래의 사회를 이끌어 갈 인재로 성장하기 위해 먼저 전공 공부에 빈틈없는 노력을 기울일 것입니다. 또 다양한 국제 업무도 담당하기 위해 영어를 기본으로 중국어, 일본어, 그 외 1개 정도의 외국어를 선택하여 언어사용에 불편이 없을 정도의 전문지식을 습득하여, 필요로 하는 곳 어디에서라도 활동할 정치외교전문가가 될 것입니다. 지금은 부족함도 많지만 천리마를 알아본 백락처럼, 아버지가 학업에 열중했던 인하대학교가 저의 백락이 되어 주신다면, 저 자신과 아버지께 부끄럽지 않고, 인하대학교에서 추구하는 인재가 되기 위해 학업은 물론 덕과 재능을 겸비한 정치외교 전문가가 되기 위해 온 힘을 다해 노력할 것입니다.

2015학년도 대입전형 수시지원카드

국영수사 (내신) (2.33) 등급	모의고사 성적현황	국어 (A형)	수학 (B형)	영어	탐구1 (생활과 윤리)	탐구2 (사회문화)	합(탐구는 2과목 평균값)
	3월 모의고사 백분위	89	75	96	92	87	87.80
	4월 모의고사 백분위	94	88	84	92	83	88.20
	6월 모의평가 백분위	99	76	91	77	98	88.20
	백분위 중 최댓값	99	88	96	92	98	94.60
	백분위 중 최솟값	89	75	84	77	83	81.60

순	지원 수준 (소신) (적정) (인징)	지원 대학	학과 (학부)	계열 (인문) (자연) (예체)	전형 명칭	모집 인원	전년도 경쟁률	수능최저 학력기준	대학별 환산 등급	대학별 환산점수 (득점/ 배점)	대학별 고사일 (월/일)
1	소신	서강대 학교	경제학부	인문	학생부 교과	14	19.7:1	국B, 수A, 영어, 사탐(2과목 평균) 영역 중 3개 영역 이상 각 2등급 이내	2.29	747 750	12/6 (최종)
2	소신	한양대 학교	경제금융 학부	인문	학생부 종합	40	19:1	없음.	2.29	92.54 100	10.31
3	소신	중앙대 학교	경제학부	인문	학생부 종합	17	9.1:1	없음.	2.29	67.31 70	11.29
4	소신	경희대 학교	경제학과	인문	학교 생활 충실자	3	6.4:1	없음.	2.33	669.85 700	12.6
5	소신	인하대 학교	아태물류 학부	인문	학생부 종합	6	2.8:1	없음.	2.39	289.8 300	11.23
6	소신	인하대 학교	아태물류 학부	인문	일반_ 논술	31	30.8:1	국B, 수A, 영어, 사 탐(1과목)영역을 응시하고 2개 영 역 등급 합 5 이내 (제2외/한문영역 사탐 1과목 인정)	2.45	288.94 300	11.15

순	전형방법		전형요소 및 비율						
			서류(%)				면접 (%)	논술 (%)	적성 (%)
			학생부		자소서	추천서			
			교과	비교과					
1		일괄합산							
	단계별	1단계(배수)	75		25				
		2단계							
2		일괄합산		100					
	단계별	1단계(배수)							
		2단계							
3		일괄합산							
	단계별	1단계(배수)		100					
		2단계		70			30		
4		일괄합산		70			30		
	단계별	1단계(배수)							
		2단계							
5		일괄합산							
	단계별	1단계(배수)		100					
		2단계		50			50		
6		일괄합산	30				70		
	단계별	1단계(배수)							
		2단계							

■ 상담의 실제

1학년 때부터 학생부종합전형을 체계적으로 잘 준비해 온 준비된 학생이었다. 따라서 내신과 비교과 활동에 집중해 왔으며, 1학년 1학기부터 주요 과목 내신 등급은 2.19→2.71→2.18→1.80→2.54와 같은 흐름을 보였고 원하는 서울권 중상위권 대학의 학생부종합전형을 지원하기에는 좀 부족해 보였지만, 열심히 준비해 온 여러 가지 스펙들을 바탕으로 도전해볼 만하다고 판단되었다.

학교에 인문계열 동아리 기반이 취약했던 악조건에도 불구하고 입학 후 뜻이 맞는 친구들과 경제동아리를 조직하여 각종 경제 대회나 엑스포에 동아리 부원들끼리 팀을 조직해 참가한 결과 교육부 주최의 경제교육대상을 수상하였고, 대외적으로는 경제 학생기자 활동을 하며 기사 취재 및 작성 활동을 통해 관련 분야에 대한 다양한 지식과 경험을 쌓을 수 있는 계기가 되었다. 이와 더불어 최신 경제 이슈에 대한 설문조사, 쟁점 시사토론, 경제 신문발행, 동전교환운동 등의 활동을 했다. 또, 2학년 때부터 2년간 학생회 임원으로서 활동했는데 특히, 축제 사회자로서 교내 축제를 진행하고 학생회장 선거 찬조연설을 한 점은 위 학생의 친화력과 적극성이 돋보이는 부분으로 보였다.

교외 활동에 있어서는 경제 학생기자 활동을 하며 경제 관련 기사를 작성하고, 연수에 참가하며 경제를 바라보는 시각을 확장했을 뿐만 아니라 상경계열 대학생 멘토들과 인연을 맺는 적극성까지 발휘하여 여러 소통 채널을 통해 입시에 관한 정보를 얻고 대입 준비에 많은 도움을 받았다.

한국경제 경제체험대회, 경제정책 제안대회 등 서울에서 열리는 각종 대회나 엑스포에도 동아리원끼리 팀을 조직해서 참가했고, 일련의 활동의 결과로 교육부와 한국경제교육협회가 주최하는 경제교육대상을 수상하기도 했다.

가장 입학하고 싶었던 곳은 한양대학교였기 때문에 이를 위해 부산에서 열린 한양대학교 입시설명회, 인천의 섬에서 진행되었던 한양대학교 캠프, 한양대학교 캠퍼스에서 진행된 입학사정관제 설명회 등에 참가하며 꿈을 키웠다. 하지만 2015학년도 한양대학교 학생부종합전형의 평가요소는 오직 학생부였기에 자기소개서도 면접도 보지 않고 오직 학생부 100%로 학생을 평가했고, 비록 내신은 보지 않았지만, 교내상과 그 외 학생부 항목들이 다른 지원자보다 부족했기에 불합격이란 결과를 미루어 보았을 때 사실 지원자에게는 너무나도 불리한 전형이 아니었나 생각해 본다. 더욱 구체적으로 자신에게 맞는 전형에 전략적으로 지원하는 노력의 필요성이 필요하지 않을까 생각해 본다. 학생부종합전형의 평가요소는 보통 서류와 면접인데, 위 학생이 지원한 6곳 중 평가 요소가 서류＋면접이었던 곳은 인하대학교, 중앙대학교, 경희대학교였다. 그리고 세 학교 모두 1차에 합격했고, 인하대학교와 중앙대학교에 최종합격하게 되었다. 하지만 서강대학교는 교과 전형으로 지원했는데, 내신 변별력이 없고 수능최저등급 요건이 강한 전형이었는데 따라서 내신이 상대적으로 부족하고, '3개 영역 2등급 이내'라는 최저등급 요건을 항상 맞춰 와서 지원을 하게 되었지만 기대와 달리 수능에서 영어 3등급을 받아 제대로 된 평가조차 받지 못하고 불합격하였다.

■ 수시 결과

순	지원 대학	학과 (학부)	계열 (인문) (자연) (예체)	전형명칭	합격 여부 (최초합격, 후보ㅇ, 불합격)	교사 의견
1	서강대 학교	경제학부	인문	학생부교과	불합격	수능최저등급 미충족
2	한양대 학교	경제금융 학부	인문	학생부종합	불합격	타 지원자들과 구분될 만한 뚜렷한 스펙이 부족했던 듯하며 한양대학교가 원하는 인재상에 대한 분석이 미비해 보였음.
3	중앙대 학교	경제학부	인문	학생부종합	후보 9번 최종합격	충실하고 체계적인 서류준비와 이미지 트레이닝을 통한 면접 대비로 합격함.
4	경희대 학교	경제학과	인문	학교생활 충실자	불합격	면접을 본 후 합격에 대한 자신감이 높았으나 워낙 선발인원 자체가 적어서 3명 이내에 포함되지 못했던 듯함.
5	인하대 학교	아태물류 학부	인문	학생부종합	후보 2번 최종합격	충실하고 체계적인 서류준비와 이미지 트레이닝을 통한 면접 대비로 합격함.
6	인하대 학교	아태물류 학부	인문	일반_논술	불합격	학생부종합전형에 비해 논술 준비 미흡

〈자기소개서〉

1. 고등학교 재학기간 중 학업에 기울인 노력과 학습 경험에 대해 배우고 느낀 점을 중심으로 기술해 주시기 바랍니다. (1,000자 이내)

고등학교에서의 첫 1년이 지난 후에 깨달은 점은 제가 균형 잡힌 학교생활을 하지 못했다는 것이었습니다. 경제 동아리활동에 집중하는 동안 학업에 상대적으로 소홀해졌고, 학교 성적은 떨어졌습니다. 학생의 본분은 학업이라는 점을 깨닫고, 학업에 충실히 임해야겠다고 생각했습니다. 그래서 저는 매일 아침 학습 계획서 작성을 통해 학습 계획을 정하고 실천하며 학습량을 늘려 나갔습니다. 완료할 때마다 긋는 두 줄이 늘어 가면서 학업에 대한 성취감과 흥미도가 높아졌습니다. 하지만 계획을 달성하지 못한 날에는 밤을 새우며 공부하기도 했는데, 그로 인해 학교에서의 집중력이 저하되기도 했습니다. 이를 극복하고자 매주 일요일을 '미달 계획 달성의 날'로 정해 완료하지 못했던 계획의 달성을 위해 노력했습니다. 더해서 '수면 실험'을 통해 제게 가장 적합한 수면시간을 찾으려 힘썼고, 깨어 있는 시간 동안 효율적인 학습을 위해 최선을 다했습니다. 정확한 시간 관리로 인해 향상된 집중력을 바탕으로 2학기에는 전 교과성적을 1.8등급까지 상승시켰습니다.

한 해가 지나고 3학년이 되어서 경제 수업을 듣는다는 사실에 설렜습니다. 중학생 때 『열보다 더 큰 아홉』이라는 책을 읽은 후 경제학 공부를 꿈꿔왔던 저였기 때문입니다. 공부를 하면서 독서가 학습에 좋은 영향을 미친다는 점을 깨달았습니다. 3년간 동아리활동을 하면서 책을 많이 읽었는데, 그렇게 쌓은 배경지식은 수업을 이해하는 데 많은 도움이 되었습니다. 쉽게 수업 내용을 이해하게 되니 공부가 쉽고 재밌어졌고, 수업 시간이 기다려졌습니다. 이렇게 한 자기주도학습의 결과로 경제 과목에서 1등급이라는 성적을 받을 수 있었습니다. 모의고사 국어, 영어영역에서 경제 지문이 출제되기도 했는데, 관련 지문이 나올 때마다 책에 있던 개념을 떠올리며 문제를 수월하게 해결했습니다. 이러한 경험을 통해 저는 효율적인 시간 관리가 학습에 있어서 선순환을 가능케 하고, 독서를 통해 얻은 배경지식이 학습에 광범위하게 작용할 수 있다는 것을 배웠습니다.

2. 고등학교 재학기간 중 본인이 의미를 두고 노력했던 교내 활동을 배우고 느낀 점을 중심으로 3개 이내로 기술해 주시기 바랍니다. 단, 교외 활동 중 학교장의 허락을 받고 참여한 활동은 포함됩니다. (1,500자 이내)

"배운 것으로 온 세상의 빛을 밝힌다." 저는 경제동아리 '◇◇◇◇'의 창설을 주도하고 1대 부장을 맡았습니다. 그 첫 번째 활동은 '교내 설문조사'입니다. 설문조사는 동아리를 홍보할 좋은 기회였습니다. 마침 저소득층의 엥겔지수가 6년 만에 최고치를 기록했다는 뉴스를 봤고, 엥겔의 법칙이 학생들에게도 적용되는지 알아보았습니다. 신학기라 어색한 학우들을 찾아다니며 조사하는 것이 쉬운 일은 아니었습니다. 저희가 각자 반에서 조금씩 다르게 질문한 데에 따른 부적절한 표본으로 인해 통합된 질문항목의 필요성을 깨닫기도 했습니다. 하지만 학우들과 선생님들의 관심을 끌었고, 유의미한 결과를 도출했다는 점에서 뜻깊었습니다. 또한, 사회적 이슈를 심층적으로 파악하려는 태도를 기를 수 있었습니다.

두 번째 활동은 '한국경제 청소년 경제체험대회'입니다. 팀원들과 사회의 핵심적 문제인 '저출산 고령화 현상'에 대해 탐구했습니다. 저는 탐구 내용을 바탕으로 〈고령화 사회의 원인과 현황, 경제에 미치는 영향과 해결방안〉에 대한 보고서를 작성했습니다. 실증적인 결과를 얻기 위해 복지관을 방문해 어르신들의 애로사항을 조사하고, 고령화 현상에 대한 경각심을 일깨우고자 도심에서 캠페인을 벌였습니다. 치밀하게 사전 계획을 세웠지만, '참여도의 부족'이라는 난관에 부딪혔습니다. 해결 방안을 찾지 못해 처음에는 힘들었지만, 문제 해결을 위해 합숙하는 과정에서 아는 분들을 대상으로 다시 시도해 보기로 했습니다. 친구들의 조부모님께 같은 질문을 드려서 자세한 답변을 얻었고, 교내에서 선생님들을 대상으로 캠페인을 진행해서 많은 참여를 이끌어 냈습니다. 이를 통해 활동의 완성도는 사전 계획을 어떻게 세웠느냐뿐만 아니라 돌발적으로 발생하는 문제에 얼마나 잘 대처하느냐에 따라 결정된다는 것을 깨달았습니다. 이러한 활동을 통해 저는 경제 현상을 연구하고 해결책을 제시하는 일에 더욱 흥미를 갖게 되었습니다. 그 분야가 물류라면 대한민국이 동북아 물류 중심지로 떠오르고 있는 지금, 개인적 성취뿐만 아니라 국가 발전에 큰 공헌을 할 수 있으리라 생각하여 '국제 물류 관리 전문가'라는 꿈을 설정하게 되었습니다.

세 번째는 학생회 활동입니다. 2년간 임원으로서 학생회가 실질적인 자치기구로 탈바꿈하는 데 일조했습니다. 저는 활동 홍보를 위해 페이스북 학생회 누리집을 개설하고 운영했습니다. 수능 보름 전, 응원 영상을 촬영하고 누리집에 게시했습니다. 선생님들의 응원으로 구성된 영상은 선배들과 졸업생의 공감과 추억을 불러일으켰습니다. 35,000명이 넘는 사람들이 영상을 보았고, 수많은 댓글이 달렸습니다. 엄청난 반응이 신기했고 영상 제작에 들였던 노력의 결과라는 생각에 기뻤습니다. 한편으로는 자료를 게시할 때 항상 학생회의 성격에 맞는지를 고려하게 된 계기였습니다. 그렇게 학생회 누리집은 재학생-졸업생 간 소통의 장이 되었습니다. 제가 그 중심에서 공동체의 발전에 이바지했다는 사실이 뿌듯합니다.

3. 학교생활 중 배려, 나눔, 협동, 갈등 관리 등을 실천한 사례를 들고, 그 과정을 통해 배우고 느낀 점을 기술해 주시기 바랍니다. (1,000자 이내)

3학년이 되자, 어느 대학에 지원해야 할지 고민하는 친구들이 많아졌습니다. 2년간 또래 상담자로서 친구들의 이야기를 듣고 고민을 해결했던 경험을 바탕으로 입시에 초점을 맞춘 상담을 통해 제가 아는 정보를 친구들과 공유해야겠다고 생각했습니다. 저는 정보전달자의 역할을 충실히 수행했습니다. 대학교 입학처 또는 진학사 같은 입시기관에 공개된 자료는 많지만, 친구들은 자료가 있는지도 어떻게 활용하는지도 몰랐습니다. 이를 도와주고자 여러 명의 친구와 상담을 했는데, 고민을 듣고 하나씩 해결해 나갔습니다. 대부분은 자신의 성적으로 지원 가능한 대학을 물어 왔고, 저는 친구들의 성적을 입시결과와 비교하며 알맞은 전형과 합격 가능성에 관해 얘기를 나눴습니다. 친구들이 상담을 통해 자극 받고 동기 부여하는 결과가 되었다고 말할 때마다 제가 도움이 되었다는 사실에 뿌듯했습니다. 상담이 끝나고는 자유롭게 이야기를 주고받았는데, 그 시간을 통해 저 또한 공부 방법 등 여러 가지를 다시 생각해 보았다는 점에서 서로 가르치면서 동시에 배웠던 시간이었습니다.

학생회 활동시간과 공부시간이 충돌하는 경우가 있었습니다. 흡연 단속을 목적으로 한 식사시간 순찰이 도화선이 되어 불만이 터져 나왔습니다. 당시 17명의 임원이 6개 조로 나눠 사각지대를 매일 순찰했는데, 공부시간을 확보해 달라는 임원들과 학생회의 역할이니 충실히 임하자는 회장 사이의 갈등이 불거졌습니다. 서로 언성을 높일 때도 있었습니다. 문제 해결을 위해 소집된 전교 회의에서 저는 부족한 인원으로 인한 학생회의 고충을 설명하고, 한 번만 학생회의 입장이 되어 생각해 달라고 부탁하며 순찰 동참을 요청했습니다. 계속된 설득과 친구들의 적극적인 동의로 각 반 임원들이 동참하게 되었습니다. 80명이 함께하니 학습시간을 충분히 확보하게 되었고, 내부의 갈등은 말끔히 해결되었습니다. 이 경험을 통해 저는 공감을 이끌어 내며 설득하는 말하기의 효과를 배우게 되었고, 같은 의견을 피력하는 친구와 함께라면 설득의 효과가 배가 된다는 것을 깨달았습니다.

4. [대학 자율문항] 지원자의 교육환경(가족, 학교, 지역 등)이 성장과정에 미친 영향과 지원 학과에 지원한 동기, 입학 후 학업(진로)계획에 대해 기술하세요. (1,500자 이내)

"청소년을 위한 한밤의 클래식. 안녕하세요, □□□입니다. 오늘은 제 동생인 ◆◆◆ 학생의 사연을 들어 보도록 할게요." KBS라디오 DJ로 활동하는 누나는 입학 사정관 전형으로 서울 소재 대학교 미디어학부에 합격했습니다. 초등학생 시절부터 아나운서라는 꿈을 위해 학교 축제마다 사회자를 도맡고, 방송경연대회에 참가하는 누나를 보며 저 또한 꿈과 진로에 대해 자주 생각해 보곤 했습니다. 그러던 중 『열보다 더 큰 아홉』이라는 책을 읽었는데, '새것'과 '처음'을 좋아하는 인간의 본성에서 비롯된 '한계효용 체감의 법칙'에 대해 알게 되었고, 현실에서 일어나는 일들을 과학적으로 설명해 주는 경제학에 관심을 갖게 되었습니다. 이후 〈○○○○〉의 학생기자로서 경제신문을 읽고 기사를 쓰며 경제학도의 삶을 미리 준비했습니다. 고등학교에 진학해서는 경제동아리 ◇◇◇◇를 조직해 활동하며 '국제 물류 관리 전문가'라는 꿈을 품었습니다. 저희 학교는 인근 지역에서 수능 평균 성적이 가장 높은 일반계고입니다. 하지만 입학사정관제 합격생은 얼마 되지 않았고, 교육열은 높지만 정보가 부족한 지역적 특성이 더해져 입시 정보를 얻을 기회가 부족했습니다. 저는 이러한 환경을 극복해야 했습니다. 그래서 교무실에 있는 대학별 입시 책자들을 낱낱이 읽어 보고 교육청에서 열리는 입시 설명회를 들으며 주도적으로 여러 자료를 얻으려 노력했습니다. 그 덕분에 3학년이 되어서는 제게 맞는 전형과 입시 정보를 쉽게 찾을 수 있었습니다. 경희대학교만의 차별화된 국제화 수준과 교양교육은 '국제 물류 관리 전문가'가 목표인 저에게 큰 매력으로 다가왔습니다. 경희대학교의 해외 자매대학 중 Michigan state university의 supply chain & logistics 대학원 과정은 US NEWS의 전미 대학원 평가에서 해당 부문 2위에 오른 수준 높은 교육과정이었습니다. 저는 졸업 후 이 과정을 이수하고 석사학위를 취득할 것입니다. 이후, FEDEX나 DHL EXPRESS 같은 세계적인 물류 기업에 취직해 실무 능력을 배양하고, 귀국하여 대한민국이 인천공항과 인천항만을 중심으로 한 세계적인 물류 중심 국가로 발돋움하도록 공헌하고 싶습니다. 구체적으로는 제조 무역 기업과 물류 기업이 글로벌 노마드 정신을 가지고 세계시장으로 동반 진출하도록 도와주고, 해당 기업들의 SCM(공급망 관리) 과정이 효율적으로 이루어질 수 있는 방향을 제시하는 역할을 맡고 싶습니다. 이를 위해서는 경제학이라는 전공과목에 대한 공부와 외국어 능력의 향상이 선행되어야 합니다. 따라서 국내 최고의 교수진으로 구성된 경희대학교 경제학과에서 수학하며 계량 경제 전공프로그램을 수료할 것입니다. 컴퓨터 활용을 통해 물류 공급 관리 관련 데이터를 과학적으로 분석하는 능력을 기를 수 있을 것으로 생각하기 때문입니다. 또한, 후마니타스 칼리지의 영어+1 교육을 통해 세계시장에서 활용할 수 있는 외국어 의사소통 능력을 키울 것입니다.

3) 동국대학교 한의학과, 육군사관학교, 국립대학교 기타

■ 삭성 사례: 농국대학교 한의학과

2015학년도 대입전형 수시지원카드

국영수과 (내신)	모의고사 성적현황	국어 (B형)	수학 (A형)	영어	탐구1 (생활과 윤리)	탐구2 (법과 정치)	합(탐구는 2과목 평균값)
(1.25) 등급	3월 모의고사 백분위	98	99	97	84	93	383
	4월 모의고사 백분위	98	100	98	99	86	389
	6월 모의평가 백분위	99	97	97	93	89	384
	백분위 중 최댓값	99	100	98	99	93	389
	백분위 중 최솟값	98	97	97	84	86	383

순	지원수준 (소신)(적정)(안정)	지원대학	학과 (학부)	계열 (인문)(자연)(예체)	전형명칭	모집인원	전년도 경쟁률	수능최저 학력기준	대학별 환산등급	대학별 환산점수 (득점/배점)	대학별 고사일 (월/일)
1	소신	경희대학교	한의예과	인문	네오르네상스	4	14:1	없음.			10/25(토)
2	소신	고려대학교	미디어학부	인문	학교장추천	13	11:1	국어B, 수학A, 영어, 사탐(2과목 평균) 2개 영역 등급 합 4 또는 국어A, 수학B, 영어, 과탐(2과목 평균) 2개 영역 등급 합 4	1.21	779.3 / 800	11/16(일)
3	적정	대구한의대학교	한의예과	인문	학생부면접	8	신설전형	국어AB, 수학A, 영어 등급 합이 50이내	1.35	498.26 / 500	10/9(목)
4	소신	동국대학교	한의예과	인문	일반전형2	15	신설전형	국어B, 수학A, 영어 등급 합이 6 이내 또는 국어A, 수학B, 영어 등급 합이 6	1.25	596.94 / 600	10/19(일)
5	적정	동의대학교	한의예과	인문	지역인재	10	신설전형	없음.	1.36	492.28 / 500	11/21(금)
6	소신	서울대학교	언론정보학과	인문	일반전형	10	16.8:1	없음.	1.35	95.76 / 100	11/21(금)

순	전형방법		전형요소 및 비율						
			서류(%)				면접 (%)	논술 (%)	적성 (%)
			학생부		자소서	추천서			
			교과	비교과					
1		일괄합산							
	단계별	1단계(3배수)	100						
		2단계	1단계 70				30		
2		일괄합산							
	단계별	1단계(3배수)	80	20					
		2단계	1단계 70				30		

3	단계별	일괄합산							
		1단계(10배수)	100						
		2단계	60				40		
4	단계별	일괄합산	60	40					
		1단계(배수)							
		2단계							
5	단계별	일괄합산							
		1단계(6배수)	50	50					
		2단계	1단계 70				30		
6	단계별	일괄합산							
		1단계(2배수)	100						
		2단계	100				100		

■ 상담의 실제

이 사례 학생은 인문사회계열 학생으로서 수시전형에서 한의예과에 지원하여 합격하였다. 진로희망은 PD였으나 학부모와의 진학 상담을 통해서 한의예과에 대한 비전과 관심을 키우고 인문사회계열 학생이 지원 가능한 한의대를 선별하고 전략을 잘 세워 합격하였다. 이 사례 학생은 한의사인 아버지의 영향을 받아 한의예과에 대한 관심을 갖게 되었고, 자신의 적성과도 잘 맞는다는 것을 깨닫고 수시전형에서 적극적으로 한의예과에 지원하였다.

학생부종합전형과 학생부교과전형의 중요 요소인 학생부 내신은 국수영탐 1.25, 전 과목 1.32로서 상위권 성적을 유지하였다. 우수한 내신과 관련하여 교과우수상, 학력우수상, 학습도우미 멘토활동 우수상 등을 수상하였고 교과세부능력 및 특기사항에서 학생의 개별적인 교과우수성과 특징이 학교생활기록부에 잘 나타나 있다. 그러나 학교생활기록부상의 자율활동, 동아리활동, 봉사활동, 진로활동 등에서 다른 학생과 함께 활동했던 단체 활동사항은 누적적으로 잘 기록되어 있으나 학생의 개별적인 특징이 드러난 곳은 다소 부족하였다. 수시지원 6회 중 한의예과는 4회 지원하였고, 미디어학과와 언론정보학과에 각각 1회 지원하였다. 차분한 심성과 뚜렷한 주관과 논리를 가진 학생으로서 면접능력과 미디어와 한의학이라는 두 관심분야에 대한 성장 잠재력이 좋아서 합격 가능성이 충분했으나 서울대학교 일반전형은 언론정보학에 대한 전공분야 관심 및 고교 3년 동안의 학생이 진학하고

자 하는 학과(계열)에 대한 전공분야 관심, 자기주도적 학업태도, 학업능력을 학교생활기록부와 자기소개서에 지속적으로, 충분히 기록하였음에도 정당한 평가가 부족했고 내신점수도 불안한 점이 있었다. 고려대학교 학교장추천전형에서는 학교생활기록부와 관련 서류에서 고려대학교가 요구하는 인재상에 대한 충분한 평가를 받지 못했다.

경희대학교의 한의예학과는 모집정원이 4명으로 적었을 뿐만 아니라 내신점수가 부족하여 염려되었다. 동국대학교, 대구한의대학교, 동의대학교 한의예학과는 모든 전형요소를 충분히 만족하여 합격하였다. 특히 인문사회계열 학생으로서 한의예학과에 진학하게 된 계기(이 학생의 경우는 현직 한의사인 아버지의 영향을 받은 특별한 사례임), 학업 계획, 비전과 전망에 대한 긍정적이고 발전적인 자기 논리를 자기소개서를 잘 표현해야 한다.

■ 수시 결과

순	지원 대학	학과 (학부)	계열 (인문) (자연) (예체)	전형명칭	합격 여부 (최초합격, 후보○, 불합격)	교사 의견
1	경희대 학교	한의예과	인문	네오르네 상스	불합격	과년도 합격사례에 비하여 내신 점수가 부족하였다고 평가됨.
2	고려대 학교	미디어 학부	인문	학교장추천	불합격	고려대학교가 요구하는 인재상을 관련 서류평가에서 충분히 평가받지 못함.
3	대구한의 대학교	한의예과	인문	학생부면접	합격	모든 전형요소를 만족하여 합격함.
4	**동국대 학교**	**한의예과**	인문	일반전형2	합격	모든 전형요소를 만족하여 합격함.
5	동의대 학교	한의예과	인문	지역인재	합격	모든 전형요소를 만족하여 합격함.
6	서울대 학교	언론정보 학과	인문	일반전형	불합격	전공분야 관심도, 자기주도적 학업태도, 학업능력을 학교생활기록부와 자기소개서에서 부족하게 평가받음.

■ 작성 사례: 육군사관학교

2015학년도 대입전형 수시지원카드

국영수사 (내신) (1.8) 등급	모의고사 성적현황	국어 (A형)	수학 (B형)	영어	탐구1 (한국사)	탐구2 (사회문화)	합(탐구는 2과목 평균값)
	3월 모의고사 백분위	89	94	93	93	96	93.00
	4월 모의고사 백분위	86	95	91	92	79	88.60
	6월 모의평가 백분위	96	93	87	90	88	90.80
	백분위 중 최댓값	96	95	93	93	96	94.60
	백분위 중 최솟값	86	93	87	90	79	87.00

순	지원 수준 (소신) (적정) (안정)	지원 대학	학과 (학부)	계열 (인문) (자연) (예체)	전형 명칭	모집 인원	전년도 경쟁률	수능최저 학력기준	대학별 환산 등급	대학별 환산 점수 (득점/ 배점)	대학별 고사일 (월/일)
1	소신	진주교 육대 학교	초등교육	인문	학생부종 합_지역 인재	96	12.8:1	국AB, 수AB, 영어, 탐구(2과목 평균)영역 등급 합 12 이내(단, 수능 1개 영역은 반드시 B 포함)	2.28	338.6 / 380	10.18
2	소신	UNIST	경영계열	인문	지역 인재	5	3.2:1	없음.			11.21
3	소신	육군사 관학교	단일계열	인문	일반 전형	310	20.6:1	없음.			8.2

순	전형방법		전형요소 및 비율						
			서류(%)				면접 (%)	논술 (%)	적성 (%)
			학생부		자소서	추천서			
			교과	비교과					
1		일괄합산							
	단계별	1단계(배수)	40	60					
		2단계	50				50		
2		일괄합산							
	단계별	1단계(배수)	100						
		2단계	70				30		

3	단계별	일괄합산						
		1단계(배수)	50점(대학별 고사)					
		2단계	1차[50점(대학별 고사)]+2차[50점(체력검정)+200점(면접)+90점(교과)+10점(비교과)]+3차[600점(수능)]=1,000점					

■ 상담의 실제

위 학생은 국립대학교 혹은 사관학교를 관심에 두고 있었다. 주요 과목 내신이 1.8등급으로 1학년 때 2등급 중후반에 머물렀지만 2, 3학년 때 내신관리에 관심을 갖고 관리를 한 결과 1등급가량 올릴 수 있었다. 1.8등급이라는 내신을 가지고 염두에 두고 있는 국립대학교나 사관학교에 안심하고 지원할 수 있는 상황은 아니었지만, 평균 1.5등급 정도를 유지했던 평소 전국연합이나 평가원 모의고사 결과를 바탕으로 일단 수시에서 단계별 전형을 통과하는 데 최선을 다하고 수능최저등급 충족과 정시에 대한 여지를 남겨 두기로 하였다. 그 결과 1순위 육군사관학교 일반전형, 2순위 진주교육대학교 지역인재전형, 3순위 UNIST 지역인재전형에 지원하였다.

1순위로 지원한 육군사관학교의 경우 7월에 실시하는 1차 자체 시험을 시작으로 최종 수능 성적 합산이 이루어지는 3차까지 최종합격자 발표까지 꽤나 긴 시간이 걸리기 때문에 각 단계별로 구체적인 대응전략을 마련해서 준비하기로 하였다. 1차 시험의 경우 수능보다 좀 더 난이도가 있는 자체 시험이라서 기출문제 풀이와 평소 해오던 수능 준비 정도로 대비를 하기로 했으며, 1차는 최종 정원의 5배수를 선발하지만 대체적으로 7월에 1차 시험을 연습 삼아 보는 실력 있는 학생들이 많아 커트라인이 높은 편이라서 그에 맞게 좀 더 긴장감을 갖고 임하기로 했다.

1차 시험을 치른 결과 대체적인 합격선이 자체고사 성적 합산 기준 240점 정도 되었는데 지원자는 가채점 결과 240점 후반대가 나왔으며, 이에 면접과 체력 시험을 치는 2차 전형에 대한 준비 작업에 돌입하였다. 평소 운동신경이 둔하고 체력적인 부분이 약했기 때문에 상담결과 체력시험에 대한 걱정을 조금이나마 덜어보고자 체대 입시학원에 등록하여 한 달가량 2차 체력 시험에 대한 준비를 체계적으로 받아보기로 하였고, 면접에 대한 대비는 아무래도 육군사관학교이다 보니 군 적성, 국가, 통일 등의 주제를 포인트로 시사적인 부분들을 찾아가며 대비하기로 하였다.

3차 시험의 경우에는 수능 성적인데 평가 요소 중 60%로 가장 많은 부분을 차지하고, 최초합격의 경우 대략 전 영역 평균 1.5등급 정도가 되어야 하기 때문에 본인의 평소 모의고사 성적 혹은 그 이상을 최대한 유지하기 위해 노력하기로 했다.

2순위로 지원한 진주교육대학교의 경우 1차 시험(학생부 종합)과 2차 시험(면접)으로 구성되어 있는데 2단계에서 면접의 비중이 50%로 상당히 높았기 때문에 면접 대비에 신경을 썼으며 이를 위해 다음(daum) 카페로 등록된 '우리 교대가요'에 가입하여 이미 합격한 선배들의 다양한 조언과 관련 정보들을 얻으면서 좀 더 구체적인 준비 작업이 이루어질 수 있도록 하였다. 그리고 교내에서 교대를 준비하는 여러 학생이 모여 앞서 언급한 카페에서 제공하는 면접 자료들을 바탕으로 모의 면접과정을 야간자율학습 시간을 쪼개어 3주가량 준비해 보기로 하였으며 이런 과정에서 담임선생님과 몇몇 교과 선생님들이 면접관으로 참여하여 실제 면접 분위기를 높여 보기로 하였다.

3순위로 지원한 UNIST의 경우 경영학과의 지역인재 전형에 지원을 하였는데, 선발인원이 5명밖에 되지 않고 후보가 되더라도 추가합격에 대한 가능성이 낮았기 때문에 25명으로 비교적 선발인원이 많았던 학업역량우수자전형을 추천하였다. 하지만 지원자는 학업역량우수자전형에서 갖추어야 할 스펙에 대한 실적과 자신감이 부족했기 때문에 결국 스펙에 대한 부담감이 덜한 지역인재전형을 고집하여 지원했다.

■ 수시 결과

순	지원 대학	학과 (학부)	계열 (인문) (자연) (예체)	전형명칭	합격 여부 (최초합격, 후보○, 불합격)	교사 의견
1	육군사 관학교	단일계열	인문	일반전형	후보24 추가합격	중상위권에 해당하는 1차 시험 성적을 확보하여 체력 시험을 무난히 통과하였고, 국수영사탐이 2, 1, 1, 3, 4로 최초합격권에 해당하는 1, 2, 1, 2, 1에 미치지는 못하지만 비교적 빠른 후보 순위로 1월 초에 1차 추가합격을 하였음.
2	진주교 육대 학교	초등교육	인문	지역인재	1차 합격, 최종불합격	1차 통과 후에, 2차 면접 시 5분 정도의 발표 시간 동안 주제를 벗어난 언급으로 인해 지적을 받았는데 이 부분이 패인이 아닐까 생각해 봄.

| 3 | 유니
스트 | 경영학과 | 인문 | 지역인재 | 최종불합격 | 후보 2번이었지만 5명이라는 선발인원 자
체가 워낙 적었기 때문에 추가합격 자체가
없어서 불합격함. |

〈자기소개서〉

수험 번호		성 명		면접 조	조
현재 신분	고3(O), 재수(　　　), 3수(　　　), 검정고시(　　　), 대학 경험(　　　대학　　　학부　　　학년)				

■ 다음은 귀하의 학교생활에 대한 분항입니다. 해딩하는 항목에 체크(√)나 동
그라미(O)로 표시하고, 세부 내용을 기재하시오.

□ **나는 과거에 육사에 지원을 한 적이 있다(육사 <u>재수/3수</u> 지원자이다).**
  – 응시 횟수: (　　)회, 응시 연도:

□ **나는 사관학교 재지원자(<u>재수/3수 지원</u>)이다(타 사관학교 지원 포함).**
  – 응시 횟수: (　　)회, 응시 연도:
  – 응시 사관학교: 육사(　　), 공사(　　), 해사(　　), 3사관학교(　　), 간호사관학교(　　)

□ 나는 육사 '<u>고교방문 입시설명회</u>'에 참석한 적이 있다. (　　　)

□ 나는 육사 '<u>초청 입시설명회</u>'에 참석한 적이 있다. (　　월)

□ 나는 육사 '<u>지역별 입시설명회</u>'에 참석한 적이 있다. (　　월　　일)

□ 나는 육사 '예비지원자 육사 초청입시설명회'에 참석한 적이 있다. (　　월　　일)

□ 나는 고교 시절 <u>학급 반장</u>을 역임했다.
  – 반장 역임 횟수: (1)회
  – 언제: (1)학년 (2)학기, (　)학년 (　)학기, (　)학년 (　)학기

□ 나는 고교 시절 <u>학급 부반장</u>을 역임했다.
  – 부반장 역임 횟수: (1)회
  – 언제: (1)학년 (1)학기, (　)학년 (　)학기, (　)학년 (　)학기

□ 나는 고교 시절 <u>학생회장</u>을 역임했다.
  – 구체적 내용:

□ 나는 고교 시절 <u>학생회 부회장</u>을 역임했다.
  – 구체적 내용:

□ 나는 고교 시절 <u>학생회 기타 임원</u>을 역임했다.
  – 구체적 내용:

□ 나는 고교시절 동아리 임원(부회장, 기타 임원)을 역임했다(온라인 제외).
  * 예체능, 문예 · 학술 동아리 포함.
  – 동아리 구분: 교내동아리(　　), 시 · 도단위 동아리(　　), 전국단위 동아리(　　)
  – 동아리 명칭: (교과학습동아리(학습멘토링))
  – 동아리 임원 명칭: (　　　멘토　　) *예) 부회장
  – 기간: (2013.10.05~2013.11.29)

□ 나는 교내 · 외에서 진행된 행사에서 도우미 역할을 지원하여 수행한 적이 있다.
  – 구체적 내용:
  교내
  2013년 2월 13일 졸업식 행사도우미를 자원하여 교통안내와 교통정리를 하였고 졸업생들과 학부모님들의 불편을 최소화하기 위해 행사안내를 하는 등 여러 가지 측면에서 노력하였습니다.
  2013년 3월 4일 입학식 행사도우미를 자원하여 학부모님늘의 교통안내와 교통정리를 하였고 신입생들과 학부모님들의 불편을 최소화하기 위해 행사 안내를 하는 등 여러 가지 측면에서 노력하였습니다.
  2013년 6월 19일 전문직업인 방문행사의 도우미를 자원해 전문직업인들의 교육안내를 도왔고 불편을 최소화하기 위해 노력했습니다.
  2014년 2월 11일 졸업식 행사도우미를 자원해 교통안내와 교통정리를 하였고 교통안내를 하던 도중 지갑을 발견해서 그 지갑을 잃어버린 학부모님들에게 전달하였습니다.
  교외
  2012년 7월 11일~2012년 7월 13일
  수련활동 생활실장을 자원해서 수련활동을 하는 동안 친구들의 불편을 개선하기 위해 선생님들께 자문을 구하였고 친구들이 수련회 활동 중 활동에 대해 이해가 부족한 친구들이 있으면 그러한 친구들을 위해 조금 더 자세하게 설명을 해주었으며 수련활동 중 주변 친구들과 잘 못 어울리는 친구를 위해 다른 친구들과 그 친구가 자연스럽게 어울릴 수 있도록 도왔습니다. 그러한 공로들을 인정받아서 모범상을 받았습니다.
  2012년 12월 19일 18대 대통령 선거 투표관리 도우미를 자원하여 선거장을 청소하고 선거관리위원들이 선거업무에 집중할 수 있도록 선거인들의 선거장 안내를 돕고 선거와 관계된 잡무를 하였습니다. 선거장 안내를 하면서 거동이 불편하신 노인분들의 투표를 도와서 감사인사를 받았습니다.

〈추 천 서〉

■ **추천 학생**

수험 번호		성 명		면접 조	조

■ **추천 학생과의 관계**

①	고등학교 담임선생님(3학년)	②	기타(2학년 때 교과 담당, 관찰일: 18개월)

■ **아래 질문 중 추천 학생이 해당되는 부분에 표시하시고, 응답하신 내용의 근 거가 되는 구체적인 사례를 반드시 적어 주시기 바랍니다.**

평가항목		평가대상			평가 불가	매우 미흡	미흡	보통	우수	매우 우수
		3학년 전체	계열 전체	학급 전체						
학교 생활 태도	동료학생관계	√							√	
	교사에 대한 태도	√								√
	교내활동참여	√							√	

※ 구체적 사례

온순하게 생긴 외모에 비해 마음속 의지가 강한 학생이며 평소 맡은 바 묵묵히 성실하게 최선을 다 하는 성격이기 때문에 급우들로부터의 신뢰도가 높습니다. 지원자는 평소 인사성이 매우 좋은 학생 입니다. 화장실에 들어갈 때 선생님을 보고 인사를 했어도 화장실에서 나올 때나 잠시 후 다시 복도 에서 마주칠 때에도 처음 인사하는 것처럼 공손히 인사하는 모습이 처음에는 녀석이 인사를 왜 그 렇게 자주 하지라고 조금 어색했지만 웃는 얼굴에 침을 못 뱉는다고 지원자의 그런 모습에서 웃어 른에 대한 공경하는 태도가 몸에 배어 있다는 것을 알 수 있었습니다. 그리고 지원자는 자기주도 학 습 습관이 잘 잡혀 있는 학생이라고 볼 수 있으며, 평소에는 특별실에 입실해서 밤 11시까지 자습을 하 고, 토요일, 일요일 및 공휴일에도 텅 빈 교실에서 책을 보는 모습을 저뿐만이 아니라 다른 선생님께서도 보시고 칭찬을 많이 하신 것으로 알고 있습니다. 또한, 멘토–멘티 학습 코칭 프로그램에 참여함으로써 기초학력이 부족한 학생들을 대상으로 본인이 갖고 있는 학습방법에 대해 알려주고 적극적으로 동기부여를 많이 해주며 나눔과 배려를 실천하는 모습이 인상적이었습니다.

■ 아래 질문 중 추천 학생이 해당되는 부분에 표시하시고, 응답하신 내용의 근거가 되는 구체적인 사례를 반드시 적어 주시기 바랍니다.

평가항목		평가대상			평가 불가	매우 미흡	미흡	보통	우수	매우 우수
		3학년 전체	계열 전체	학급 전체						
개인자질	책임감	√							√	
	성실성	√							√	
	리더십	√							√	
	협동심 (사회성)	√								√
	나눔과 배려	√								√

※ 구체적 사례

평소 교장실 앞 화장실에 특별 구역 청소를 담당했고, 아침 점심 저녁 시간을 이용해 3개 조를 짜서 20분 동안 화장실 청소를 하는 것이었는데, 평소와 달리 체육대회가 있던 날에는 남학생들이라서 그런지 종일 운동을 한다는 들뜬 마음에 아침 특별구역 청소를 하는 것을 잊어버리고 미리 운동장에 나가서 자기네들끼리 공을 차며 몸을 풀었지만, 지원자의 경우 나머지 학생들이 운동장에 나가 뛰어놀고 있었지만 본인은 정해진 시간에 특별 구역 청소를 담당했었습니다. 이는 이후 특별구역을 담당하는 선생님께서 저에게 알려 주시게 되어 알게 되었으며 이에 대해 교장선생님께서도 칭찬을 많이 하셨다는 말을 들었습니다. 지원자는 눈에 번득 띄는 수상실적이나 학업에 대한 천부적 소질이 뛰어나다고 볼 수는 없겠지만 남들이 소홀하거나 놓치기 쉬운 부분을 티 나지 않더라도 묵묵히 성실하게 책임감을 잘 발휘해 나가는 태도를 잘 갖추고 있는 것을 지켜보았습니다. 저희 반은 다른 반에 비해 학업수준이 비교적 높은 반에 해당되며 지원자는 반에서 2~3등을 오르락내리락 하는 위치에 있는데 이런 학업에 대한 소질과 평소 밝고 성실한 생활태도 덕분에 주변에 대한 나눔과 배려 정신까지 돋보여 그에 대한 신뢰가 높습니다. 특히, 평소 수학이나 영어 과목에 대한 궁금증이 있는 경우 지원자에게 스스럼없이 묻고 답하는 모습을 자주 보았으며 그 과정에서 서로 간의 교우관계 역시 돈독해진 것을 느낄 수 있었습니다. 비단 이 뿐만은 아닙니다. 저희 반은 한 달에 한 번씩 제비뽑기를 통해 자리를 바꾸며 다양한 학생들끼리 서로 친해질 수 있는 기회를 제공하고자 담임으로서 의도를 많이 하는데, 평소 자습을 하지 않고 수업시간에 잠을 많이 자던 학생이 지원자를 만나 여러 가지 진로에 대한 이야기도 나누고 학업에 대한 필요성도 느끼며 자습을 한다고 저에게와서 허락을 해달라는 상황까지 이르게 되었습니다. 그래서 나중에 지원자에게 물어보았더니 약간의 진로 진학 관련 조언을 해준 결과 그 학생에게는 유용한 정보가 되었고 평소 막연한 목표의식이 아니라 이루고자 하는 바에 다가가기 위해 공부해야 할 명분이 생기게 되었던 것입니다. 지원자는 외유내강형 인간입니다. 즉, 본인에 대해서는 굉장히 엄격하지만 주변 친구들을 대할 때의 태도는 본인의 이야기를 많이 하기보다 상대의 이야기를 잘 들어주고 공감해 주는 성향이 더 강하다고 볼 수 있습니다. 혹시나 친구의 짓궂은 장난도 소탈하게 잘 받아넘기는 재치와 넉살도 칭찬할 만해 보이며, 이런 생활 태도는 조직생활 속에서 구성원들과 조화를 이루며 살아나가는 데 바람직한 인성과 태도를 지닌 것으로 보이며 내적인 강인함 역시 스스로에 대한 통제아 주변으로부터의 모범적인 모습을 보여 주는 데 많은 도움이 될 수 있을 것이라고 생각합니다.

추천자 소속: ○○고등학교   직책: 3학년 교사   이름:

(연락처) 전화: 이메일: 서명:

■ 작성 사례: 경북대학교 경영학과(논술)

2015학년도 대입전형 수시지원카드

국영수사 (내신)	모의고사 성적현황	국어 (B형)	수학 (A형)	영어	탐구1 (한국사)	탐구2 (사회문화)	합(탐구는 2과목 평균값)
(3.24) 등급	3월 모의고사 백분위	92	91	80	86	96	89.00
	4월 모의고사 백분위	97	89	75	97	99	91.40
	6월 모의평가 백분위	97	78	77	81	85	83.60
	백분위 중 최댓값	97	91	80	97	99	92.80
	백분위 중 최솟값	92	89	75	81	85	84.40

순	지원 수준 (소신) (적정) (안정)	지원 대학	학과 (학부)	계열 (인문) (자연) (예체)	전형 명칭	모집 인원	전년도 경쟁률	수능최저 학력기준	대학별 환산 등급	대학별 환산점수 (득점/ 배점)	대학별 고사일 (월/일)
1	소신	성균관 대학교	경영학과	인문	논술 우수	100	47:1	국B, 수A, 영어, 사탐(1과목)영역 중 3개 영역 등급 합이 6 이내	3.24		11.15
2	소신	경희대 학교	경영학과	인문	논술	48	56.8:1	국B, 수A, 영어, 사탐(2과목 평균—제2외/한문영역 탐구영역의 1과목으로 인정)영역 중 2개 영역 각 2 등급 이내	3.24	654.53 / 700	11.16
3	소신	경북대 학교	경영학과	인문	논술 AAT	77	8.3:1	수능 상위 3개 영역 등급 합이 6 이내	3.24	654.53 / 700	11.22
4	소신	부산대 학교	경영학과	인문	논술	45	13.1:1	국B, 수A, 영어, 사탐(2과목 평균) 영역 중 영어를 포함한 2개 영역 등급 합 5 이내	3.24	98.29 / 100	11.22

순	전형방법		전형요소 및 비율						
			서류(%)				면접 (%)	논술 (%)	적성 (%)
			학생부		자소서	추천서			
			교과	비교과					
1		일괄합산	20		20				60
	단계별	1단계(배수)							
		2단계							
2		일괄합산	30						70
	단계별	1단계(배수)							
		2단계							

3		일괄합산							100
	단계별	1단계(배수)							
		2단계							
4		일괄합산	20					80	
	단계별	1단계(배수)							
		2단계							

■ **상담의 실제**

서울 중상위권 대학이나 지방 국립대학교를 가기에 많이 부족한 주요과목 내신 3.24등급에 비해 모의고사 성적은 평균 2등급 이하를 유지했기 때문에 정시까지 간다는 생각을 가지고 있었다. 또한, 학생부종합전형은 관련 활동들에 대한 참여가 저조해서 일찌감치 포기한 상태였다. 다만, 수능에는 어느 정도 자신감이 있었기에 늦었을 수 있지만 논술전형에 대한 준비와 지속적인 수능 공부 관리를 통해 최저등급을 확보해서 합격 가능성을 높이는 전략으로 수시전형에 대응해 보기로 하였다. 그 결과 경북대학교, 부산대학교, 성균관대학교, 경희대학교 논술전형에 수시지원 하기로 하였다.

주로 ebsi 논술 첨삭 프로그램과 교내 논술 수업을 들으며 논술전형에 대한 준비를 했는데 수능 전에는 논술고사가 수능 직후에 실시되는 경희대학교와 성균관대학교 논술에 초점을 맞추었고, 수능 후에는 논술고사가 수능 한 주 뒤에 실시되는 경북대학교와 부산대학교 논술에 집중하였으며 내신 성적이 좋지 않은 관계로 논술 반영 비율이 더 높은 경북대학교와 부산대학교가 유리하다고 판단되었다.

경북대학교와 부산대학교는 200~300자의 문제를 8개 정도 작성하는 약식 논술 시험의 유형이다. 출제된 제시문과 문제의 수가 많아서 제시문을 본 직후부터 바로 답안을 작성하는 연습이 필요하며 글자 수 또한 중요한 관건이라고 할 수 있다. 이를 위해 평소 해당 학교의 모의 논술이나 예시 답안을 참고해 논술 답안 작성을 반복적으로 하였으며 평소 연습의 결과 경북대학교 합격이라는 좋은 결과로 2015학년도 대학 진학을 마무리 지을 수 있었다. 성균관대학교와 경희대학교 논술의 경우 답안을 시간 내에 맞춰 작성하는 데 급급한 나머지 답안을 제대로 마무리하지 못한 것이 실패 원인으로 보인다.

　논술전형의 경우 최저등급의 중요성이 매우 높다고 할 수 있다. 실제 위 학생이 응시한 경북대학교와 부산대학교 응시인원이 지원자의 절반도 되지 않았다고 한다. 가채점만으로 절반 이상이 걸러지고 실제 수능 성적표가 나오면 수능최저등급 미충족 인원은 더욱 발생할 것으로 보이므로 평소 논술에 올인하기보다는 수능과의 병행을 통해 더 좋은 결과를 얻을 수 있도록 노력하는 것이 논술전형을 대비한 보다 더 확실한 방법이 아닐까 생각해 본다.

■ 수시 결과

순	지원 대학	학과 (학부)	계열 (인문) (자연) (예체)	전형명칭	합격 여부 (최초합격, 후보 ○, 불합격)	교사 의견
1	성균관대 학교	경영학과	인문	논술우수	불합격	평소 수능 준비에 치중한 나머지 수능 바로 직후에 예정된 논술고사에 대한 준비 미흡
2	경희대 학교	경영학과	인문	논술	불합격	평소 수능 준비에 치중한 나머지 수능 바로 직후에 예정된 논술고사에 대한 준비 미흡
3	경북대 학교	경영학과	인문	논술 AAT	합격	해당 학교의 논술고사에 대한 준비가 기출 문제 분석을 통해 철저히 이루어졌으며 반영 비율 또한 절대적이었고, 내신반영이 없었으며 여유 있게 수능최저등급 충족이 가능했음.
4	부산대 학교	경영학과	인문	논술	불합격	선발인원 자체가 적었고 타 대학과 비교해서 지원자에게 불리한 내신 반영 비율이 비교적 높았으며 기출 논술 문제에 대한 꼼꼼한 분석이 아쉬웠음.

■ 작성 사례: 계명대학교 글로벌경영학과

2015학년도 대입전형 수시지원카드

국영수사 (내신)	모의고사 성적현황	국어 (B형)	수학 (A형)	영어	탐구1 (한국사)	탐구2 (사회문화)	합(탐구는 2과목 평균값)
(6.2) 등급	3월 모의고사 백분위	64	67	99	32	46	61.60
	4월 모의고사 백분위	67	54	98	43	32	58.80
	6월 모의평가 백분위	78	56	99	43	46	64.40
	백분위 중 최댓값	78	67	99	43	46	66.60
	백분위 중 최솟값	64	54	98	32	32	56.00

순	지원 수준 (소신) (적정) (안정)	지원 대학	학과 (학부)	계열 (인문) (자연) (예체)	어학 특기자	모집 인원	전년도 경쟁률	수능최저 학력기준	대학별 환산 등급	대학별 환산점수 (득점/ 배점)	대학별 고사일 (월/일)
1	소신	가천대 학교	글로벌 경영학	인문	어학 특기자	5	12.5:1	없음.			11.23
2	소신	아주대 학교	영어 영문학	인문	어학 특기자	8	19.2:1	없음.			10.26
3	소신	경기대 학교	국제 산업정보	인문	어학 특기자	6	47:1	없음.			11.15
4	소신	서경대 학교	글로벌 경영	인문	어학 특기자	30	20.5:1	수능 영어영역 3 등급 이내			11.22
5	소신	계명대 학교	글로벌 경영	인문	어학 특기자	12	4.3:1	없음.			11.19
6	소신	삼육대 학교	영미어 문학	인문	어학 특기자	20	5.4:1	없음.			12.5

순	전형방법		전형요소 및 비율				면접 (%)	논술 (%)	적성 (%)
			서류(%)						
			학생부		자소서	추천서			
			교과	비교과					
1		일괄합산							
	단계별	1단계(배수)	어학성적 100						
		2단계	1단계 성적 50				50		
2		일괄합산							
	단계별	1단계(배수)	어학성적 100						
		2단계	1단계 성적 50				50		
3		일괄합산							
	단계별	1단계(배수)	어학성적 100						
		2단계	80				20		
4		일괄합산	어학성적 100						
	단계별	1단계(배수)							
		2단계							
5		일괄합산							
	단계별	1단계(배수)	60				40		
		2단계							
6		일괄합산							
	단계별	1단계(배수)	어학성적 100						
		2단계	1단계 성적 80				20		

■ 상담의 실제

위 학생의 평균 내신 등급은 6.2등급, 모의고사 영역별 평균 4~5등급으로 학생부 교과뿐만이 아니라 학생부 종합이나 논술전형이라고 하더라도 합격권과는 거리가 먼 위치라고 볼 수 있었다. 하지만 오로지 의지할 곳은 위 학생이 가지고 있는 외국어 특기로 어릴 적 인도에서 5년간 체류 경험을 통해 자연스럽게 길러진 영어 능력을 바탕으로 불리한 내신과 모의고사 성적을 극복해 보다 더 나은 결과를 이끌어 내 보고자 했다.

위 학생의 영어 성적, 좀 더 정확히 이야기하자면 공인영어성적에 해당하는 토익성적은 만점에 해당하는 990점이다. 하지만 영어특기자전형에서 공인점수는 스펙이 아니라 단순 지원자격일 뿐이라는 것이다. 즉, 더 높은 수준의 대학들은 내신과 학생부 종합의 요소들을 함께 평가하기 때문에 영어 실력 그 이상을 요구하는 경우가 많다. 하지만 내신과 모의고사 성적이 신통치 않은 관계로 일단 높은 점수의 공인성적으로 지원 자격을 얻은 후 인성면접과 심층면접을 이용해 합격 가능성을 높일 수 있는 대학들로 범위를 좁혀 보려고 하였다. 이에 가천대학교, 아주대학교, 경기대학교, 서경대학교, 계명대학교, 삼육대학교와 같이 총 6군데 수시 영어특기자전형에 지원하였으며 이 가운데 서경대학교와 계명대학교에는 최초합격, 삼육대학교의 경우에는 후보 6번으로 추가합격 되었다. 면접이 영어로 진행되었기 때문에 언어 구사와 유창한 답변 능력을 대비한 준비도 필요했고 이를 위해 평소 어학원에 다니며 지속적인 준비를 위해 노력했다. 또, 질문 또한 국제 시사나 학과에 적합한 상식들을 물어보는 경우가 많기 때문에 평소 신문 구독, 국내외 사회 이슈 파악, 다양한 독서를 통한 배경지식을 쌓기 위해 노력했으며, 심층면접에서는 사고력을 요구하는 질문 가능성을 대비해 하나의 사물이나 현상을 다양한 시각으로 바라보며 답변할 수 있는 준비 또한 하였다. 그리고 무엇보다 질문에 당황하지 않고 면접관과의 자연스러운 대화 분위기를 이끌어 나가는 능력 또한 필요하겠다. 그리고 오로지 공인영어 성적에만 의존해 합격률이 높은 대학일수록 소위 말하는 명문대와는 거리가 멀다고 할 수 있겠다.

영어특기자전형은 정부의 대입 정책 변화에 따라 점점 폐지되는 상황이라서 고득점 지원자들은 상위권 대학에 몰리고 나머지 지원자들은 중하위권 대학으로 몰려서 수시 1차 커트라인이 전년도에 비해 훨씬 증가하였다. 내신 성적을 반영하지 않는 대학들의 경우에는 주로 인지도가 떨어지는 학교들이 많은데 이런 경우에는 결국 공인영어시험의 고득점 순으로 합격되는 경우도 있었다. 다만, 공인영어시험 점수 외에 내신과 학생부, 비교과활동 등과 에세이 및 면접 능력을 갖춘다면 소위 말하는 서울의 명문대 진입 역시 가능하기 때문에 혹시 영어특기자전형을 활용해 수시에 도전하고자 하는 경우라면 최소 지원 자격이 되는 공인영어시험 점수를 되도록 빨리 획득하고 이후에는 내신이나 학생부 종합 요소들을 두루 챙길 수 있다면 더 좋은 결과가 얻어질 수 있을 것으로 기대된다.

순	지원 대학	학과 (학부)	계열 (인문) (자연) (예체)	전형명칭	합격 여부 (최초합격, 후보O, 불합격)	교사 의견
1	가천대 학교	글로벌경 영학	인문	어학특기자	1단계 합격, 최종불합격	면접 시 전공에 대한 질문에 적절한 답 변을 내놓지 못함.
2	아주대 학교	영어영 문학	인문	어학특기자	불합격	면접에 대한 준비 미흡
3	경기대 학교	국제산업 정보	인문	어학특기자	불합격	면접에 대한 준비 미흡
4	서경대 학교	글로벌 경영	인문	어학특기자	합격	단순히 어학 공인 점수만을 평가하는 평가기준에 부합함.
5	**계명대 학교**	**글로벌 경영**	인문	어학특기자	합격	영어 면접 시 우수한 스피킹 실력으로 다른 지원자들에 비해 높은 경쟁력을 발휘함.
6	삼육대 학교	영미어 문학	인문	어학특기자	후보 6번, 불합격	면접 시 전공 관련 질문에 대한 답변이 미흡함.

■ 작성 사례: 경북대학교 응용화학공학부(불합격)

2015학년도 대입전형 수시지원카드

국영수과 (내신)	모의고사 성적현황	국어 (A형)	수학 (B형)	영어	탐구1 (화학 I)	탐구2 (생명과학 I)	합(탐구는 2과 목 평균값)
(2.80) 등급	3월 모의고사 백분위	76	81	94	98	98	349
	4월 모의고사 백분위	78	84	91	93	92	346
	6월 모의평가 백분위	73	74	87	91	81	320
	백분위 중 최댓값	78	84	94	98	98	354
	백분위 중 최솟값	73	74	87	91	81	320

순	지원수준 (소신)(적정)(안정)	지원대학	학과(학부)	계열 (인문)(자연)(예체)	전형명칭	모집인원	전년도경쟁률	수능최저학력기준	대학별환산등급	대학별환산점수 (득점/배점)	대학별고사일 (월/일)
1	소신	경북대학교(대구)	응용화학공학부	자연	일반학생(학생부종합)	12	11.9:1	수능 상위 3개 영역이 9 이내	–	–	11/15
2	소신	부산대학교(부산)	화공생명환경공학부	자연	일반학생(학생부종합)	11	9:1	국어A, 수학B, 영어, 과학탐구를 응시하고 수학B 4등급 이내	2.98	7.02 / 9	–

순	전형방법		전형요소 및 비율					면접(%)	논술(%)	적성(%)
			서류(%)							
			학생부		자소서	추천서				
			교과	비교과						
1		일괄합산								
	단계별	1단계(배수)	서류 100							
		2단계	서류 70					30		
2		일괄합산	서류 100							
	단계별	1단계(배수)								
		2단계								

■ 상담의 실제

위 학생은 내신등급 2.8등급으로 지방 국립대학교 진학을 목표로 하고 있었다. 경북대학교와 부산대학교 공과대학에 진학하고자 하는데 화학 과목에 흥미와 적성이 높다고 판단하여 화학 계열 학과 지원을 우선시하였다. 위 대학 진학을 위한 평균 내신등급에는 미치지 못하나 교내 과학 동아리활동과 다수의 교내대회 수상 실적을 갖고 있어 소신껏 지원하려고 하였다.

3회에 걸친 모의고사 내신등급 평균은 2.63으로 내신 등급보다 조금 높기 때문에 수시지원을 적극적으로 하고 정시지원까지도 생각하고 있었다. 논술 준비는 체계적으로 되어 있질 않아 지원 계획에서 배제하였고, 내신 등급이 부족하여 학생부

교과 역시 배제하고 학생부종합전형에만 지원하기로 하였다. 3월 초부터 자기소개서 작성과 퇴고에 신경을 많이 썼고, 정시지원까지 생각하여 수능에 집중하고자 가급적 면접 등의 대학별 고사를 치르지 않는 쪽에 지원하였고, 지원하더라도 수능 이후에 치르는 전형을 골랐다.

지원 1, 2순위는 경북대학교 응용화학공학부와 부산대학교 화공생명환경공학부 학생부종합전형에 지원하고자 하였다. 일단 두 대학 모두 수능최저학력기준이 수능 상위 3개 영역 등급 합이 9 이내와 국어A, 수학B, 영어, 과학탐구를 응시하고 수학B 4등급 이내로, 그간의 3회 모의고사 동안 지원 학생은 이 최저기준을 모두 충족하였다. 두 대학 모두 작년도 입시결과 평균 경쟁률이 약 10:1로 높았고 올해 역시 경쟁률은 더 높아질 것으로 생각되었다. 내신 등급이 낮아 두 대학 중 1단계 이후 면접을 치러 성적을 뒤집을 수 있는 경북대학교에 희망을 더 걸어 보기로 했다.

■ 수시 결과

순	지원 대학	학과 (학부)	계열 (인문) (자연) (예체)	전형병칭	합격 여부 (최초합격, 후보○, 불합격)	교사 의견
1	경북대 학교 (대구)	응용 화학 공학부	자연	일반 학생 (학생부 종합)	불합격	조금 욕심내어 지원하였는데 부족한 내신등급과 부족한 비교과 활동 실적에 기인하는 것으로 판단됨.
2	부산대 학교 (부산)	화공 생명환경 공학부	자연	일반 학생 (학생부 종합)	불합격	

위 학생은 실제 수능에서 아래의 성적을 거두었다.

국어			수학			영어			화학 I			생명과학 I		
표준 점수	백분위	등급	표준 점수	백분위	등급	표준 점수	백분위	등급	표준 점수	백분위	등급	표준 점수	백분위	등급
125	90	2	119	82	3	117	78	3	69	99	1	52	57	5

〈자기소개서〉

1. 고등학교 재학기간 중 학업에 기울인 노력과 학습 경험에 대해 배우고 느낀 점을 중심으로 기술해 주시기 바랍니다. (1,000자 이내)

저는 어릴 적부터 과학 분야에 호기심이 남달랐고 특히 화학 분야에 관심이 많았습니다. 그래서 고등학교에 재학하여 공부하면서도 화학 분야의 공부에 특히나 흥미를 느꼈고 그렇다 보니 화학이 저의 가장 자신 있는 과목이 되었습니다. 하지만 확실히 고등학교에서 배우는 화학 분야 과정은 지금까지 배워 왔던 수준보다 월등히 어려웠습니다. 저는 그 어려운 부분들을 극복하기 위해 '과학 동아리'에 가입을 하였고, 동아리 시간에 진행되는 여러 가지 실험을 통해 더 많은 것을 이해하고 배우고자 노력했습니다. 또한 매 실험에 실험 보고서를 작성하면서 과학의 원리에 대해 깊게 생각할 수 있었습니다. 처음에는 그저 흥미와 호기심에서 시작한 화학 분야였지만, 점점 더 많은 것을 경험하고 공부하고 싶어졌고 그에 따른 열의로 인해 학업에 충실하게 되었습니다. 그 노력 덕분인지 1학년 때부터 지금까지 화학 내신에서는 1등급 또는 2등급을 놓친 적이 없었습니다. 저의 화학 분야에 대한 열정과 지식이 생겨나면서 저는 친구들에게 화학을 알려 주고 함께 공부하고 싶어졌습니다. 주위 친구들은 저에게 화학에 대해서 모르는 부분을 많이 물어보게 되었고 저 또한 그 질문에 대해 최대한 열심을 다해 알려 주었습니다. 친구들이 잘 이해하지 못하는 부분에 대해 저만의 암기 방법과 공부 방식들을 알려 주면서 제가 깊게 알지 못했던 부분들까지도 더욱 잘 이해하게 되었습니다. 친구들의 실력이 오르는 것을 보며 같이 기뻐하기도 했고 그로 인해 친구들과도 더 좋은 관계를 형성할 수 있었습니다. 이 활동을 통하여 누군가를 도와주는 것이 그 사람에게만 이득이 되는 것이 아니라 나 자신도 많은 걸 배울 수 있는 'win-win'의 활동이라는 것을 느낄 수 있었습니다. 또한 친구들과 토론하면서 공부함으로써 혼자보다는 여러 명이 다양한 관점을 통하여 의견을 나누면서 탐구하는 것이 훨씬 깊게 파고들 수 있고 스스로에게 많은 도움이 된다는 것을 느꼈습니다.

2. 고등학교 재학기간 중 본인이 의미를 두고 노력했던 교내 활동을 배우고 느낀 점을 중심으로 3개 이내로 기술해 주시기 바랍니다. 단, 교외 활동 중 학교장의 허락을 받고 참여한 활동은 포함됩니다. (1,500자 이내)

① 저는 앞서 기술했듯이 화학에 관심이 있어서 교내에서 개최한 과학경시대회(화학)와 과학탐구대회를 계속해서 참여하여 2학년 땐 과학탐구대회에서 친구와 함께 우수상을 받았습니다. 저는 이런 대회를 계속 참여하면서 '수순히 노력하면 안 되는 것은 없다'는 것을 느꼈습니다. 1학년 때 참가했던 모든 과학 분야 대회에선 어떠한 수상도 하지 못해서 많이 실망했었지만 저는 포기하지 않고 계속 노력하였고, 그 결과 다음 해인 2학년 때 좋은 결과를 얻을 수 있었습니다. 이러한 참여활동을 통해 목표를 달성하기까지 도중에 실패를 하더라도 끝까지 포기하지 않으면 반드시 성취해 낼 수 있다는 것을 배울 수 있었습니다.

② 저는 어려서부터 공을 가지고 노는 것을 좋아했으며, 특히 축구에 흥미가 많았습니다. 그래서 2학년 때 소풍 장소를 정할 때 다른 반과 연합하여 태화강 축구장으로 가는 것이 어떻겠냐고 제안했고 친구들과 담임선생님의 동의를 얻어 소풍을 태화강 축구장으로 가게 되었습니다. 1군과 2군, 각각 1경기씩 치러졌고 아쉽게 2군 경기는 저희 반이 패배를 하게 되었습니다. 많이 상심해 있던 2군의 친구들에게 저는 격려를 하며 괜찮다고, "1군 경기에선 반드시 이겨 준다"라고 말한 뒤 1군 경기를 하러 나가서 최선을 다해 제 역할을 담당했습니다. 두 번째 경기는 결국 저

희 반이 승리를 거머쥐었고 경기를 이긴 1군 친구들과 경기를 진 2군 친구들, 경기를 뛰지 않은 친구들 모두 함께 기뻐했습니다. 그 모습을 보면서 '이게 팀워크구나'라는 것을 느꼈습니다. 경기가 다 끝나고 저희가 사용했던 경기장과 그 주변을 청소함으로써 소풍은 끝났습니다. 저는 이 경험을 통하여 협동심과 협력하는 법 등을 배울 수 있었습니다.

③ 저는 1학년부터 3학년까지 저희 학교의 자랑 중 하나인 과학 동아리 '한사인'에 들어갔습니다. 동아리활동 중에서 가장 기억에 남는 두 가지 에피소드가 있습니다. 하나는 2학년 때 했던 '산과 염기 중화 적정 실험'이고 또 다른 하나는 울산과학관에서 실시한 '울산과학기술제전'에서 봉사한 일입니다. '산과 염기 중화 적정 실험'은 화학 분야 중 제가 잘 모르는 부분인 중화반응을 눈으로 직접 확인해 보고 싶어 자발적으로 친구들에게 이 실험을 해보자고 의견을 내어 실행됐던 실험이었습니다. 친구들과 함께 실험을 하면서 실험 과정과 결과 보고서를 작성하였으며, 그 실험을 통해 중화반응에 대해 더 잘 이해하게 되어서 좋았습니다. 울산과학관봉사는 이틀간에 걸쳐 진행되었는데 첫날은 과학관에 방문한 아이들이 자주 이용하는 놀이터에 있는 기구의 과학적인 원리를 아이들에게 설명하면서 아이들에게 과학적 지식을 알려 주고, 안전하게 기구를 이용할 수 있게 돕는 일이였고, 둘째 날은 주차 요원의 임무를 담당했는데, 날씨가 무더워서 힘들었지만 저로 인해 방문한 사람들이 질서 정연하게 주차를 할 수 있었고 더욱더 편하게 과학관 관람을 할 수 있게 된 거 같아 매우 뿌듯했습니다.

3. 학교생활 중 배려, 나눔, 협력, 갈등 관리 등을 실천한 사례를 들고, 그 과정을 통해 배우고 느낀 점을 기술해 주시기 바랍니다. (1,000자 이내)

(배려) 저는 평소 주변의 친구들이 학습상담을 부담 없이 요청해 옵니다. 저는 그러한 친구들에게 조금이나마 도움이 되고 싶어 저만의 학습 노하우를 성심껏 알려 주었습니다. 친구들이 제 덕분에 성적이 올랐다고 진심으로 고마워하는 모습을

보면서 저도 함께 즐거워할 수 있었고 남에게 관심을 쏟고 도움을 줌으로써 오는 행복의 진정한 의미를 알 수 있었습니다.

(나눔) 저희 학교에는 한 학기에 한 번씩 대한적십자사에서 헌혈차가 학교에 와서 학생들을 대상으로 희망자에 한해 헌혈을 할 수 있게 해줍니다. 처음 헌혈할 때는 두려움도 있었습니다. 그러나 저의 작은 도움이 다른 사람들에게 매우 큰 힘이 될 수 있다는 생각에 1학년 때 처음 헌혈을 하게 되었으며, 그 이후 헌혈차가 올 때마다 저는 자발적으로 헌혈에 참여하고 있습니다.

(협력) 저는 2학년 때 과학 동아리 친구들과 힘을 합쳐 학교 교내 축제인 '한솔제'에 참여하여 과학상식퀴즈를 출제하는 프로젝트를 수행했던 적이 있습니다. 학생들이 과학이라는 다소 딱딱하게 느껴질 수 있는 과목에 더 가까이 다가갈 수 있도록 하는 취지였습니다. 팀원들이 모여 문제 출제를 위해 머리를 맞대었고, 서로의 의견을 수렴하며 열심히 축제준비를 하였습니다. 서로의 협력을 통해 저와 팀원들 모두 성공적으로 프로젝트를 끝마칠 수 있었습니다.

(갈등 관리) 제가 1학년 때 학기 초반, 저희 반은 야간 자율학습 때 공부하는 분위기가 형성되지 않았습니다. 그래서 담임선생님께서는 학습도우미로 저를 세우셨고 공부 분위기를 잘 형성할 수 있게 만들기를 기대하셨습니다. 하지만 아이들을 통솔하기란 쉽지 않았고, 저는 그런 친구들에게 속상해했습니다. 그래서 그들과 의견 충돌이 생기기도 했지만 저는 이 상황을 대화로 차근차근 풀어야겠다는 생각을 했고, 친구들에게 야자시간 동안 공부할 수 있는 분위기 조성의 필요성과 스스로 공부하는 습관의 중요성에 대해 상기시켜 주었습니다. 그 후 친구들도 저의 말에 잘 따라 주었고 스스로 공부하는 분위기가 형성되었습니다.

4. 지원 학과를 선택하게 된 지원동기를 기술하고, 입학 후 학업계획과 졸업 후의 진로계획을 기술하여 주시기 바랍니다. (1,500자 이내)

학과를 선택하는 데 있어서 많은 요인들이 있겠지만 제가 가장 중요하게 생각하는 것은 '내가 하고 싶은 일을 하고 나중에 원하는 목표를 이룰 수 있기 위해서는 어떤 학과가 가장 적합한가?'라고 생각합니다.

저는 '과학수사관'이 되는 것이 꿈입니다. 그래서 국립과학수사연구원의 화학분석과에서 일하고 싶습니다. 저는 울산화학공단에서 일하시는 아버지 밑에서 자랐기에 아버지께서 일하시는 화학공장에도 어릴 때부터 몇 번 가 볼 기회가 있었습니다. 따라서 화학에 관해서 어릴 때부터 관심을 가지게 되었고, 그 영향 때문에 과학을 좋아하게 된 것 같습니다. 그땐 저는 과학을 막연히 좋아하긴 했지만 정확히 저의 적성과 꿈이 무엇인지는 잘 알지 못했었습니다. 그러던 중 학교에서 과학의 날에 〈CSI〉라는 영화를 상영해 주었는데 저는 그때 국립과학수사연구원의 존재를 알게 되었고 호기심을 갖게 되었습니다. 그래서 국립과학수사연구원(국과수)에 관련된 정보를 더 찾아본 후 그 직업에 큰 매력을 느꼈습니다. 특히 국과수의 슬로건인 '진실을 밝히는 과학의 힘'이라는 문구를 본 후 여기서 일하고 싶다는 생각이 들었습니다. 그날 이후 저는 과학수사관이 되는 것이 저의 꿈이라는 것을 확신했습니다. 저는 이 꿈을 이루기 위해 부산대학교의 화공생명공학부에 지원했습니다. 국과수에서 다루는 화학들은 순수 화학만이 아닌 인간신체에 관한 화학 또는 환경에 관한 화학입니다. 이러한 직무를 수행하기 위해서는 화공생명공학부가 가장 적합하다고 생각합니다.

저는 부산대학교에 입학한 후 1년 동안 일반화학I과 일반화학실험I에 중점적으로 공부하여 일반적인 화학의 지식을 쌓고 고등학교 때보다는 수준 높은 화학실험에 대해 공부할 것입니다. 또한 국제화시대에 맞게 실무 및 전문 분야의 영어도 공부할 것입니다.

2학년 때는 생화학과 화공생명기초실험을 배우면서 화학을 생물에 접목시켜 융합된 생화학에 대해서 집중적으로 공부할 것입니다.

3학년 때는 미생물학, 생물화학공학, 고분자공학 등을 공부하여 전문지식을 습득할 것이며, 4학년 때는 환경공학과 분자생물공학을 공부하고 대학원에 들어갈 준비를 할 것입니다.

대학원에 들어가서는 생물화학공학특론, 환경공학특론, 환경미생물공학, 생물반응기특론, 그리고 생물정보학을 공부할 계획입니다. 제가 꿈꾸는 국과수에 들어가 제가 맡은 분야에서 최고가 되기 위해서 국과수에서의 업무 수행에 최대한 빨리 적응할 수 있도록 열심히 연구하고 노력하여 미리 준비할 계획입니다. 특히 저는 국과수에 들어가서 사건 해결의 중요한 정보를 제공하는 미세증거물 감정 분야에서 일하고 싶습니다. 미세증거물 감정 분야란 사건 현장에 유류된 미세증거물을 감정하여 범인에 대한 윤곽을 좁히고, 범인을 검거한 후에는 용의자가 범인이 맞는지에 대한 정보를 제공하는 중요한 역할을 하고 있습니다. 또한 잉크와 종이의 성분 분석을 감정함으로써 각종 문서 위조 사건 해결에도 기여하고 있습니다. 저는 국과수의 슬로건처럼 '과학의 힘을 통해 거짓 없이 모든 진실을 밝히는 사람'이 될 것입니다.

■ 정시지원 및 결과

가. 지원자 취득 수능 성적

국어			수학			영어			생명과학 I			화학 II		
표준점수	백분위	등급	표준점수	백분위	등급	표준점수	백분위	등급	표준점수	백분위	등급	표준점수	백분위	등급
125	90	2	119	82	3	117	78	3	69	99	1	52	57	5

나. 전형 지원 현황

구분	지원수준 (소신) (적정) (안정)	지원대학	학과 (학부)	계열 (인문) (자연) (예체)	전형명칭	모집인원	활용점수	대학 수학능력 시험 성적 반영방법 (영역별 반영비율)	대학별 환산점수 (배점/ 만점)	합격여부
가	적정	부산대학교	조선해양공학과	자연	일반전형	36		※ 정시 요강 참조	48.06 / 80	최초합격

| 나 | 적정 | 울산
대학교 | 기계
공학부
(기계
자동차
공학) | 자연 | 일반
전형 | 66 | 백분위 | (국어×0.2+수학×
0.3+영어×0.3+탐구
(1)×0.2)×1,000/108 | 858.33
1000 | 최초
합격 |

02 자연계열

인문사회 계열처럼 과학기술계열의 대학 수시지원도 한 곳만 지원하지 않기 때문에 대학별로 정리하는 것이 어렵다. 가령 서울대학교를 지원한 학생의 경우, 다섯 군데를 더 지원하기 때문에 합격 여부에 따라 지원 대학을 분류하기 어려운 점이 있다. 따라서 최초합격한 대학을 기준점으로 해서 대학을 구별해서 정리하였다. 다만 이과 계열은 포스텍이나 카이스트 같은 과학기술원에 합격한 경우가 의미가 있다고 생각해서 정리해 두었다. 또한 의학 계열도 정리하여 두었다. 인문사회 계열처럼 모든 대학을 정리할 수 없다는 점이 아쉽지만 대학별로 합격한 자료도 정리해 두어 수험생의 진학 선택 시에 도움이 되도록 하였다.

다만 이 책에서는 다음과 같은 점을 염두에 두고 입시 자료로 활용되었으면 한다.

첫째, 실제 상담 사례를 다수의 교사들이 작성했기 때문에 일관성을 유지하기 어려운 점이 있음을 이해해 주었으면 한다.

둘째, 일정한 양식에 담긴 입시 자료라 하더라도 자료를 처리하는 방향이 교사마다 다를 수 있기 때문에 이 또한 참고했으면 좋겠다.

셋째, 합격한 사례는 그대로 입시 정보로 활용하면 되지만 자료 가운데 불합격의 사례도 더러 있다. 이 또한 지원 대학의 한계를 볼 수 있다는 점에서 가치가 있을 것으로 판단하여 정리해 두었다.

넷째, 최저학력기준을 파악할 수 있는 수능 성적표도 필요한 경우에 정리하여 두었다.

다섯째, 6군데 지원한 경우에 합격한 사례 한 곳만을 중심으로 목차를 잡았지만 불합격한 대학의 경우가 더 많아 진학과 관련한 간접적인 정보로 활용될 수 있다는 점을 염두에 두어 정리해 놓았다.

1) 서울대학교, 고려대학교, 조선대학교 의과대학

■ **작성 사례: 서울대학교 생명과학부**

2015학년도 대입전형 수시지원카드

국영수과 (내신)	모의고사 성적현황	국어 (A형)	수학 (B형)	영어	탐구1 (화학 I)	탐구2 (생물 I)	합(탐구는 2과 목 평균값)
(1.34) 등급	3월 모의고사 백분위	96.51	98.16	99.43	97.52	99.88	392.8
	4월 모의고사 백분위	99.9	98.8	99.7	95.3	98.8	395.45
	6월 모의평가 백분위	97	96	97	87	99	383
	백분위 중 최댓값	99.9	98.8	99.7	97.52	99.88	397.1
	백분위 중 최솟값	96.51	96	97	87	98.8	382.41

순	지원 수준 (소신) (적정) (안정)	지원 대학	학과 (학부)	계열 (인문) (자연) (예체)	전형 명칭	모집 인원	전년도 경쟁률	수능최저 학력기준	대학별 환산 등급	대학별 환산점수 (득점/ 배점)	대학별 고사일 (월/일)
1	소신	서울 대학교	생명 과학부	자연	일반	32	7:1	없음.	1.39	96.1164 / 100	11/21(금)
2	적정	고려 대학교	생명공학	자연	학교장 추천	19	4.88:1	국A, 수B, 영, 과 (평균) 2개 영역 합 4(수B, 과 중 1 개 포함)	1.36	764.2778 / 800	11/15(토)
3	안정	성균관 대학교	자연과학 계열	자연	글로벌 인재	60	신설	없음.	1	20 / 20	없음.

순	지원유형	대학	학부/전공	계열	전형명	모집인원	경쟁률	수능최저		점수	원서접수
4	소신	GIST	기초교육 학부	자연	학생부 위주(종합)	163	10.9:1	없음.			10/28~ 31(화)
5	안정	이화 여자 대학교	뇌·인지 과학전공	자연	미래 인재(종합)	5	신설	국A, 수B, 영, 과 (평균) 2개 영역 2 등급	1	300 300	10/25~ 26(일)
6	소신	조선대 학교	의예과	자연	일반 (교과)	22	신설	국A, 수B, 영, 과 (우수한 1과목) 등 급 합 6	1.36	394.43 400	없음.

순	전형방법		전형요소 및 비율				면접 (%)	논술 (%)	적성 (%)
			서류(%)						
			학생부		자소서	추천서			
			교과	비교과					
1		일괄합산							
	단계별	1단계(2배수)	서류(학생부, 자소서, 추천서) 100						
		2단계	서류 100				100		
2		일괄합산							
	단계별	1단계(3배÷)	80		20				
		2단계	서류 70				30		
3		일괄합산	서류(학생부, 자소서, 추천서) 100						
	단계별	1단계()							
		2단계							
4		일괄합산							
	단계별	1단계(3배수)	서류(학생부, 자소서, 추천서) 100						
		2단계	서류 50				50		
5		일괄합산							
	단계별	1단계(3.5배수)	서류(학생부, 자소서, 추천서) 100						
		2단계	서류 80				20		
6		일괄합산	80	20(출석)					
	단계별	1단계(3.5배수)							
		2단계							

■ **상담의 실제**

이 학생은 2학년 말까지 의대 진학을 희망했다. 하지만 상담을 하다 보면 의대 지원에 대한 특별한 이유를 찾을 수가 없었다. 이과에서 성적이 좋은 학생들이 으레 의대를 지망하듯 의대 진학을 당연한 수순으로 생각하고 있었다. 의대에 대한 전 사회적 열풍이 학생에게 적성을 '제안'했다고 하는 게 맞다. 그러다 보니 내신 성적과 모의고사 성적 관리에만 전력을 다하며 2년을 보냈다. 특히 이 학생은 1학년 때의 부족한 성적을 2학년 때 상당히 보완했는데, 이유여하를 막론하고 이 점은 돋보이는 부분이기도 했다.

하지만 3학년 봄에 일이 터졌다. 미국 ○○대학의 합창단이 초청공연을 하게 되었는데, 그들의 자유로운 모습과 밝은 표정에 이 학생은 큰 충격을 받았다. 자신이 의대에 진학해서 저런 표정으로 학교생활을 할 수 있을지 심각하게 고민하게 되었고, 그렇게 못 할 것 같다고 생각했다. 그 이후 학생은 굉장히 흔들렸다. 학업에 집중을 못 했고, 여러 선생님은 학생의 현 상황을 존중히며 '다른' 길에 대한 가능성을 설명해 주었다. 학생은 이후 마음을 잡고 평소 흥미 있어 하던 분야의 학과에 진학하기로 마음을 먹었다.

어떻게 보면 다행이었다. 최상위층이 몰릴 것으로 예상되던 의대에만 수시원서 6장을 쓰는 것은 무모했기 때문이다. 그런데 또 다른 문제가 생겼다. 지난 2년간 너무 교과에만 치중한 나머지 비교과가 허술했던 것이다. 그래서 이런 제반 상황과 내신 성적의 향상 정도를 자기소개서와 추천서에서 보완하는 것으로 방향을 잡았다.

일단 학생이 가장 원한 곳은 GIST였다. GIST는 일반인들에게 많이 알려져 있지는 않지만 훌륭한 교수진과 커리큘럼이 돋보이는 곳이다. 소규모 학교이지만 학생 수에 비해 교수의 수(서류 검토가 가능한 인원)가 많아 굉장히 꼼꼼한 서류평가가 이루어진다. 자기소개서와 추천서로 부족한 비교과를 어느 정도 만회할 수 있으리라 생각했고, 학과에 대한 열망을 표현하면 받아들여질 것으로 생각했다. 예상은 적중했고, 학생 또한 면접에 열정적으로 임해서 1차 추가로 합격했다. 이화여자대학교의 뇌·인지과학전공 같은 경우 역시 학생이 매우 가고 싶어 했다. 이화여자대학교에서 전략적으로 키우고 있는 학과이고, 뽑는 인원도 적었지만 이 학생 정도면 무난히 합격할 것으로 예상했고, 예상대로 됐다. 고려대학교는 학교장추천, 성균관대학교는 글로벌인재 전형으로 지원했다. 고려대학교는 서울대학교, 연세대학교와는 또 다른 인재상을 갖고 있는 듯한데, 아직 파악이 잘 안 된다. 학교장추천 전형은 내신 성적 비중이 높은데, 내신에서 상대적으로 경쟁력이 없었을 수도 있다.

그리고 고려대학교 입시설명회를 가보면, '공선사후(公先私後)'에 대한 강조를 많이 하는데, 이 학생은 이점이 전혀 없었다. 결과적으로 불합격했다. 성균관대학교의 경우, 반반이었다. 3차 추가로 합격했다. 합격의 원인은 생물, 화학에 대한 학생의 동아리활동과 자율활동 측면에 있었던 것 같다.

서울대학교는 학생의 여러 측면을 보기도 하고, 지원자의 집단이 타 대학과 다르기 때문에 힘들 것으로 예상은 했다. 하지만 올해 의·치·한의대의 정원이 1,000명 가까이 늘어나면서 최상위권층이 대거 이동할 것으로 보여 내심 기대를 했다. 다행히 1차는 합격했지만 면접의 벽을 넘지 못했다. 화학Ⅱ, 생물Ⅱ에 대한 준비가 소홀했던 것이 가장 큰 원인으로 파악된다. 이런 부분이 소홀했던 이유 역시 애초에 의대만 고집하고, 서울대학교에 대한 생각이 없었기 때문이다.

조선대학교의 경우 그때까지 준비한 것이 있었고, 학생도 의대에 대한 생각을 완전히 없애지는 않았기 때문에 지원했다. 교과에 대한 고려만 하는 전형이기 때문에 지방대이긴 하지만 의외로 어려울 수 있겠다고 생각했다. 하지만 1차 추가로 합격했다. 합격을 의외로 받아들였던 이유는 일반고에서 이 학생 정도의 내신은 꽤 있다고 생각했기 때문이다. 학교마다 사정은 다르니 이에 대한 정확한 판단은 불가능하다. 쉬운 수능 탓에 의외로 수능 최저를 충족하지 못한 경우가 있었을 수도 있다.

교사 입장에서 진로에 대한 이 학생의 고민은 매우 건강해 보였다. 자신에게 본질적인 질문을 던지고, 해답을 찾아가려는 노력이 아름다웠다. 하지만 이 학생은 결국 의대로 진학했다. 진학에 대한 고민을 많이 했지만, 의대의 매력을 떨칠 수는 없었다. 아마 나도 그 입장이었다면 똑같은 결정을 내렸을 것이다. 실제로 나도 의대 진학을 강하게 만류하지 못했다. 이 사례는 우리나라 이공계의 현실을 단적으로 보여 준다.

■ 수시 결과

순	지원 대학	학과 (학부)	계열 (인문) (자연) (예체)	전형명칭	합격 여부 (최초합격, 후보○, 불합격)	교사 의견
1	서울 대학교	생명 과학부	자연	일반	1차 합격 **최종불합격**	힘들 것으로 예상했고 면접의 벽을 넘지 못했음.
2	고려 대학교	생명 공학	자연	학교장추천	불합격	합격에 대한 기대를 했지만 상대적으로 낮은 내신 및 적은 비교과활동으로 불합격. 인재상에 적합하지 않았을 가능성도 있음.
3	성균관대 학교	자연과학 계열	자연	글로벌인재	추가합격	애매한 상황이었음. 비교과 활동이 합격할 수 있었던 원인이라고 생각함.
4	GIST	기초교육 학부	자연	학생부위주 (종합)	추가합격	학생의 실력으로 가기 힘들 것으로 예상했으나 전략이 좋았고 적중했음.
5	이화 여자 대학교	뇌·인지 과학전공	자연	미래인재 (종합)	최초합격	예상대로 합격함.
6	조선 대학교	의예과	자연	일반(교과)	추가합격	의대 교과 전형이라 힘들 수도 있다고 생각했으나 의외로 손쉽게 합격함.

■ 자기소개서 및 추천서

〈자기소개서〉

1. 고등학교 재학기간 중 학업에 기울인 노력과 학습 경험에 대해 배우고 느낀 점을 중심으로 기술해 주시기 바랍니다. (1,000자 이내)

2학년 겨울방학에 참석한 대학 캠프에서 사진으로만 봤던 암세포를 제 눈으로 직접 본 적이 있습니다. 그 후 암에 관심이 생겨 검색을 해보았지만 많은 글 가운데 믿을 만한 것을 구별하기 쉽지 않았습니다. 관련된 책을 구입해 읽던 중 동아리에서 노화와 관련된 발표를 하며 들어 본 『텔로미어』라는 단어가 눈에 띄었습니다. 노화의 원인을 설명하는 데 사용된 단어가 암의 원인을 설명하는 데도 쓰인다는 것이 흥미로워 '텔로미어'라는 책을 읽으며 더 알아보았지만 책으로만은 부족하여 저자 Michael Fossel에게 텔로머라제 치료법이 무엇인지, 그것으로 어떻게 암을 치료하는지 등을 메일로 물었습니다. '먼 나라 학생의 질문에 답장을 할까?' 하는 생각을 하며 보낸 메일에 답장이 왔을 때 뛸 듯이 기뻤습니다. 저자도 자신이 모르는 것에 대해 알 수 있는 방법을 찾으면서 어려워했던 생각이 나서 답장을 보냈다며 격려를 해주었습니다. 그에게서 제가 원하는 정보를 얻기는 어려웠지만, 그가 말해 준 'Geron Corporation'라는 생명과학 회사 사이트에서 텔로머라제의 특성을 이용한 암 치료 사례를 찾을 수 있었던 것은 큰 성과였습니다. 그 전까지 저는 암 치료는 의사의 일이라고만 생각했었습니다. 그러나 이러한 경험을 통해 암이나 난치병 치료의 중심에 과학, 그중에서도 생명체의 신비로움을 이해하고 그 원리로 인류가 직면한 문제를 해결해 나가는 생명과학이 있다는 것을 알게 되었습니다. 그것은 신선한 충격이었습니다. 의학이든 약학이든, 질병을 치료하고 수명을 연장하는 모든 연구는 결국 기초과학으로 수렴한다는 확신을 갖게 되었습니다. 또 저자와 메일을 주고받으며 텔로미어에 대해 알게 된 6개월 동안 능동적으로 배우고 소통하는 짜릿함을 느꼈고, 저자가 자신의 강연 영상과 현재 쓰고 있는 책의 초안을 보내 주었을 때는 의지와 열정이 있다면 기적은 일어난다는 것을 실감하였습니다. 발표하지 않은 자신의 연구 결과를 거리낌 없이 보여 주는 그에게서 진정한 학자의 열린 마음도 느꼈습니다.

2. 고등학교 재학기간 중 본인이 의미를 두고 노력했던 교내 활동을 배우고 느낀 점을 중심으로 3개 이내로 기술해 주시기 바랍니다. 단, 교외 활동 중 학교장의 허락을 받고 참여한 활동은 포함됩니다. (1,500자 이내)

　중고등학교가 한 교정에 있는 고등학교에 입학한 후 천진난만하게 뛰노는 중학생들과 소통할 기회가 있으면 좋겠다는 생각을 했었습니다. 그러다 'ㅇㅇ'이라는 프로그램으로 중학생의 공부를 도와줄 학생을 찾는다는 소식을 듣고 '이건 하늘의 계시구나'라는 생각을 하며 곧장 지원했습니다. ☆☆이와 ◇◇이, 두 명의 동생들과 매주 토요일에 중학교 도서관에서 만났습니다. 처음 동생들은 꿈이나 학업에는 관심이 별로 없었습니다. 그래서 함께 식사를 하며 학교생활이나 친구 관계와 같이 개인적인 이야기를 나누면서 친해진 후 공부하는 틈틈이 책을 많이 읽고 가족들과 많은 대화를 하라고 말해 주었습니다. 마지막 시간에 ☆☆이는 외교관, ◇◇이는 심리학자에 관심을 갖게 되었다며 고맙다는 내용의 편지를 주었습니다. 겨우 몇 살 위인 제 말을 진지하게 받아들여 준 동생들이 고마웠고 동생들의 변화에 보람을 느꼈습니다. 후에 한 과학서석에서 행복 호르몬이라 불리는 세로토닌을 보았을 때, 동생들과의 여름이 떠올랐을 정도로 기분 좋은 만남이었습니다.

대회에 참가하려면 '대기업의 빛과 그림자'를 주제로 한 편의 글을 제출해야 했고, 그것은 대회 시작 전부터 큰 부담이었습니다. 그렇지만 대회에 꼭 도전하겠다는 생각으로 열심히 썼고 예선에 진출할 수 있었습니다. 토론은 토너먼트로 총 세 번 진행되었는데, 첫 토론은 긴장감 때문이었는지 예선에서 올라가긴 했지만 만족할 만한 토론을 하지 못했습니다. 2인 1조로 본선을 준비하며 예선의 불만족을 토대로 친구와 역할을 나누어 많은 정보를 찾았고 전략을 세웠습니다. '동물실험 찬반'이라는 주제에서 동물실험에 반대하는 입장이었으나, 뽑기 결과 찬성 편에서 토론을 해야 했습니다. 제 입장과 반대되는 쪽에 서는 것이 어려울 거라 생각했는데, 오히려 상대편이 반대할 내용을 예상할 수 있어 그에 대한 반박을 철저히 준비할 수 있었고, 그 결과 대회에서 준우승할 수 있었습니다. 겁먹고 참가를 망설였던 제가 상을 받기까지 두드리면 열린다는 말을 실감하였고, 새로운 분야로 나아가는 것은 떨리는 일이지만 자신 있게 도전하면 그 떨림도 충분히 즐길 수 있는 것임을 깨달았습니다.

수업 시간에 배운 내용만으로는 궁금증을 해결하기 부족했고, 2학년 동아리도 실험 위주로 진행되어 이론을 배우는 데 있어 아쉬운 점이 있었습니다. 그래서 친구 7명과 'ㅇㅇ'이라는 동아리를 만들었습니다. 과목 선생님의 도움을 받아 생명과학과 화학 전문서적을 선정하여 매주 2시간씩 도서관 원탁에 앉아 책에서 고른 주제에 대해 발표하고 질문하고 답변하는 식으로 진행하였습니다. 함께 주고받았던 질문은 각자 맡은 주제에 대해 하나라도 더 찾고 공부하게 하는 자극제가 되었고, 그것은 교과성적 향상과 교내 생명과학 경시대회 금상 수상으로까지 이어졌습니다. 또 동아리활동을 엮은 문집을 통해 성취감을 느꼈고, 과학에 대해 더 깊이 다양하게 알고 싶다는 간절함이 생겼습니다. 빨리 대학에 진학하여 암세포와 동고동락하고 싶습니다.

3. 학교생활 중 배려, 나눔, 협력, 갈등 관리 등을 실천한 사례를 들고, 그 과정을 통해 배우고 느낀 점을 기술해 주시기 바랍니다. (1,000자 이내)

고등학교 1학년, 미래에 대한 진지한 생각 없이 편하게 지냈던 제가 2학년에 올라와 반장을 맡았던 때의 일입니다. 담임선생님의 교육방침 아래 저희 반은 비교적 자유로운 생활을 할 수 있었고 그것은 수업 시간에 적극적인 태도로 임하거나 학교 행사에 열정적으로 참여하는 등 긍정적인 영향을 미쳤습니다. 그러나 곧 사유로움은 변질되어 반 성적은 점점 떨어졌고, 더 이상 반 분위기는 개인에게나 반에게나 긍정석이지 못했습니다. 친구들의 마음과 생각에 호기심이 많아 모두에게 관심을 갖고 함께하다 보니 어느새 저도 떠드는 아이들과 한 배를 타고 있었습니다. 그러던 어느 날, 조회가 끝난 후 담임선생님께서 저를 따로 부르셨고 직접 말씀은 하지 않으셨지만 반장으로서 책임을 다하지 못한 것에 실망하신 것 같았습니다. 선생님께 죄송했고 반장으로서 모범을 보이지 못한 것이 창피했습니다. 반으로 돌아와 먼저 학급임원에게 말을 꺼내며 앞으로 어떻게 해야 할지 다함께 이야기하기로 했습니다. 그날 점심시간, 반장으로서 미숙했던 점을 사과하며 이야기를 시작했습니다. 고쳐야 할 것에 대해 모두 자유롭게 생각을 말했고, 공통된 의견을 모아 '수업 시간에 관련 없는 말 줄이기', '시험 한 달 전부터 점심시간에 정숙하기' 등 저희 반의 규칙을 만들었습니다. 저도 친구들보다 일찍 등교하여 학습 분위기를 만들고자 노력했습니다. 얼마 후 반 분위기가 많이 좋아졌다는 담임선생님과 교과 선생님들의 칭찬을 받았습니다. 40명의 친구들이 하나가 되어 고민하는 모습을 보며, 모두 반을 위한 마음과 잘해 보려는 의지가 있다는 것에 감동했습니다. 2학년 마지막 날, 친구들이 등교하기 전 1년간의 추억을 담은 편지를 각자의 책상 위에 올려놓았는데, 친구들도 칠판을 가득 채운 편지와 함께 〈이젠 안녕〉이라는 노래를 불러 주었습니다. 친구들과 선생님 덕분에 인간적으로 한층 성숙한 것 같아 그 고마움은 이루 표현할 수 없었습니다. 그들에게 받은 사랑에 보답할 방법을 생각하며 꿈을 그리게 해준 소중한 시간이었습니다.

4. 고등학교 재학 기간 또는 최근 3년간 읽었던 책 중 자신에게 가장 큰 영향을 준 책을 3권 이내로 선정하고 그 이유를 기술하여 주십시오.

① 도서명: 신도 버린 사람들
저자/역자: 나렌드라 자다브/강수정
출판사: 김영사

진로에 대한 부모님과의 갈등 때문에 지치고 힘들 때였습니다. 어느 날, 교실에서 이 책을 보게 되었고, '나도 이렇게 힘든데 신마저도 버렸다는 사람들은 도대체 어떤 사람들일까' 하는 생각에 책을 빌렸습니다. 인도 불가촉천민의 처참한 삶을 보며, 카스트 제도는 왜 많은 달리트들의 노력에도 수천년의 시간 동안 계속되었는지 궁금해졌습니다. 책은 힌두교의 영향을 강조했지만, 저는 체제를 견고하게 하는 다른 무언가가 있을 거라 생각했습니다. 그러다 각 계층 사람들이 다른 사람들의 상황을 보려 하지 않았기 때문이라는 생각이 들었습니다. 문득 부모님과 이야기할 때, 부모님의 말씀을 들으려 하지 않고 제 생각만 주장하고 나선 것이 떠올랐습니다. 소통의 창을 닫아 버린 책 속 사람들과 다르지 않았습니다. 책을 읽은 후 달라진 마음가짐으로 부모님과 진솔한 대화를 나눌 수 있었고, 점점 길이 보였습니다. 힘든 시기에 마음을 달래 주고 좋은 방향으로 나아갈 수 있도록 해준 고마운 책입니다.

② 도서명: 세상에서 가장 아름다운 용서

저자/역자: 레이첼 킹/황근하

출판사: 샨티

TV에서 사형제도 폐지를 주장하는 단체의 시위활동을 담은 프로그램을 보았습니다. 평소 사형제도에 찬성하는 입장 이야기에 익숙했던 저는 TV 속 사람들의 모습에 놀랐습니다. 도서관에서 사형제도 찬반에 대한 책을 고르던 중 이 책을 발견하여 읽기 시작했습니다. 끔찍한 살인 사건의 범인을 용서한 사람은 피해자의 유가족이었습니다. '어떻게 가족을 죽인 사람을 용서할 수 있을까' 하는 생각에 책을 읽을수록 혼란스러웠습니다. 그러나 살인자의 상황과 심정을 이해하고 그들과 정서적인 교감을 나누는 책 속 유가족들의 모습은, 극단적이기는 하지만, '용서'나 '관용'과 같은 따뜻한 마음이 박해진 이 시대에 필요한 면이 아닌가 하는 생각도 들었습니다. 이 책은 피해자의 생명을 앗아간 살인자와 그 살인자의 생명을 앗아갈 사형에 대한 고민의 시작이 되었습니다. 내용이 종교적 믿음에 기반을 두고 진행되어 이해하기 어려운 부분도 있었지만, 생명에 대한 깊이 있는 생각을 하게 해준 책이었습니다.

③ 도서명: 욕망하는 테크놀로지

저자/역자: 이상욱

출판사: 동아시아

과학기술이 이룩한 첨단 시대에 살고 있는 사람으로서 오늘을 만든 힘과 현시대의 문제를 바로 보고 싶었습니다. 생명과학을 전공하신 담임선생님과 상담하던 중 이런 제 생각을 말씀드리자 선생님께서 이 책을 추천해 주셨습니다. 책은 처음 접하는 어려운 내용들로 가득하였습니다. 쉽게 읽히지는 않았지만 책장을 넘길 때마다 늘어 가는 메모와 함께 점점 머릿속이 채워지는 느낌이었습니다. 과학기술이 예술, 정치, 전쟁 등 사회 전반적인 영역과 나누는 이야기를 읽는 것 같아 흥미로웠습니다. 책을 읽으면서 과학과 과학기술이 무엇인지 생각해 보았습니다. 생각을 구체화하는 과정 중 국어, 화학, 생명과학 선생님들과 과학기술원에 다니는 친구를 만나 이야기를 나누기도 하였으나 여전히 고등학생으로서 이해하기 어려운 부분이 많았습니다. 그렇지만 그대로 멈추고 싶지 않았습니다. 서울대학교에 진학하여 더 큰 세상에서 이 어렵고도 즐거운 고민을 계속하고 싶습니다.

〈추천서〉

1.

지원자는 2학년 때 큰 성적향상을 이루어 냈고, 3학년까지 이어 오고 있습니다. 성적이 큰 폭으로 향상되는 것은 여학생으로서는 드문 일입니다. 히지만 이런 것을 가능하게 하려면 어느 정도 포기해야 하는 부분이 있는 것도 사실입니다. 그러다 보니 지원자는 비슷한 성적의 학생들에 비해 자신의 학업역량을 보여 줄 다채로운 활동을 하지는 못했습니다. 저는 2학년 담임으로서 아쉬움이 있었지만, 지원자가 성적을 올리기 위해 쏟아 부은 노력을 봤기에 만족했습니다.

2.

공교롭게도 지원자가 반장을 하는 2년 동안(2, 3학년) 학급에서 왕따 문제가 발생했습니다. 예민할 나이의 여학생들에게 이런 문제가 생기면 담임으로서도 개입하기가 어렵습니다. 그런데 지원자는 무뚝뚝해 보이는 겉모습과는 달리 가해·피해학생들에게 정서적으로 접근해서 두 번의 갈등을 잘 봉합시켰습니다. 잠깐의 면접으로 지원자의 이런 정(情)적인 측면을 파악하기는 어렵겠지만 이 글을 통해 그런 부분을 고려해 주시고 그에 대한 탐색을 해주시면 감사하겠습니다.

3.

부모님의 기대와 점점 오르는 성적은 지원자가 의대를 선택해야만 하는 상황으로 만들었습니다. 저는 이에 대해 꽤 여러 번 우려를 표명했습니다. 상담할 때 보면 지원자에겐 의학에 대한 신념이나 비전 같은 것이 크게 보이지 않기 때문입니다. 그러나 3학년 초까지도 변화는 없었습니다. 그즈음 미국 ○○대학 합창단이 본교를 방문해 공연을 했습니다. 그들의 자유로운 몸짓과 표정, 에너지는 저에게도 인상적이었습니다.

그 시점부터 지원자는 표정이 어두워졌습니다. 공부도 소홀히 하는 것처럼 보였고, 심지어 국어 숙제도 잘 안 해왔습니다. 얼마 후 담임선생님으로부터 지원자가 슬럼프에 빠진 원인을 알게 되었습니다. ○○대학 합창단의 모습을 보고 자신이 의대에 진학했을 때 대학생활이 그와 같을 수 있으리라는 확신이 안 든다고 말했다는 것이었습니다. 조금 늦은 감이 있었지만, 제가 바라던 모습이었습니다. 담임선생님께 양해를 구하고 며칠 후에 지원자와 대화를 나누었습니다. 그 자리에서 저는 그런 고민으로 인한 성적하락에 크게 동요되지 말 것과 그런 고민의 시간이 지닌 높은 가치 등을 말하며, 드디어 학생다워졌다는 말을 했습니다. 저는 떨어진 성적보다 지원자의 정당한 고민, 바람직한 성장과정에 의미를 두었습니다. 비로소 한 인간으로서 주체적인 발걸음을 내딛는 것 같았기 때문입니다. 그리고 얼마 후 스스로 재밌어하고, 자신 있어 한 생명과학 쪽에 도전해볼 의사를 밝히며, 추천서를 부탁했습니다.

이런 사연으로 지원하는 서울대학교이기 때문에 지원자는 눈에 보이는 준비과정이나 매력적인 성적을 갖추지는 못했습니다. 그러나 서울대학교에 도전하기를 결심한 후 지원자는 다시 예전의 모습을 회복했고, 얼굴에서도 편안함이 보였습니다. 저는 이런 과정이 진로교육에 소홀한 일반고 학생들이 필연적으로 겪어야 하는 것이라고 생각합니다. 하지만 그 과정에서 지원자가 겪은 감정의 여정, 주체적인 자아의 회복 등은 앞으로의 학문여정에서 큰 자산이 될 수 있을 것으로 생각합니다.

2015학년도 대입전형 수시지원카드

국영수과 (내신)	모의고사 성적현황	국어 (A형)	수학 (B형)	영어	탐구1 (화학Ⅰ)	탐구2 (생명과학Ⅰ)	합(탐구는 2과 목 평균값)
(2.01) 등급	3월 모의고사 백분위	88	99	99	99	99	385
	4월 모의고사 백분위	96	98	96	96	97	387
	6월 모의평가 백분위	92	92	91	95	95	370
	백분위 중 최댓값	96	99	99	99	99	393
	백분위 중 최솟값	88	92	91	95	95	366

순	지원 수준 (소신) (적정) (안정)	지원 대학	학과 (학부)	계열 (인문) (자연) (예체)	전형 명칭	모집 인원	전년도 경쟁률	수능최저 학력기준	대학별 환산 등급	대학별 환산 점수 (득점/ 배점)	대학별 고사일 (월/일)
1	소신	고려 대학교	물리 학과	자연	일반 전형	15	32.9:1	국어A, 수학B, 영어, 과탐 4개 영역 중 2개 영역 이상 2등급 이내 (수학B 또는 과탐 영역을 반드시 포함하여야 함)			11/22
2	소신	연세 대학교	물리 학과	자연	일반 전형	9	43.9:1	국어A, 수학B, 영어, 과학탐구 영역의 등급 합이 7 이내 (단, 수학B와 과학탐구의 등급 합이 4 이내이어야 함)			10/4
3	소신	연세대 학교	물리 학과	자연	특기자 전형 (과학 공학 인재)	6	6.9:1	없음.			10/25

순	전형방법		전형요소 및 비율				면접 (%)	논술 (%)	적성 (%)
			서류(%)						
			학생부		자소서	추천서			
			교과	비교과					
1	일괄합산		45	10				45	
	단계별	1단계(배수)							
		2단계							
2	일괄합산		70	20				10	
	단계별	1단계(배수)							
		2단계							
3	일괄합산								
	단계별	1단계(배수)	100						
		2단계	70				30		

■ 상담의 실제

학생부와 학생의 면담 결과 위 학생은 줄곧 이과계열 물리학과 진학을 목표로 하고 있었다. 모의고사 성적도 줄곧 상위 성적을 거두고 있어 정시까지도 기대해볼 수 있을 것으로 판단하여 수시 3곳을 지원하기로 하였다. 2학년 말부터 논술 준비를 해오고 있었으나 논술에 대한 부담감과 준비가 나름 부족하다고 판단하고 있었다.

국영수과 내신 등급은 2.01등급으로 모의고사 성적에 비해선 비교적 낮지만 교내 과학탐구대회 및 경시대회 수상실적을 다수 갖고 있고, 수학 교과성적이 우수하여 논술 및 특기자전형에 지원하도록 지도하였다. 또한 수능 준비에 집중하여 정시 지원까지도 생각하고 있으므로 대학별 고사를 수능 이전에 2개, 수능 이후 1개 응시하도록 계획하였다.

지원 1순위 고려대학교 물리학과(일반전형−논술)는 모집 인원 15명에 전년도 경쟁률은 약 33:1이었다. 수능최저학력기준은 국어A, 수학B, 영어, 과탐 4개 영역 중 2개 영역 이상 2등급 이내(수학B 또는 과탐 영역을 반드시 포함하여야 함)를 만족해야 하는데 이 기준은 지원 학생이 그간의 3회 모의고사 동안 줄곧 맞춰 왔다. 논술 응시 일자는 수능 이후로 부담이 없었기에 적극적으로 지원하도록 지도하였다.

지원 2순위 연세대학교 물리학과(일반전형−논술)는 모집 이원 9명에 전년도 경쟁률은 약 44:1이었다.

앞서 고려대학교보다 경쟁률도 높고 수능최저학력기준이 국어A, 수학B, 영어, 과학탐구 영역의 등급 합이 7 이내(단, 수학B와 과학탐구의 등급 합이 4 이내이어야 함)로 최저 등급도 고려대학교보다 어려웠지만 지원 학생이 그간의 3회 모의고사 동안 줄곧 맞춰 왔다. 논술 응시 일자가 수능 약 한 달 전 중요한 시기였으나 논술 실전 감각도 익히고 수능 막바지 준비에 새로운 돌파구로 활용하고자 지원하게 되었다.

지원 3순위는 2순위와 마찬가지로 연세대학교 물리학과를 지원하였는데 전형을 특기자전형(과학공학인재)으로 달리하였다. 모집인원 6명에 전년도 경쟁률은 논술전형보다는 다소 낮은 약 7:1이었다. 학생부종합전형과는 달리 외부 실적(경시대회 입상 등)을 평가받을 수 있었기에 지원하였고 무엇보다 수학, 물리 교과 학업 성취도가 일반 학생보다 높아 충분히 도전해볼 수 있다고 판단하여 지원하게 되었다. 수능최저학력기준은 없었으나 면접 일자가 10월 25일로 수능 바로 직전에 있어서 부담스러웠으나 도전해 보기로 하였다.

■ 수시 결과

순	지원 대학	학과 (학부)	계열 (인문) (자연) (예체)	전형명칭	합격 여부 (최초합격, 후보○, 불합격)	교사 의견
1	고려 대학교	물리 학과	자연	일반전형	최초합격	지문 내용이 평소 흥미 있고 자신 있던 분야가 출제되어 기술하는 데 마음이 편안했다고 함. 수능 성적이 모의고사 성적보다 낮게 나왔는데(표점 합: 354) 마지막이라는 각오로 집중력을 발휘한 것이 좋은 결과로 이어진 것으로 판단됨. (뒷부분에 논술전형 지원 사례에서 지문과 학생이 답변한 내용을 요약하여 기록할 것임)

| 2 | 연세
대학교 | 물리
학과 | 자연 | 일반전형 | 불합격 | 수능 마무리와 더불어 시험을 치르게 되어 부담을 많이 느꼈다고 함. 주제는 충분히 이해할 수 있었는데 처음 치르는 실전 시험이라 긴장을 많이 하였으나 질문에 맞는 답안을 분량에 맞게 기술했다고 함. 수능최저 등급을 맞추지 못해 불합격(등급 합: 9) |
| 3 | 연세
대학교 | 물리
학과 | 자연 | 특기자
전형
(과학 공학
인재) | 불합격 | 1단계 서류 전형 100%에서 떨어짐. 학생이 보유한 기량 및 실적이 지원 학생에 비해 부족한 것으로 사료됨. |

위 학생은 실제 수능에서 아래의 성적을 거두었다.

국어			수학			영어			물리 I			화학 I		
표준 점수	백분위	등급	표준 점수	백분위	등급	표준 점수	백분위	등급	표준 점수	백분위	등급	표준 절수	백분위	등급
121	83	3	125	98	1	129	94	2	65	94	2	56	64	4

■ 작성 사례: 조선대학교 의과대

2015학년도 대입전형 수시지원카드

국영수과 (내신)	모의고사 성적현황	국어 (A형)	수학 (B형)	영어	탐구1 (화학 I)	탐구2 (생명과학 I)	합(탐구는 2과 목 평균값)
(1.71) 등급	3월 모의고사 백분위	95	96	94	93	97	380
	4월 모의고사 백분위	97	96	91	99	85	376
	6월 모의평가 백분위	92	96	84	100	99	362
	백분위 중 최댓값	97	96	94	100	99	386
	백분위 중 최솟값	92	96	84	93	85	361

순	지원 수준 (소신) (적정) (안정)	지원 대학	학과 (학부)	계열 (인문) (자연) (예체)	전형 명칭	모집 인원	전년도 경쟁률	수능최저 학력기준	대학별 환산 등급	대학별 환산점수 (득점/ 배점)	대학별 고사일 (월/일)
1	소신	조선 대학교	의예과	자연	일반 전형 (학생부 교과)	22		국어A, 수학B, 영어, 과학탐구(우수한 1 과목) 등급의 합이 6 이내			없음.
2	소신	연세 대학교 (원주)	의예과	자연	학생부 교과	25	7.3:1	국어A, 수학B, 영 어, 과탐(2개 과목 평균) 중 1등급 3개 이상(과탐 4개 과목 (물리, 화학, 생명과 학, 지구과학) 중 과 목명이 다른 2개의 과목에 응시해야 함 (같은 과목 Ⅰ, Ⅱ는 안 됨)			없음.
3	적정	동아 대학교	의예과	자연	지연인 재특별 전형	7	36.7:1	국어A, 수학B, 영어, 과탐(2과목 평균) 중 3개 영역 이상이 1등 급 이내			없음.
4	소신	부산 대학교	의예과	자연	지역인 재전형 Ⅰ	10		국어A, 수학B, 영어, 과탐을 응시하고 수 학B를 포함한 상위 3개 영역 등급 합이 4 이내(탐구 영역은 2과목을 응시해야 하며 응시한 2과목 평균을 반영함)			11.22
5	소신	순천 향대	의예과	자연	일반 학생 (교과)	25	21.2:1	국어A, 수학B, 영어, 과학탐구 중 4개 영 역 등급 합 5 이내 (국어, 수학 중 1개 과목은 B형을 응시 해야만 지원 가능)			없음.

순	전형방법		서류(%)				면접 (%)	논술 (%)	적성 (%)
			학생부		자소서	추천서			
			교과	비교과					
1	일괄합산		100						
	단계별	1단계(배수)							
		2단계							
2	일괄합산		90	10					
	단계별	1단계(배수)							
		2단계							
3	일괄합산		100						
	단계별	1단계(배수)							
		2단계							
4	일괄합산		20						80
	단계별	1단계(배수)							
		2단계							
5	일괄합산		100						
	단계별	1단계(배수)							
		2단계							

■ 상담의 실제

학생부와 학생의 면담 결과 이 학생은 줄곧 의예과 신학을 목표로 하고 있었다. 모의고사 성적도 줄곧 상위 성적을 거두고 있어 정시까지도 기대해볼 수 있었으나, 시험 성적에 대한 염려로 수시 5곳을 지원하기로 하였다. 논술 준비는 별도로 하지 않아 학생부교과전형에 응시하고 부산대학교는 수학 문제 해결력을 평가하는 지역 인재전형 I에 지원하기로 하였다.

국영수과 내신 등급은 1.71등급으로 모의고사 성적 평균 1.5등급에 비해선 비교적 낮다. 별도의 논술 준비가 되어 있지 않아서 학생부교과전형에 지원하도록 하였고 지원 이후 수능 준비에 집중하여 정시지원까지 계획하였다. 대학별 고사는 따로 없었으나 수능 이후 부산대학교 의예과는 별도 논술을 치러야 했다.

지원 1, 3, 5순위 조선대학교 의예과(일반전형-학생부교과)는 모집 인원 22명이다. 수능최저학력기준은 국어A, 수학B, 영어, 과학탐구(우수한 1과목) 등급의 합이 6 이내(대학별 약간의 차이를 보임)를 만족해야 하는데 이 기준은 지원 학생이 그간의 3회 모의고사 동안 줄곧 맞춰 왔다. 별도의 대학별 고사가 없기에 적극적으로 지원하도록 지도하였다.

지원 2순위 연세대학교(원주) 의예과(일반전형-논술)는 모집 인원 25명에 전년도 경쟁률은 약 7:1이었다. 수능최저학력기준이 국어A, 수학B, 영어, 과탐(2개 과목 평균) 중 1등급 3개 이상(과탐 4개 과목-물리, 화학, 생명과학, 지구과학-중 과목명이 다른 2개의 과목에 응시해야 함-같은 과목 Ⅰ, Ⅱ는 안 됨)으로 앞서 조선대학교보다도 높았다. 지원 학생이 그간 3번의 모의고사에선 최저학력기준을 맞추진 못했지만 목표를 높여 동기부여 하는 의미로 지원하게 되었다.

지원 4순위는 부산대학교 의예과로 부산, 울산, 경남 지역에 거주하는 학생들만 지원할 수 있는 지역인재전형에 응시하였다. 논술 준비를 따로 하지 않아 부담이 있으나 수학 문제 해결력을 평가하므로 평소 수학 교과에 좋은 성적을 거둔 지원자에게 적합하다고 판단하여 지원하게끔 지도하였다. 또한 시험일이 수능 이후라 수능 준비에 부담을 피할 수 있었다.

■ 수시 결과

순	지원 대학	학과 (학부)	계열 (인문) (자연) (예체)	전형명칭	합격 여부 (최초합격, 후보○, 불합격)	교사 의견
1	조선 대학교	의예과	자연	일반전형 (학생부 교과)	최초합격	
2	연세 대학교 (원주)	의예과	자연	일반전형 (학생부 교과)	불합격	최저학력기준 미충족
3	동아 대학교	의예과	자연	지역인재 특별전형	불합격	최저학력기준 미충족
4	부산 대학교	의예과	자연	지역인재 전형 Ⅰ	불합격	최저학력기준은 충족하였으나 수능 성적이 잘 나와서 정시지원을 생각하여 대학별 고사(논술)에 미응시

| 5 | 순천향
대학교 | 의예과 | 자연 | 일반학생
(교과) | 불합격 | 최저학력기준 미충족 |

위 학생은 실제 수능에서 아래의 성적을 거두었고, 최저학력기준을 만족한 조선대학교에 최초합격하였다.

국어			수학			영어			화학 I			생명과학 I		
표준 점수	백분위	등급	표준 점수	백분위	등급	표준 점수	백분위	등급	표준 점수	백분위	등급	표준 점수	백분위	등급
129	96	1	122	91	2	132	98	1	71	100	1	66	94	2

2) 한양대학교, 성균관대학교, 이화여자대학교, 서강대학교

■ 작성 사례: 한양대학교 도시공학과

2015학년도 대입전형 수시지원가드

국영수과 (내신) (1.38) 등급	모의고사 성적현황	국어 (A형)	수학 (B형)	영어	탐구1 (화학 I)	탐구2 (지구과학 I)	합(탐구는 2과 목 평균값)
	3월 모의고사 백분위	79	92	88	98	89	352
	4월 모의고사 백분위	97	92	89	89	90	368
	6월 모의평가 백분위	99	92	97	97	94	384
	백분위 중 최댓값	99	92	97	98	94	384
	백분위 중 최솟값	79	92	88	89	89	352

순	지원 수준 (소신) (적정) (안정)	지원 대학	학과 (학부)	계열 (인문) (자연) (예체)	전형 명칭	모집 인원	전년도 경쟁률	수능최저 학력기준	대학별 환산 등급	대학별 환산 점수 (득점/ 배점)	대학별 고사일 (월/일)
1	소신	POSTECH	화학과	자연	일반 전형	20	5.4:1	없음.			11/14(금)
2	소신	UNIST	이공계열	자연	지역 인재	40	4.5:1	없음.			11/21(금)

3	소신	서울 대학교	산림 과학부	자연	지역 균형 선발	10	1.9:1	국어A, 수학B, 영어, 과탐(서로 다른 분야의 1+2 또는 2+2) 3개 영역 2등급	1.42	95.81 / 100	11/28(금)
4	적정	한양 대학교	도시 공학과	자연	학생부 종합	10	신설 전형	없음.			없음.
5	적정	이화여자 대학교	수리물리 과학과	자연	지역 우수 인재	14	8.8:1	없음.	1.38	794.65 / 800	10/19(일)
6	소신	성균관 대학교	전기 선사 컴퓨터 계열	자연	성균 인재	50	7.4:1	국어A, 수학B, 영어, 과탐(1과목) 중에서 1과목 1등급			없음.

순	전형방법		전형요소 및 비율				면접 (%)	논술 (%)	적성 (%)
			서류(%)						
			학생부		자소서	추천서			
			교과	비교과					
1		일괄합산							
	단계별	1단계(3배수)	100(자기소개서 증빙서류 포함)						
		2단계					100		
2		일괄합산							
	단계별	1단계(3배수)	100						
		2단계	70				30		
3		일괄합산	100(기타 증빙서류 포함)						
	단계별	1단계(배수)							
		2단계							
4		일괄합산	100						
	단계별	1단계(배수)							
		2단계							
5		일괄합산							
	단계별	1단계(3.5배수)	80			20			
		2단계	1단계 80				20		
6		일괄합산	100						
	단계별	1단계(배수)							
		2단계							

이 사례 학생은 1학년 전 과목 내신이 1.4, 2학년 전 과목 내신이 1.57이었으나 3학년 1학기에 전 과목 1등급을 얻어 내신관리의 모범을 보인 학생이다. 특히 3학년 때 1, 2학기 모두 반장을 맡아 학급의 크고 작은 일에 솔선수범하였고 학급 친구들의 질문을 받아주고 모르는 문제를 도와 함께 푸는 등 수능 학습도우미 역할도 하여 개인 공부 시간이 상당히 부족하였음에도 불구하고 전 과목 1등급이라는 우수한 성적을 거두었다. 교과우수상, 수리논술경시대회, 동아리발표대회, 과학경시대회, 탐구토론대회 등의 교내 경시대회에서 수상하였으며 적극적으로 과학 동아리 활동을 하여 다양한 주제의 실험과 연구보고서를 작성하였고, 이와 관련한 내용이 학교생활기록부의 동아리활동 내용에 잘 나타나 있다. 봉사활동 시간은 194시간이며 교과세부능력 및 특기사항에 교과별로 학생이 지닌 과목 우수성과 잠재성, 특기사항이 잘 기록되어 있다. 수시지원의 중요한 요소인 학교생활기록부는 학생의 객관적 활동사실을 담당교사가 누락 없이 적합하게 기록만 잘하여도 수험 당사자인 학생에게 상당히 큰 힘이 된다. 1, 2, 3학년 담임교사, 과목 담당교사, 동아리 지노교사 및 기타 관계 교사들이 입력한 학교생활기록부의 내용을 바탕으로 자기소개서와 추천서를 작성하기 때문에 학교생활기록부의 내용은 수시 입시의 보물창고와 같다. 이 학생은 교내의 여러 활동상황이 누락 없이 정확히 기재되어 수시지원에서 상당히 큰 도움을 얻었다.

이 학생은 모의고사점수가 불안정하여 수시에서 수능최저학력기준의 적용을 받지 않는 곳을 4곳, 최저학력기준을 적용하는 곳을 2곳 지원하였다.

서울대학교 산림과학부에 지역균형선발전형으로 지원하여 수학B 과목은 수능최저학력기준을 만족하였으나 모의고사에서 꾸준히 1등급을 받아 왔던 영어에서 3등급을 얻어 서울대학교의 수능최저학력기준을 만족하지 못했다. 해마다 대학수학능력시험의 변별력이 과목마다 난조를 보였는데 올해는 수학B, 영어가 쉽게 출제되어 상위권 학생들의 등급관리가 상당히 어려웠다. 이 학생은 POSTECH에 진학 희망하였으며 2학년 여름방학에는 3주간의 POSTECH 이공계 학생을 위한 캠프활동에 참가했다. 비록 POSTECH 화학과는 후보에 머물렀지만 UNIST 이공계열, 한양대학교 도시공학과, 이화여자대학교 수리물리과학과는 무난히 합격하였다.

상위권 학생들이 갖춘 일반적인 스펙 이외에 이 학생의 경우는 밝고 낙천적인 성향과 긍정적이고 자신감 있는 인성이 면접상황에서 면접관에게 긍정적인 영향을 주었을 것이다. 교내의 모의면접에서도 이 학생을 면접한 교사들의 일치된 의견은 면접을 잘한다는 것이었다.

서울대학교의 수능최저학력기준인 3개 영역 2등급이 재학생의 입학에서 결코 쉬운 것이 아니었으므로 매월 실시되는 모의고사를 내신 공부와 병행하여 성실하게 준비하였다. 특히 서울대학교는 과학탐구Ⅱ 영역 1과목을 응시해야 하므로 이를 전략적으로 접근하여 국이, 수학, 영어 영역에서 2등급을 획득하는 목표를 세웠으며 수능에서 국어 1등급, 수학 2등급, 영어 3등급을 얻어 많은 아쉬움을 남겼다.

■ 수시 결과

순	지원 대학	학과 (학부)	계열 (인문) (자연) (예체)	전형명칭	합격 여부 (최초합격, 후보○, 불합격)	교사 의견
1	POSTECH	화학과	자연	일반전형	후보(순위 미발표)	1단계 준비를 충분히 하여 합격하였으나 2단계 면접 평가에서 부족한 부분이 있었음.
2	UNIST	이공계열	자연	지역인재	합격	학생부종합전형을 위한 대비와 면접 준비를 잘하여 합격하였음(내신관리를 잘하였음).
3	서울 대학교	산림과 학부	자연	지역균형 선발	불합격	영어에서 수능최저학력기준을 만족하지 못함(수능 변별력 난조로 인한 불이익을 받음).
4	**한양 대학교**	도시공 학과	자연	학생부종합	합격	학생부종합전형을 위한 대비와 면접 준비를 잘하여 합격하였음(내신관리를 잘하였음).
5	이화여자대 학교	수리물리과 학과	자연	지역우수 인재	합격	지역우수인재전형의 평가요소에 맞게 준비를 잘하였음.

| 6 | 성균관
대학교 | 전기
전자
컴퓨터
계열 | 자연 | 성균인재 | 불합격 | 수능최저학력기준을 만족하였으나
서류평가의 관점이 학생과 교사의
예상과 다르게 적용되었음. |

■ **자기소개서**

1. 고등학교 재학기간 중 학업에 기울인 노력과 학습 경험에 대해 배우고 느낀 점을 중심으로 기술해 주시기 바랍니다. (1,000자 이내)

고등학교에 입학하여 수학문제를 해결하는 데 흥미를 느껴 수학공부에 많은 시간을 투자하였고, 그 덕에 교과내용을 이해하는 데 큰 어려움을 겪지 않고 어느 정도의 좋은 성적을 유지할 수 있었습니다. 특히, 도형의 특징을 이용하여 그 문제만이 특수한 경우를 찾아내어 풀이를 하곤 했는데, 친구들에게 저만의 특별한 풀이를 알려 줄 때면 기발하다는 인정을 받곤 했습니다.

그러나 그 인정이 수학능력에 대한 스스로의 믿음이 되었는지 풀었던 문제를 다시 보지 않는 습관이 생겼고, 그 때문에 2학년 때는 수학 성적이 조금씩 떨어지기 시작했습니다. 그 이유를 탐구토론이나 발명대회를 준비하는 과정에서 공부량이 줄어든 것이라는 자기합리화에서 찾았습니다. 그러나 이후에 성적이 더 떨어지는 것을 보고 그때서야 스스로의 공부습관을 돌아보게 되었습니다.

그즈음 포스텍 또는 POSTECH 잠재력 개발 과정에 참가하게 되었는데, 그 과정에서 스스로의 해결책을 찾을 수 있었습니다. 전국의 뛰어난 친구들과 공부습관에 대한 얘기를 나누고, 실험교육이나 강의를 들으면서 무엇보다 문제에 대한 해결 그 자체가 아닌 원리와 과정 중심의 공부가 저에게 필요하다는 것을 느꼈습니다. 그 때문에 개발과정에서 심화문제를 풀 땐 풀이도 풀이지만 이론적인 배경의 어려운 부분에 대해 고민하고 학습조교 선생님께 질문하고 해결하곤 했습니다. 그렇게 배경적인 지식을 쌓으며 이전과는 전혀 다른 느낌의 흥미와 자신감을 가질 수 있었습니다.

그것들과 더불어 개발과정 중 몸에 익혔던 규칙적인 생활패턴을 이후 학교생활에 꾸준히 적용하였는데, 일요일에도 등교하여 수학이나 과학문제들을 들고 원리와 개념적인 부분을 익히고자 꾸준히 선생님을 괴롭히기도 했습니다. 또한, 스톱워치를 이용하여 매일 같이 공부한 시간을 재고 스스로 평가하는 꾸준한 노력 끝에 성적이 점점 상승하는 것을 볼 수 있었습니다.

이러한 경험을 통해 무엇보다 중요한 것은 겸손한 태도와 부지런함이라는 걸 깨닫고, 결과가 아닌 과정에서 느끼는 기쁨도 결과 못지않다는 것을 절실히 느꼈습니다.

2. 고등학교 재학기간 중 본인이 의미를 두고 노력했던 교내 활동을 배우고 느낀 점을 중심으로 3개 이내로 기술해 주시기 바랍니다. 단, 교외 활동 중 학교장의 허락을 받고 참여한 활동은 포함됩니다. (1,500자 이내)

'The journey is the reward', 그 여정이 바로 보상이라는 스티브 잡스의 말처럼 모든 도전이 배움이고 기회라는 철학으로 교내외 여러 활동에 적극적으로 참여하곤 했습니다.

기억에 특별히 남는 활동들 중 하나는 과학 동아리활동으로 발명의 기회를 가졌던 것입니다. 과학탐구토론대회로 접한 이순신의 '거북선'이라는 발명품처럼 생체모방을 기반으로 한 발명품을 창작하고 싶은 마음에 틈틈이 여러 동식물을 모색해 보았지만, 이미 연구되지 않은 소재를 찾기는 쉬운 일이 아니었습니다. 그러던 중에 흑동고래 지느러미를 모방한 프로펠러를 보고 이를 이용해 보는 것은 어떨까 생각하게 되었고, 놀이터 회전 놀이기구에 이 프로펠러와 발전 장치를 연결하면 보다 경제적이고 환경 친화적으로 전기를 생산할 수 있지 않을까 하는 생각에 도달하게 되었습니다. 더불어 생산된 전기를 놀이터의 사운드 장치나 조명장치에 이용하면 놀이터를 이용하는 아이들의 관심을 끌 수 있지 않을까라는 생각도 해보았습니다. 이런 생각을 바탕으로 발전놀이터를 구상하여 그려 보았습니다. 그러나 후에 적정기술 활동으로 비슷한 활동이 세계적으로 진행되고 있다는 사실을 깨닫고 생각을 구체화하여 설계하지는 못했지만, 다양한 생체모방 기술이나 발전 시스템, 그리고 적정기술들에 대해 알게 되었고, 결과적으로 저만의 주제를 세워 다양한 매체를 찾아보며 탐구해 보았다는 것에 스스로 큰 보람을 느꼈습니다.

이후에 작은 것부터 실천해 보자라는 생각과 함께 울산학생 과학 발명품 경진대회(교육청주최)에 참가하면서 다시 한 번 발명의 기회를 가진 적이 있습니다. 역시 '발명'이라는 거창한 단어에 어울릴 만한 아이디어를 찾기란 쉽지 않은 일이었습니다. 그런데 수업시간에 아버지를 돕기 위해 상자 네 귀퉁이를 접어 만든 단순한 발명품을 만들어 낸 아들의 이야기를 듣고 발명이라는 것은 사소한 배려에서 온다는 것을 알 수 있었습니다. 문득 척추측만증이 심해 체육활동은 물론 학교 활동에도 어려움을 겪고 있던 친구가 있었는데, 그 친구를 도울 수 있는 무언가를 만들 수 있지는 않을까 하는 생각이 들었고 그 사소한 마음에서 시작하여 '엉덩이가 작고 예쁜 나만의 의자'란 발명품을 만들 수 있었습니다. 친구를 위한 자세교정을 위한 방석과 등받이를 특수하게 제작하였습니다. 쿠션을 만들며 친구에게 사용해 보도록 했고 다른 친구들에게 평소 의자를 사용하면서 불편한 점을 물어 가며 최대한 발명품에 반영하여 해결해 보려고 노력했습니다. 여러 번의 피드백 끝에 교육청에 출품했고 제 작품에 대해서 발표하는 시간을 가졌습니다. 다른 발명품보다 과학적인 원리가 부족한 발명품이었지만 심사위원분늘게 준비한 구호 '발명은 배려입니다'를 외치고서 칭찬을 받았던 기억이 납니다. 경진대회를 통해 가장 크게 배웠던 것은 '발명' 그 자체가 아니라, 주위 사람들을 배려하는 것이 정말 사소한 일이면서 동시에 정말 큰일이 될 수 있다는 것입니다.

3. 학교생활 중 배려, 나눔, 협력, 갈등 관리 등을 실천한 사례를 들고, 그 과정을 통해 배우고 느낀 점을 기술해 주시기 바랍니다. (1,000자 이내)

저에게는 너무나 부끄러운 기억이 있습니다(개인적인 부분으로 생략함). 저는 이 친구의 행동을 통해 제 잘못에 대해서 반성하고 그 친구와 함께 학급을 꾸려 나가기로 결심했습니다.

먼저 친구와 우리 반의 실력을 향상시키기 위해서 심화반에서 교실에 남아 친구들이 모르는 점을 해결해 줄 사람이 필요하다고 생각했고, 평소 가르쳐 주는 것을 좋아했던 제가 그 일을 하기로 했습니다. 멘토 역할을 잘하기 위해서는 저 역시 역량을 키워야 했기 때문에 심화반 친구들끼리 수업을 듣고 키워드를 정리한 후 핵심을 집어내는 연습을 하는 것이 어떨까 제안하였습니다. 각자 자신의 일에 바쁜 상황에서도 친구들은 흔쾌히 참여해 주었고 매일 수업을 마친 후 함께 수업시간에 중요하게 다루어졌던 핵심사항에 대한 이야기를 나누어 보는 시간을 가졌습니다. 함께 노력하고 친구들에게 적용하는 과정에서 저희 반은 학력우수상을 받을 수 있었고 저는 선생님들로부터 'ㅇㅇㅇ 효과'라는 부끄럽고도 뿌듯한 칭찬을 들었습니다.

저희 반은 매주 학급회의를 통해 불편한 점이나 건의사항을 해결합니다. 단합대회를 하자는 친구들의 말을 듣고 친구와 저는 고3인 우리에게 실질적인 도움이 될 수 있는 시간이자 단합을 할 수 있는 대학투어를 생각해 냈습니다. 장소마다 미션을 부여하여 모든 장소를 다녀올 수 있도록 하자는 친구의 기발한 아이디어에 힘을 실어 선생님께 다양한 의견을 여쭈어 보며 기획해 보았고 졸업생 언니와 점심을 함께하며 조언을 듣는 자리도 마련하여 실질적인 도움이 될 수 있을 만한 시간을 가졌습니다.

혼자 생각했다면 하지 못했을 창의적인 생각을 들을 수 있었고 서로의 의견이 수렴되면서 멋진 이벤트를 꾸밀 수 있었습니다. 이 일로 구성원의 참여가 반장의 역할만큼 중요하다는 것을 깨달았고 제가 어느 위치에 있든지 공동체의 일을 위해 노력할 수 있는 사람이 되기로 다짐하였습니다.

2015학년도 대입전형 수시지원카드

국영수과 (내신)	모의고사 성적현황	국어 (A형)	수학 (B형)	영어	탐구1 (생명 과학 I)	탐구2 (화학 II)	합(탐구는 2과 목 평균값)
(1.45) 등급	3월 모의고사 백분위	90	91	89	98	83	361
	4월 모의고사 백분위	98	78	98	90	75	357
	6월 모의평가 백분위	97	92	93	92	88	372
	백분위 중 최댓값	98	92	98	98	88	381
	백분위 중 최솟값	90	78	89	90	75	339.5

순	지원 수준 (소신) (적정) (안정)	지원 대학	학과 (학부)	계열 (인문) (자연) (예체)	전형 명칭	모집 인원	전년도 경쟁률	수능최저 학력기준	대학별 환산 등급	대학별 환산점수 (득점/ 배점)	대학별 고사일 (월/일)
1	소신	성균관 대학교 (자연 과학)	글로벌바 이오메디 컬엔지니 어링학	자연	논술 우수	15	–	수하B, 과탐 (1과목) 등급 합 3 이내	1	20 / 20	11/16
2	소신	포항 공과 대학교	화학과	자연	일반 (학생부 종합)	20	5.4:1	없음.	–	–	11/22~24
3	소신	대구경 북과학 기술원	기초학부	자연	미래 브레인 일반1 (학생부 종합)	140	–	없음.	–	–	10/20~24
4	소신	한국 과학기 술원	전학부	자연	일반 (학생부 종합)	620	–	없음.	–	–	11/19

순		대학교	학부	계열	전형	모집인원	경쟁률	수능 최저학력기준	내신	실질 반영	발표
5	소신	고려대학교 (안암)	신소재공학부	자연	학교장 추천 (학생부 종합)	24	7.7:1	국어A, 수학 B, 영어, 과탐 (2과목) 중 2개 영역 평균 2등급 이내(수학B 또는 과탐 영역 반드시 포함)	1.56	744.145 / 800	11/15
6	소신	서울대학교 (관악)	응용생물화학부	자연	일반 (학생부 종합)	17	13.6:1	없음.	1.57	94.11 / 100	11/21

<table>
<thead>
<tr><th rowspan="4">순</th><th colspan="2" rowspan="4">전형방법</th><th colspan="7">전형요소 및 비율</th></tr>
<tr><th colspan="4">서류(%)</th><th rowspan="3">면접
(%)</th><th rowspan="3">논술
(%)</th><th rowspan="3">적성
(%)</th></tr>
<tr><th colspan="2">학생부</th><th rowspan="2">자소서</th><th rowspan="2">추천서</th></tr>
<tr><th>교과</th><th>비교과</th></tr>
</thead>
<tbody>
<tr><td rowspan="3">1</td><td colspan="2">일괄합산</td><td colspan="2" align="center">40</td><td></td><td></td><td></td><td align="center">60</td><td></td></tr>
<tr><td rowspan="2">단계별</td><td>1단계(배수)</td><td></td><td></td><td></td><td></td><td></td><td></td><td></td></tr>
<tr><td>2단계</td><td></td><td></td><td></td><td></td><td></td><td></td><td></td></tr>
<tr><td rowspan="3">2</td><td colspan="2">일괄합산</td><td></td><td></td><td></td><td></td><td></td><td></td><td></td></tr>
<tr><td rowspan="2">단계별</td><td>1단계(배수)</td><td colspan="4" align="center">서류 100</td><td></td><td></td><td></td></tr>
<tr><td>2단계</td><td></td><td></td><td></td><td></td><td align="center">100</td><td></td><td></td></tr>
<tr><td rowspan="3">3</td><td colspan="2">일괄합산</td><td></td><td></td><td></td><td></td><td></td><td></td><td></td></tr>
<tr><td rowspan="2">단계별</td><td>1단계(배수)</td><td colspan="4" align="center">서류 100</td><td></td><td></td><td></td></tr>
<tr><td>2단계</td><td></td><td></td><td></td><td></td><td align="center">100</td><td></td><td></td></tr>
<tr><td rowspan="3">4</td><td colspan="2">일괄합산</td><td></td><td></td><td></td><td></td><td></td><td></td><td></td></tr>
<tr><td rowspan="2">단계별</td><td>1단계(배수)</td><td colspan="4" align="center">서류 100</td><td></td><td></td><td></td></tr>
<tr><td>2단계</td><td colspan="4" align="center">서류 70</td><td align="center">30</td><td></td><td></td></tr>
<tr><td rowspan="3">5</td><td colspan="2">일괄합산</td><td></td><td></td><td></td><td></td><td></td><td></td><td></td></tr>
<tr><td rowspan="2">단계별</td><td>1단계(배수)</td><td align="center">80</td><td colspan="3" align="center">서류 20</td><td></td><td></td><td></td></tr>
<tr><td>2단계</td><td colspan="4" align="center">1단계 성적 70</td><td align="center">30</td><td></td><td></td></tr>
<tr><td rowspan="3">6</td><td colspan="2">일괄합산</td><td></td><td></td><td></td><td></td><td></td><td></td><td></td></tr>
<tr><td rowspan="2">단계별</td><td>1단계(배수)</td><td colspan="4" align="center">서류 100</td><td></td><td></td><td></td></tr>
<tr><td>2단계</td><td colspan="4" align="center">서류 50</td><td align="center">50</td><td></td><td></td></tr>
</tbody>
</table>

■ 상담의 실제

위 학생은 내신등급 1.45등급으로 서울 주요 대학 및 과학기술원 진학을 목표로 하고 있었다. 위 대학 진학을 위한 평균 내신등급 1.3등급 이내에 미치지 못하나 소신을 갖고 지원하기로 하고 모의고사 성적이 횟수를 반복함에 따라 성적이 향상되고 있어 정시까지 지원할 마음을 먹었다.

국영수과 내신 등급은 1.45등급으로 모의고사 성적 평균 1.93등급에 비해선 조금 높다. 논술 준비는 체계적으로 되어 있질 않아 논술전형은 1~2개 정도 지원하고, 나머지는 학생부종합전형 쪽으로 지원하기로 하였다. 다행히 과학 동아리활동 실적 및 교내 경진대회 수상실적이 있어서 3월 초부터 자기소개서 작성을 준비하고 있었다.

지원 1순위는 성균관대학교 글로벌바이오메디컬엔지니어링학 논술 우수 전형에 지원하기로 하였다. 학과 이름이 생소하여 학교 홈페이지, 진학한 선배, 인터넷 자료 등을 통해 과 특성, 진로, 취업률을 알아보았고 본인 적성에도 맞을 것 같아 지원하게 되었다. 수능최저학력기준이 수학B, 과탐(1과목) 등급 합 3 이내 인데 평소 수학 성적이 좋지 않아 목표를 수학B 2등급, 과탐 1과목 1등급을 목표로 수능 준비에 몰두하기로 하였다. 시험 일자는 수능 이후라 막판까지 수능 준비에 집중할 수 있어 부담을 줄일 수 있었다.

지원 2~4순위는 POSTECH과 과학기술원 2곳에 지원하고자 하였다. 지원 학생은 취업보다는 연구직에서 일하고 싶어 하였고 수학에 전념할 수 있는 위의 대학에 적성에 맞을 것으로 생각되었다. 수능최저학력기준에 대한 부담이 없었고 1단계만 통과한다면 면접에서 어느 정도 승산이 있을 것으로 기대하였다.

지원 5순위는 고려대학교 신소재공학부 학교장 추천(학생부 종합)으로 지원하였다. 3학년 내에서 성적 및 비교과 영역을 성적으로 산출하여 추천 자격을 부여받았고 기타 서류 등은 3월부터 준비해 온 터라 부담 없이 지원할 수 있었다. 수능최저학력기준은 국어A, 수학B, 영어, 과탐(2과목) 중 2개 영역 평균 2등급 이내(수학B 또는 과탐 영역 반드시 포함)로 지원자가 그간의 모의고사에서 줄곧 충족하였다. 다만 대학 환산점수가 낮아 불안하였지만 소신껏 지원하였다.

지원 6순위는 서울대학교 응용생물화학부 일반(학생부 종합) 전형에 지원하였다. 대학 환산점수가 비교적 낮지만 소신껏 지원하였고, 정시까지 지원할 생각에 수능 공부에 동기부여를 위함도 있었다.

■ 수시 결과

순	지원 대학	학과 (학부)	계열 (인문) (자연) (예체)	전형명칭	합격 여부 (최초합격, 후보○, 불합격)	교사 의견
1	성균관 대학교 (자연 과학)	글로벌바 이오메디 컬엔지니 어링학	자연	논술우수	불합격	수능최저합력기준 미충족
2	포항 공과 대학교	화학과	자연	일반 (학생부 종합)	불합격	1단계 서류 평가에서 불합격하였는데 내신 성적과 비교과 영역이 부족한 것으로 판단됨.
3	대구경 북과학 기술원	기초학부	자연	미래브레인 일반1 (학생부 종합)	불합격	1단계는 합격하였으나 2단계 면접에서 많이 긴장하여 제 실력을 발휘하지 못함.
4	한국 과학 기술원	전학부	자연	일반 (학생부 종합)	불합격	1단계 서류 평가에서 불합격하였는데 내신 성적과 비교과 영역이 부족한 것으로 판단됨.
5	고려 대학교 (안암)	신소재공 학부	자연	학교장추천 (학생부 종합)	불합격	
6	서울 대학교 (관악)	응용생물 화학부	자연	일반 (학생부 종합)	불합격	

위 학생은 실제 수능에서 아래의 성적을 거두었다.

국어			수학			영어			생명과학 I			화학 II		
표준 점수	백분위	등급	표준 점수	백분위	등급	표준 점수	백분위	등급	표준 점수	백분위	등급	표준 점수	백분위	등급
130	98	1	116	73	4	129	94	2	64	91	2	53	55	5

■ 자기소개서

1. 고등학교 재학기간 중 학업에 기울인 노력과 학습 경험에 대해 배우고 느낀 점을 중심으로 기술해 주시기 바랍니다. (1,000자 이내)

학원의 선행학습을 반대한 부모님의 영향으로 어릴 때부터 저는 학원에 다닌 적이 없습니다. 그 때문에 저는 중학교까지 무조건 많은 문제를 푸는 일명 '양치기'식 공부법으로 수학성적을 유지해 왔습니다.

고등학교 진학 후 같은 방법으로는 원하는 만큼 성적이 나오지 않아 고민이 많았던 무렵, 수학시간에 선생님이 '고등학교 공부는 아무것도 아니야. 범위가 있는 유한한 공부이기 때문이지'라고 말씀하시는 것을 듣고 귀가 번쩍 띄었습니다. 저는 '유한'한 범위라면 모든 문제를 '유형화'시킬 수 있을 거라는 생각으로 이때까지 풀었던 문제들을 유형화하기로 히었습니다. 그러나 무작정 유형화하려고 하니 단원 통합형 문제의 경우 정확히 어느 단원들을 결합한 것인지 파악하기 힘들었습니다. 그래서 일단 교과서의 목차를 외우기로 결심했는데, 목차를 외우면 각 문제가 어느 수단원에 들어가는지 일 수 있을 것이라 생각했기 때문입니다. 목차를 외우고 문제를 보니 '이건 함수의 극한을 중학교 도형과 결합한 것이구나' 하면서 그 문제에서 사용된 개념들을 다룬 단원이 파악됐을 뿐만이 아니라 '교과서는 지수를 자연수부터 실수까지 확장해 나간 후 이를 로그와 연결시키고 있구나' 하고 교과서의 집필의도를 짐작할 수 있었습니다. 이를 통해 각 단원의 교과서 개념을 충분히 이해하면서 유형화를 시작했습니다. 한 소단원에서 나오는 문제를 보통 두세 개의 유형으로 나눴는데, 특히 공간도형에서 이면각을 구하는 문제를 '정사영을 이용하는 유형'과 '이면각의 정의를 이용하는 유형'으로 나눈 것과 벡터의 연산에서 '시점을 일치시키는 유형'과 '성분을 이용하는 유형'으로 나눈 것은 기하와 벡터 과목을 늦게 시작해 어려움을 겪던 제게 큰 도움이 되었습니다.

이러한 '유형화 학습법'을 통해 저는 문제를 보면 생각 없이 바로 풀이를 시작했던 모습에서 벗어나 어느 유형인지 파악하고 최적화된 풀이를 생각해 낼 수 있게 되었습니다. 그리고 그 결과 2등급 언저리를 맴돌던 모의고사 성적을 1등급으로 끌어올릴 수 있게 되었습니다.

2. 고등학교 재학기간 중 본인이 의미를 두고 노력했던 교내 활동을 배우고 느낀 점을 중심으로 3개 이내로 기술해 주시기 바랍니다. 단, 교외 활동 중 학교장의 허락을 받고 참여한 활동은 포함됩니다. (1,500자 이내)

제가 고등학교 때 가장 좋아하고 열심이었던 것은 'ㅇㅇㅇ' 과학 동아리활동입니다. 화학을 좋아했던 저는 비슷한 취향이 친구들과 조를 짜 실험을 하였는데, 처음에는 산과 염기의 이동에서부터 아세틸렌의 합성이나 톨렌스(tollens) 반응까지 주로 화학 분야 위주로 실험하다가 생활 속의 과학현상에 관심을 두면서 그 범위를 조금씩 넓혀 갔습니다. 우리는 ㅇㅇ과학관 봉사활동을 기획하고 연간활동을 하였는데, 저는 전시물 옆에서 견학하는 사람들의 질문에 답하는 일을 주로 담당하였습니다.

저희 학교는 끈끈한 결속력과 졸업한 선배들과의 연락과 소식을 수시로 접할 수 있는 그룹, 정독실이 있습니다.

3. 학교생활 중 배려, 나눔, 협력, 갈등 관리 등을 실천한 사례를 들고, 그 과정을 통해 배우고 느낀 점을 기술해 주시기 바랍니다. (1,000자 이내)

저는 중학교 때부터 과학탐구토론대회에 흥미를 두고 매번 참가해 왔기 때문에 고등학교 입학 후 같은 관심사를 가진 친구 2명을 섭외하여 대회를 준비했습니다. 우리는 함께 준비하는 재미와 성취감, 그리고 동료애도 느낄 수 있었습니다.

2학년 때에도 당연한 듯이 한 팀으로 대회를 준비하였는데, 한 명이 약속시간을 몇 번 어긴 것에 또 다른 친구가 화를 내면서 감정의 골이 깊어졌고 서로를 탓하며 대회에 참가하지 않겠다는 지경에 이르렀습니다. 제게 의미 있는 성과물은 친구들과 협력하는 과정에서 실제로 얻어진다는 것을 다시금 깨닫게 된 것입니다.

이후부터 저는 친구들과 조를 이루는 협동학습을 할 때에는 서로의 의견이 존중

되는 분위기를 만들기 위해 먼저 기한, 분량, 만나는 시간 등 최소한의 규칙을 정하고 일을 공평하게 분담하되, 과정 중에 어려움이 있는 조원을 돕는 역할을 제가 맡아 모두가 자기 몫을 할 수 있도록 노력하였습니다. 서로 사이가 좋지 않은 조원이 있을 때는 모든 조원의 의견을 공개적으로 충분하게 다루어 불만을 없애는 동시에 불필요한 감정싸움을 예방하려고 노력하였습니다. 이런 과정을 거치면서 언젠가부터 저는 으레 조장을 맡게 되었고 우리 조는 대체로 즐거운 분위기 속에서 좋은 결과물을 만들어 낼 수 있었습니다.

■ 정시지원 및 결과

가. 지원자 취득 수능 성적

국어			수학			영어			생명과학 I			화학 II		
표준점수	백분위	등급	표준점수	백분위	등급	표준점수	백분위	등급	표준점수	백분위	등급	표준점수	백분위	등급
130	98	1	116	73	4	129	94	2	64	91	2	53	55	5

나. 전형 지원 현황

구분	지원 수준 (소신) (적정) (안정)	지원 대학	학과 (학부)	계열 (인문) (자연) (예체)	전형 명칭	모집 인원	활용점수	대학수학능력 시험 성적 반영방법 (영역별 반영비율)	대학별 환산점수 (배점/ 만점)	합격 여부
가	적정	울산과학기술대학교	이공계열	자연	일반 전형	26	표준 점수	{국어'A'×0.15}+ {수학'B'×0.35}+ {영어×0.25}+{과학탐구(2과목)× 0.25}+{가산점(과학 II과목×0.1)}	126.9 / 200	최초 합격

| 나 | 소신 | 성균관대
학교 | 공학계열 | 자연 | 일반
전형 | 72 | 표준
점수 +
백분위 | (국어영역표준점수 ×
1.0)+(수학영역표준점수
×1.5)+(영어영역표준점
수×1.5)+(과학탐구영역
2개 과목 변환표준점수
합×1.0) | 615.1 / 1000 | 후보
순위
56 |

■ **작성 사례: 성균관대학교 자연과학계열**

2015학년도 대입전형 수시지원카드

국영수과 (내신) (1.76) 등급	모의고사 성적현황	국어 (A형)	수학 (B형)	영어	탐구1 (화학Ⅰ)	탐구2 (생명과학Ⅰ)	합(탐구는 2과 목 평균값)
	3월 모의고사 백분위	96	86	99	89	96	374
	4월 모의고사 백분위	95	93	96	87	86	371
	6월 모의평가 백분위	92	96	91	87	94	370
	백분위 중 최댓값	96	96	99	89	96	383.5
	백분위 중 최솟값	92	86	91	87	86	355.5

순	지원 수준 (소신) (적정) (안정)	지원 대학	학과 (학부)	계열 (인문) (자연) (예체)	전형 명칭	모집 인원	전년도 경쟁률	수능최저 학력기준	대학별 환산 등급	대학별 환산점수 (득점/ 배점)	대학별 고사일 (월/일)
1	소신	성균관 대학교 (자연 과학)	자연과학 계열	자연	글로벌 인재 (학생부 종합)	60	15.4:1	없음.	–	–	–
2	적정	경희 대학교 (서울)	생물 학과	자연	지역 균형 (학생부 종합)	9	15:1	없음.	1.81	685.56 / 700	–

3	소신	서강 대학교	자연 과학부 (수학)	자연	학생부 교과	12	20.7:1	국어A, 수학B, 영어, 과탐(2과목 평균) 중 2개 영역 이상 각 2등급 이내(수학B 또는 과탐탐구 중 1개 이상은 반드시 2등급 이내이어야 함)	1.81	750 750	−
4	소신	중앙 대학교 (서울)	생명 과학과	자연	학생부 교과	3	29:1	국어A, 수학B, 영어, 과탐(1과목) 중 2개 영역 2등급 이내(수학B 또는 과탐 필수)	1.75	68.48 70	−
5	적정	울산과 학기술 대학교	이공 계열	자연	지역 인재 (학생부 종합)	40	4.5:1	없음.	−	−	11/21

<table>
<tr><td rowspan="3">순</td><td colspan="2" rowspan="3">전형방법</td><td colspan="5">전형요소 및 비율</td><td rowspan="3">면접
(%)</td><td rowspan="3">논술
(%)</td><td rowspan="3">적성
(%)</td></tr>
<tr><td colspan="4">서류(%)</td></tr>
<tr><td colspan="2">학생부</td><td rowspan="2">자소서</td><td rowspan="2">추천서</td></tr>
<tr><td></td><td></td><td>교과</td><td>비교과</td></tr>
<tr><td rowspan="3">1</td><td colspan="2">일괄합산</td><td colspan="4">서류 100</td><td></td><td></td><td></td></tr>
<tr><td rowspan="2">단계별</td><td>1단계(배수)</td><td></td><td></td><td></td><td></td><td></td><td></td><td></td></tr>
<tr><td>2단계</td><td></td><td></td><td></td><td></td><td></td><td></td><td></td></tr>
<tr><td rowspan="3">2</td><td colspan="2">일괄합산</td><td colspan="4">학생부 70+서류 30</td><td></td><td></td><td></td></tr>
<tr><td rowspan="2">단계별</td><td>1단계(배수)</td><td></td><td></td><td></td><td></td><td></td><td></td><td></td></tr>
<tr><td>2단계</td><td></td><td></td><td></td><td></td><td></td><td></td><td></td></tr>
<tr><td rowspan="3">3</td><td colspan="2">일괄합산</td><td colspan="4">학생부 75+서류 25</td><td></td><td></td><td></td></tr>
<tr><td rowspan="2">단계별</td><td>1단계(배수)</td><td></td><td></td><td></td><td></td><td></td><td></td><td></td></tr>
<tr><td>2단계</td><td></td><td></td><td></td><td></td><td></td><td></td><td></td></tr>
<tr><td rowspan="3">4</td><td colspan="2">일괄합산</td><td>70</td><td>30</td><td></td><td></td><td></td><td></td><td></td></tr>
<tr><td rowspan="2">단계별</td><td>1단계(배수)</td><td></td><td></td><td></td><td></td><td></td><td></td><td></td></tr>
<tr><td>2단계</td><td></td><td></td><td></td><td></td><td></td><td></td><td></td></tr>
<tr><td rowspan="3">5</td><td colspan="2">일괄합산</td><td></td><td></td><td></td><td></td><td></td><td></td><td></td></tr>
<tr><td rowspan="2">단계별</td><td>1단계(배수)</td><td colspan="4">서류 100</td><td></td><td></td><td></td></tr>
<tr><td>2단계</td><td colspan="4">서류 70</td><td>30</td><td></td><td></td></tr>
</table>

■ **상담의 실제**

위 학생은 내신등급 1.76등급으로 서울 주요대학 및 울산과학기술대학교 진학을 목표로 하고 있었다. 3회에 걸친 모의고사 등급 평균도 1.76등급으로 수시에 전략적으로 지원하고 수능 이후 정시지원까지도 생각하고 있었다. 위 대학 진학을 위한 평균 내신등급이 1.3~1.5등급 이내에 미치지 못하나 교내 과학 동아리활동과 다수의 교내대회 수상실적(문ㆍ이과 고르게 다수의 입상경력 보유)을 갖고 있어 소신껏 지원하려고 하였다.

논술 준비는 체계적으로 되어 있질 않아 지원계획에서 배제하였고, 학생부 교과와 종합 전형 쪽으로 지원하기로 하였다. 3월 초부터 자기소개서 작성과 퇴고에 신경을 많이 썼고, 정시지원까지 생각하여 수능에 집중하고자 가급적 면접 등의 대학별 고사를 치르지 않는 쪽에 지원하였고, 지원하더라도 수능 이후에 치르는 전형을 골랐다.

지원 1, 2순위는 성균관대학교 자연과학계열 글로벌인재(학생부 종합) 전형과 경희대학교 생물학과 지역균형(학생부 종합)전형에 지원하기로 하였다. 순수 과학 연구에 관심이 많고 적성에도 맞을 것 같아 지원하게 되었다. 수능최저학력기준이 없고, 대학별 시험도 없는 터라 경쟁률(2014년도 기준 두 곳 모두 약 15:1)이 높을 것으로 예상했지만, 소신껏 지원해 보기로 하였다.

지원 3, 4순위는 서강대학교 자연과학부(수학) 학생부 교과와 중앙대학교 생명과학과 학생부교과전형에 지원하고자 하였다. 앞서와 마찬가지로 흥미 있는 순수 학문 연구 관련 학과에 지원하였다. 1, 2순위 지원 학과와 달리 수능최저학력기준이 있는데 두 곳 모두 국어A, 수학B, 영어, 과탐(2과목 평균) 중 2개 영역 이상 각 2등급 이내(수학B 또는 과탐탐구 중 1개 이상은 반드시 2등급 이내이어야 함)이다. 이 기준은 위 학생이 그간 3회의 모의고사 동안 줄곧 충족했던 기준인지라 무리 없이 지원할 수 있었다. 지원 5순위는 울산과학기술대학교 이공계열 지역인재(학생부 종합)전형에 지원하였다.

■ 수시 결과

순	지원 대학	학과 (학부)	계열 (인문) (자연) (예체)	전형명칭	합격 여부 (최초합격, 후보○, 불합격)	교사 의견
1	성균관 대학교 (자연 과학)	자연 과학 계열	자연	글로벌인재 (학생부 종합)	추가합격	조금 욕심내어 지원하였는데 부족한 내신등급을 다수의 비교과 활동으로 극복한 것으로 판단됨.
2	경희 대학교 (서울)	생물 학과	자연	지역균형 (학생부 종합)	최초합격	조금 욕심내어 지원하였는데 부족한 내신등급을 다수의 비교과 활동으로 극복한 것으로 판단됨.
3	서강 대학교	자연 과학부 (수학)	자연	학생부교과	불합격	수능최저학력기준은 충족하였으나 수학 B 3등급과 서류 및 내신 등급의 점수 차에 기인하는 것으로 판단됨.
4	중앙 대학교 (서울)	생명 과학과	자연	학생부교과	불합격	수능 최저학력기준은 충속하였으나 수학B 3등급과 서류 및 내신 등급의 점수 차에 기인하는 것으로 판단됨.
5	울산 과학 기술 대학교	이공 계열	사연	지역 인재 (학생부 종합)	추가합격	평소 면접 준비가 질 되어 있실 않아 후보 순위에 있다가 추가합격됨.

위 학생은 실제 수능에서 아래의 성적을 거두었다.

국어			수학			영어			생명과학 I			화학 II		
표준 점수	백분위	등급	표준 점수	백분위	등급	표준 점수	백분위	등급	표준 점수	백분위	등급	표준 점수	백분위	등급
129	96	1	119	82	3	132	98	1	59	80	3	69	98	1

■ 자기소개서

1. 고등학교 재학기간 중 학업에 기울인 노력과 학습 경험에 대해 배우고 느낀 점을 중심으로 기술해 주시기 바랍니다. (1,000자 이내)

　저는 자주 집에서 공부는 언제 하냐고 부모님께 꾸중을 들었습니다. 왜냐하면 공부는 학교에서만 하고 집에서는 쉬었기 때문입니다. 하지만 저는 학습은 학교에서 이루어지는 것이 가장 효율적이라 생각하였고 이것은 저의 학습법이었습니다. 부족한 학습량은 주말에 학교에 나와 교실에서 자습을 하면서 보충했습니다. 하루 일과가 끝나면 적어도 6시간은 꼭 잠을 잤습니다. 덕분에 학교에서 졸지 않도록 체력관리를 할 수 있었습니다. 오죽하면 제가 졸린다고 하니 친구가 '네가 잠도 잔다고?' 하면서 놀랄 정도였습니다. 그 결과 평소에 취약한 편이었던 수학을 보충하여 6월 모의평가 때는 1등급을 받았습니다. 저는 이를 통하여 자기관리의 중요성을 느끼게 되었습니다. 그리고 효율적으로 시간을 관리하는 방법을 배울 수 있었습니다.

　저는 독서를 많이 하려고 노력하였습니다. 고등학교를 다니면서도 1달에 2권 정도는 꼭 책을 읽었습니다. 인문, 사회, 과학 등 분야를 가리지 않고 독서를 하여 다양한 분야의 지식을 쌓았습니다. 저는 '알랭 드 보통'의 『불안』이라는 책을 읽고 사회관계와 인간에 대한 고찰을 할 수 있었습니다. 그리고 '브루스.H.립턴'의 『당신의 주인은 DNA가 아니다』라는 책을 읽고 『불안』에서 나온 사회 환경이 인간에게 미치는 영향을 과학적으로 생각해 보았습니다. 이처럼 꾸준한 독서를 통해서 저는 자연과학과 인문사회를 융합하여 생각하는 방식을 배웠고 독서의 즐거움을 느낄 수 있었습니다. 책을 많이 접하다 보니 자연스레 언어나 외국어 분야에도 관심을 가지게 되었습니다. 이 때문인지 저는 자연과학계열이 적성에 맞고 생명과학자란 꿈을 가지고 있지만 부모님이나 선생님들로부터 문과 체질이라는 말을 많이 들었습니다. 하지만 이러한 점이 오히려 제 강점이 되었습니다. 교내 독서경시대회와 같은 독서 관련 대회에 참가하여 입상을 하였고 1, 2학년 때는 한문경시대회에 참가하여 고학년들을 제치고 최우수상을 수상하였습니다.

2. 고등학교 재학기간 중 본인이 의미를 두고 노력했던 교내활동을 배우고 느낀 점을 중심으로 3개 이내로 기술해 주시기 바랍니다. 단, 교회 활동 중 학교장의 허락을 받고 참여한 활동은 포함됩니다. (1,500자 이내)

교내 수학 과학 독후감 경진대회 최우수상 수상

수학 과학 독후감 경진대회는 수학 과학의 각 분야의 지정된 도서 중에서 한 권을 선택해서 독후감을 쓰는 대회였는데 저는 생명과학 분야 도서인 최재천 교수님의 저서『다윈 지능』을 선택하여 읽었습니다. 책의 내용이 쉽고 자세하게 설명이 되어 있어 생명과학의 매력에 빠져 제가 생명과학자가 되고 싶다는 꿈을 가지게 된 계기가 되었습니다. 그런데 막상 독후감을 쓰려 하니 저는 악필에다 글쓰기에 자신도 없었습니다. 처음에는 글도 잘 안 써지고 내용도 두서없이 나열만 했습니다. 하지만 제가 책을 읽고 알게 된 진화와 진화에 대한 저의 생각을 진솔하게 작성하였더니 최우수상이라는 결과를 얻었습니다. 저는 이 대회를 계기로 자신의 생각을 글로 표현하는 데 자신감을 얻어 그 후로 교내에서 실시하는 독서 논술 대회와 글짓기 대회, 창의력 논술대회 등에 참가해 수상을 하였습니다. 이를 통하여 저는 조금 부족한 부분이 있더라도 열정을 가지고 노력을 한다면 더 좋은 결과를 얻을 수 있다는 것을 알게 되었습니다.

1학년 때는 학급 반장을 맡아 임원활동을 하였습니다. 저희 반은 '월드비전 한 학급 한 생명 살리기' 프로그램에 참여하여 성금을 모아 모잠비크의 아이를 후원하고 있었는데 제가 학급 대표로서 홍보대사로 위촉되어 성금을 걷었습니다. 그런데 처음에는 친구들도 좋은 취지에 기꺼이 돈을 내었지만 몇 개월이 자나자 점점 돈이 없다고 하거나 불쾌한 내색을 하며 내지 않으려는 친구들이 있었습니다. 그래서 시간은 오래 걸렸지만 쉬는 시간이나 자습시간에 일일이 찾아가서 성금을 걷었습니다. 1학년이라 그런지 설문지나 돈을 걷을 일이 많아 이런 일이 자주 있었습니다. 하지만 시간이 지날수록 친구들이 저를 믿어 주고 제 의견을 따라 주는 것을 느낄 수 있었습니다. 저는 주변 사람을 믿고 직접 다가가야 신뢰받는 리더가 될 수 있다는 것을 깨닫게 되었습니다.

　과학 동아리에서 ○○과학관에 봉사활동을 주기적으로 갔습니다. 전시물을 지키고 체험을 도와주거나 주차안내 같은 활동을 했습니다. 하루는 과학관 내에서 전시물을 지키는 일을 하고 있었는데 한 아주머니가 오셔서 딸의 체험활동 질문지에 적힌 영어 문장이 무슨 뜻이냐고 물어보셨습니다. 그 내용은 '태양계에서 가장 큰 행성은 무엇일까요?'와 같은 아주 쉬운 문장이었습니다. 영어 때문에 곤란해 하시는 것 같아서 다른 문장도 해석해 드리고 정답을 찾을 수 있는 힌트도 친절하게 설명해 드렸습니다. 별일은 아니었지만 고맙다고 하시는 아주머니의 모습을 보면서 제가 배운 지식이 실제로 다른 사람에게 도움이 되었다는 사실이 뿌듯했고 보람이 있었습니다. 그리고 과학관에서 과학전람회나 과학 체험전 같은 큰 행사가 있을 때에는 주차안내를 했었습니다. 햇볕 아래 계속 서 있는 것이 다리도 아프고 힘들었지만 지나가면서 수고한다고 격려해 주시는 분들도 있어서 보람이 있었습니다. 그리고 이렇게 규모가 큰 행사의 안전하고 원활한 진행을 위해서 알게 모르게 힘쓰시는 분들이 있다는 것을 알게 되었습니다.

3. 학교생활 중 배려, 나눔, 협력, 갈등 관리 등을 실천한 사례를 들고, 그 과정을 통해 배우고 느낀 점을 기술해 주시기 바랍니다. (1,000자)

　○○연구보고서대회 참가

　1학년 때 교내 ○○연구보고서대회에 참가하였습니다. 3명이 1조가 되어서 과학 분야의 주제를 선정하여 연구보고서를 제출하고 발표하는 대회였는데 팀을 구성하여 신청을 하기는 했지만 조원들의 관심 분야가 서로 달라서 주제 선정부터 갈등이 있었습니다. 저는 생물에 관심이 있고 다른 친구는 물리에 관심이 있었기 때문에 서로 타협점을 찾지 못하였습니다. 대회를 앞두고 수련회와 같은 학교행사들이 많이 겹쳐 있어서 함께 만나서 준비를 할 기회도 별로 없었습니다. 대회가 1주일 정도 남았을 때 제가 주제를 양보하였고 조원들은 제게 연구 내용을 결정하게 해주었습니다. 그래서 물리 분야의 금속에 따른 진동수와 음파를 주제로 선정하게 되었습니다. 저는 실험 설계와 실험을 수행하는 역할을 맡았습니다. 조원들도 협력을 잘해 줘서 짧은 기간 동안 준비했지만 장려상을 받을 수 있었습니다. 저는 제 주장만을 내세우기보다는 다른 친구들을 배려하고 서로 협력했을 때 더 나은 결과가 나올 수 있다는 것을 알게 되었습니다.

학습 멘토링

교과학습동아리 한우리에서 매주 토요일과 학교 일과 중 쉬는 시간이나 야간 자습시간에 학습부진학생과 1:1 결연을 맺어 멘토로서 학습도우미활동을 하였습니다. 멘티가 된 친구에게 수학, 영어, 과학 등 여러 교과목의 문제들을 함께 풀이하면서 학습을 도와주었습니다. 한번은 제 멘티에게 수학문제 풀이를 가르쳐 주었더니 그 친구는 제가 가르쳐 줄 때에는 알겠다고 고개를 끄덕여서 이해한 것처럼 보였는데 나중에 보니 그 문제를 이해하지 못해서 해답지를 찾아보고 있었습니다. 그래서 제가 설명이 어려웠냐고 물어보았더니 제 멘티는 중간에 설명을 따라가지 못해서 놓쳤다며 무안해하였습니다. 이 말을 듣고 저는 제가 멘티를 배려하지 않고 제 기준에 맞춰서 설명을 하면 도움이 되지 않는다는 것을 알게 되었습니다. 그 뒤로 저는 설명을 해줄 때에 멘티의 입장에서 이해할 때까지 기다려 주고 어려운 문제는 함께 풀며 배려와 협력을 배울 수 있었습니다.

■ **작성 사례: 성균관대학교 전자전기컴퓨터공학계열**

2015학년도 대입전형 수시지원카드

국영수과 (내신)	모의고사 성적현황	국어 (A형)	수학 (B형)	영어	탐구1 (화학Ⅰ)	탐구2 (생명과학Ⅰ)	합(탐구는 2과목 평균값)
(1.55) 등급	3월 모의고사 백분위	90	84	95	90	91	360
	4월 모의고사 백분위	91	88	98	91	96	371
	6월 모의평가 백분위	97	74	97	81	89	343
	백분위 중 최댓값	97	88	98	91	96	376.5
	백분위 중 최솟값	90	74	95	81	89	344

순	지원 수준 (소신) (적정) (안정)	지원 대학	학과 (학부)	계열 (인문) (자연) (예체)	전형 명칭	모집 인원	전년도 경쟁률	수능최저 학력기준	대학별 환산 등급	대학별 환산점수 (득점/ 배점)	대학별 고사일 (월/일)
1	소신	성균관 대학교 (자연 과학)	전자전기 컴퓨터 공학계열	자연	논술 우수	100	37.4:1	국어A, 수학B, 영어, 과학탐구(2과목) 총 5개 중 3개 등급 합 6 이내	1	20 / 20	11/16
2	소신	고려 대학교 (안암)	전기전자 공학부	자연	일반 전형 (논술)	55	39.6:1	국어A, 수학B, 영어, 과학탐구(2과목) 중 2개 영역 이상 2등급 이내(수학B, 과탐 영역 반드시 포함)	1.58	449.93 / 450	11/15
3	소신	서강 대학교	기계 공학계	자연	논술	30	52:1	국어A, 수학B, 영어, 과학탐구(2과목 평균) 중 2개 영역 이상 각 2등급 이내(수학B, 과탐 중 1개 이상은 반드시 2등급 이내이어야 함)	1.59	200 / 200	11/15
4	소신	한양 대학교 (서울)	융합전자 공학부	자연	논술	25	73.8:1	없음.	–	–	9/28

순	전형방법		전형요소 및 비율						
			서류(%)				면접 (%)	논술 (%)	적성 (%)
			학생부		자소서	추천서			
			교과	비교과					
1	일괄합산		40					60	
	단계별	1단계(배수)							
		2단계							
2	일괄합산		55					45	
	단계별	1단계(배수)							
		2단계							

3		일괄합산	40				60	
	단계별	1단계(배수)						
		2단계						
4		일괄합산	50				50	
	단계별	1단계(배수)						
		2단계						

■ 상담의 실제

위 학생은 내신등급 1.55등급으로 이공계열 진학을 목표로 하고 있었다. 모의고사 성적도 줄곧 상위 성적을 거두고 있어(모의고사 3회 등급 평균 1.92) 정시까지도 기대해볼 수 있을 것으로 판단하여 수시 4곳을 지원하기로 하였다. 서울 주요대학 진학을 목표로 하고 있는데 현재의 내신 등급으로는 학생부교과전형에 지원하기에 무리이고, 학생부종합전형으로 지원하자니 수상실적 등의 비교과 영역에 대한 준비가 되어 있질 않았다. 다행히 2학년 말부터 논술 준비를 차근차근 해왔고, 수능을 통해 수능최저학력기준을 목표로 공부에 매진하는 전략을 수립하였다.

지원 1~3순위는 위 학생과 같이 내신등급이 불리한 학생들이 전형적으로 지원하는 대학엘 논술전형에 지원하였다. 관건은 높은 수능최저학력기준은 국어A, 수학B, 영어, 과학탐구(2과목) 총 5개 중 3개 등급 합 6 이내를 만족해야 하는데 이 기준은 지원 학생이 그간의 3회 모의고사 동안 줄곧 맞춰 왔다. 논술 응시 일자는 수능 이후로 부담이 없었기에 적극적으로 지원하도록 지도하였다. 다만 고려대학교와 서강대학교 대학별 시험일자가 겹치는데 막판까지 고민하고 한 곳에 응시하려고 하였다.

지원 4순위 한양대학교 융합전자공학부 논술전형에 지원하였는데 작년 경쟁률이 약 74:1로 매우 높았다. 올해는 최저학력기준도 없고 다른 대학과 차별화하여 수능에 앞서 일찌감치 시험을 치르므로 상위권 학생들이 자신의 실력을 가늠하고자 대거 몰릴 것으로 생각되었다.

각 대학별 논술 출제 경향은 아래와 같다.

- 성균관대학교: 수학, 과학 교과, 수학 2문제+과학 2문제(물리Ⅰ, Ⅱ/화학Ⅰ, Ⅱ/생명과학Ⅰ, Ⅱ 6개 과목 중 2개 과목 선택: 시험 당일 문제지 수령 후 선택), 시험 시간: 120분
- 고려대학교: 필수(수학), 선택(물리, 화학, 생명과학, 중 택1), 시험 시간=100분
- 서강대학교: 수리 관련 제시문과 논제(문항 1, 2 분량 제한 없음), 시험 시간=100분
- 한양대학교: 수학B, 수리 논술로 고등학교 수학의 다양한 주제들을 통합교과적으로 출제하며, 단답형 문제를 지양하고 학생들이 수학교과서에 있는 정의들을 기본으로 하여 제시문을 이해하고 이를 바탕으로 창의력을 발휘하여 논리적으로 문제가 요구하는 결론에 도달할 수 있는지를 측정하는 수리논술, 시험 시간=75분

■ 수시 결과

순	지원 대학	학과 (학부)	계열 (인문) (자연) (예체)	전형명칭	합격 여부 (최초합격, 후보○, 불합격)	교사 의견
1	성균관 대학교 (자연 과학)	전자전기 컴퓨터 공학계열	자연	논술 우수	불합격	수능최저학력기준은 충족하였으나 수능 결과가 기대했던 것보다 잘 나와 대학별 고사 미응시에 따른 불합격
2	고려 대학교 (안암)	전기전자 공학부	자연	일반전형 (논술)	불합격	수능최저학력기준은 충족하였으나 논제에 대한 이해 부족으로 정답 기술이 미비했다고 함.
3	서강 대학교	기계 공학계	자연	논술	불합격	수능최저학력기준은 충족하였으나 수능 결과가 기대했던 것보다 잘 나와 대학별 고사 미응시에 따른 불합격
4	한양 대학교 (서울)	융합전자 공학부		논술	불합격	긴장을 많이 했고 논제 파악이 어려워 제대로 된 답변 기술을 하지 못했다고 함.

위 학생은 실제 수능에서 아래의 성적을 거두었다.

국어			수학			영어			화학 I			생명과학 I		
표준점수	백분위	등급	표준점수	백분위	등급	표준점수	백분위	등급	표준점수	백분위	등급	표준점수	백분위	등급
130	98	1	122	91	2	132	98	1	64	92	2	68	98	1

■ 정시지원 및 결과

가. 지원자 취득 수능 성적

국어			수학			영어			생명과학 I			화학 II		
표준점수	백분위	등급	표준점수	백분위	등급	표준점수	백분위	등급	표준점수	백분위	등급	표준점수	백분위	등급
130	98	1	122	91	2	132	98	1	64	92	2	68	98	1

나. 전형 지원 현황

구분	지원 수준 (소신) (적정) (안정)	지원 대학	학과 (학부)	계열 (인문) (자연) (예체)	전형 명칭	모집 인원	활용 점수	대학수학능력 시험 성적 반영방법 (영역별 반영비율)	대학별 환산점수 (배점/ 만점)	합격 여부
가	적정	성균관대학교 (자연과학)	전자전기컴퓨터공학계열	자연	일반전형	46	표준점수+변환표준점수	(국어영역표준점수×1.0)+(수학영역표준점수×1.5)+(영어영역표준점수×1.0) +(과학탐구영역 2개 과목 변환표준점수 합×1.5)	646.765 / 1,000	최초 합격

구분		대학교	모집단위	계열	전형	인원	반영방법	점수	합불	만점
나	소신	연세 대학교 (신촌)	전기전자 공학부	자연	일반 전형	84	표준 점수	국어 A형 표준점수 +수학 B형 표준점수*3/2+영어 표준점수 +탐구영역 변환점수 탐구영역 환산 점수 =과학탐구 변환점수표의 백분위에 해당하는 점수를 활용하며 응시한 2과목의 변환점수 총점×3/2 수능반영 성적=영역별 환산 점수의 합(국어+수학+영어+탐구)× 900/1000	579.348 900	추가 합격
다	소신	계명대 학교	의예과	자연	일반 전형	34		① 영역별성적=백분위점수×가중치×가산비율 ② 영역별성적 평균 [인문 · 자연계열]=(국어+수학+영어+$\frac{탐구1 + 탐구2}{2}$)÷ 4 [예 · 체능계열]=(국어/수학(택 1)+영어+$\frac{탐구1 + 탐구2}{2}$)÷3 * 탐구영역 2과목 평균 시 소수점 이하 자릿수는 그대로 반영함. ③ 전형유형별 반영점수=영역별 성적 평균×전형 유형별 수능 반영비율	953 1,000	불합격

■ **작성 사례: 이화여자대학교 환경식품공학부**

2015학년도 대입전형 수시지원카드

국영수과 (내신)	모의고사 성적현황	국어 (A형)	수학 (B형)	영어	탐구1 (화학Ⅰ)	탐구2 (생물Ⅰ)	합(탐구는 2과목 평균값)
(2.22) 등급	3월 모의고사 백분위	99.34	93.73	96.27	89.99	93.13	380.9
	4월 모의고사 백분위	93.6	94.2	99.7	95.3	98.8	384.55
	6월 모의평가 백분위	92	92	91	95	89	367
	백분위 중 최댓값	99.34	94.2	99.7	95.3	98.8	390.29
	백분위 중 최솟값	92	93.73	91	89.99	89	366.225

순	지원 수준 (소신) (적정) (안정)	지원 대학	학과 (학부)	계열 (인문) (자연) (예체)	전형 명칭	모집 인원	전년도 경쟁률	수능최저 학력기준	대학별 환산 등급	대학별 환산점수 (득점/ 배점)	대학별 고사일 (월/일)
1	안정	이화 여자 대학교	환경식품 공학부	자연	미래인재 (종합)	26	7.76:1	국A, 수B, 영, 과 (평균) 2개 영역 2등급	1.38	298.7327 / 300	10/25~ 26(일)
2	적정	경희 대학교 (국제)	식품생명 공학과	자연	네오르네 상스(종합)	7	9.5:1	없음.	2.12	679.31 / 700	10/25~ 26(일)
3	적정	경희 대학교 (국제)	식품생명 공학과	자연	학교생활 충실자 (종합)	4	5.4:1	없음.	2.12	679.31 / 700	10/25~ 26(일)
4	소신	성균관 대학교	자연과학 계열	자연	논술위주 (논술우수)	100	51.6:1	국A, 수B, 영, 과 (2과목) 5과목 중 3과목 합 6	1.5	18.75 / 20	11/26(일)
5	소신	중앙 대학교	화학과	자연	논술 전형	7	77.83:1	국A, 수B, 영, 과 (1과목) 2개 2등 급(수B, 과탐 중 1개 포함)	1.48	19.9616 / 20	11/23(일)
6	소신	서강 대학교	화학과	자연	학생부 교과	12	18.2:1	국A, 수B, 영, 과 (평균) 2개 2등급 (수B, 과 중 1개 포함)	2.12	750 / 750	없음.

순	전형방법		전형요소 및 비율					면접 (%)	논술 (%)	적성 (%)
			서류(%)							
			학생부		자소서	추천서				
			교과	비교과						
1		일괄합산								
	단계별	1단계(3.5배수)	서류(학생부, 자소서, 추천서) 100							
		2단계	서류 80					20		
2		일괄합산								
	단계별	1단계(3배수)	서류(학생부, 자소서, 추천서) 100 *추천서는 선택							
		2단계	서류 70					30		

3	일괄합산		학생부 70+서류(자소서, 추천서) 30 *추천서는 선택			
	단계별	1단계				
		2단계				
4	일괄합산		학생부 40 (학생부 의미 없음)		60	
	단계별	1단계				
		2단계				
5	일괄합산		학생부 40(교과 20, 비교과 20)		60	
	단계별	1단계				
		2단계				
6	일괄합산		학생부 75+서류(자소서, 추천서) 25			
	단계별	1단계				
		2단계				

■ 상담의 실제

이 학생은 식품유통회사를 운영하시는 아버지의 영향으로 어렸을 때부터 식품에 대한 관심이 굉장히 컸다. 진로는 이때 이미 정해졌다. 그러다 보니 굉장히 편안히 수시를 준비할 수 있었다. 친구들이 대학과 학과 때문에 고민할 때 이 학생은 그런 고민이 없었고, 친구들이 자기소개서로 골머리를 앓을 때 이 학생은 그런 고민이 없었다. 추천서도 평소 좋은 관계를 유지하면서 지낸 화학 선생님에게 부탁하여 간단히 마무리했다(화학 선생님이 추천서를 대충 써줬다는 말이 아니라 누구에게 부탁할지 고민하는 다른 학생들에 비해 그렇지 않았다는 의미). 하지만 명확한 꿈이 원서를 쓸 때 안 좋은 점도 있었다. 이 학생은 '식품'이 들어간 학과, 그와 연관된 공부를 할 수 있는 학과만을 고집했는데, 그러다 보니 담임이 판단하기에 보다 높은 학과를 지원할 수 있음에도 지원하지 않았다. 결국 자신이 원하는 학과에 대한 지원이 하향지원 같은 모양새를 띠었다.

그 하향지원 같다고 판단한 곳이 이화여자대학교 환경식품공학부와 경희대학교 식품생명공학과였다. 이 두 곳을 하향지원으로 판단한 근거는 학생의 내신이 준수하지는 않지만 그렇다고 크게 모자라지도 않는다고 판단했고, 두 곳 모두 서류 비중이 높았기 때문이었다. 이 학생은 과학 동아리활동을 1학년 때부터 열심히 했고,

그에 관한 얘깃거리가 풍부했다. 또한 모의면접을 해보면 전공에 대한 준비, 열정 등이 아주 잘 드러났다. 두 대학 모두 최초합격을 했다. 경희대학교 같은 학과의 학교생활충실자전형은 불합격으로 나오는데, 이는 한 학과에 복수지원할 때 한 전형에 합격하면 다른 한 전형은 자동으로 불합격처리가 되기 때문이다.

'식품'이 들어가진 않았지만 비슷한 계열이라고 생각해서 쓴 곳이 성균관대학교 자연과학계열, 중앙대학교 화학과, 서강대학교 화학과였다. 성균관대학교와 중앙대학교는 논술전형이었고, 서강대학교는 교과전형이었다. 성균관대학교 같은 경우는 할 말이 많다. 성균관대학교 논술전형은 내신 성적이 거의 의미 없다. 따라서 논술 시험이 중요한데, 문제는 이 시험이 대체로 쉽게 출제된다는 데에 있다. 올해도 역시 쉬운 논술이었다. 이 학생 역시 못 푼 문제가 없었다고 했는데, 문제가 너무 쉬워 학생의 말을 의심할 수도 없는 상황이었다. 내신은 의미가 없고, 논술은 다 풀었다면, 이 학생은 합격해야 맞다. 하지만 불합격했다. 일각에선 성균관대가 논술전형의 수능 최저를 자격요건으로만 보지 않는 것 같다는 문제제기를 하는데, 이 부분에 대한 충분한 해명이 있으면 하는 바람이다. 고등학교 진학실과 수험생들에겐 풍문도 큰 무게로 다가올 때가 많다. 풍문이라면 바로잡아야 하고, 그래야 일선에서도 입시지도를 하는 데에 혼선이 생기지 않을 것 같다.

중앙대학교 논술 시험은 경희대 합격 결과가 나온 이후여서, 학생이 응시하지 않았다. 게다가 중앙대학교는 화학과였기 때문에 학생이 합격을 하더라도 크게 가고 싶은 곳이 아니기도 했다. 서강대학교 같은 경우는 어려울 것으로 생각했다. 교과 전형이었고(서류평가가 중요하긴 하지만), 뽑는 인원도 그리 많지 않았기 때문이다. 예상대로 불합격했다. 서강대학교를 불합격하리라 생각하고 지원했던 이유는 위에서 언급한 대로 꿈이 너무 확실했기 때문이다. '식품'이 아니면 아무런 흥미를 보이지 않았기 때문에 선택지가 한정된 상황이었다. 이화여자대학교나 경희대학교의 다른 학과를 지원해 보는 것도 괜찮은 방법이었으나, 학생의 구미엔 맞지 않았다. 사실 중앙대학교에 지원한 것도 한정된 조건에서 억지로 끼워 넣은 성격이 강하다.

입시지도를 하다 보면, 조금 불편한 두 유형이 있다. 하나는 너무 꿈이 불확실한 경우이다. 도대체 어디서부터 상담을 시작해야 될지 모르겠다. 이런 학생들은 대개 부모님들도 그러해서 담임만 바라보고 있다. 담임 입장에선 부담스럽고, 결국 내신이든 수능이든 점수에 맞춘 지원을 제안할 수밖에 없다. 그리고 이런 경우 많은 학생들이 대학에 잘 적응을 하지 못한다. 다른 하나는 이 학생처럼 너무 꿈이 확실한 경우이다. 막상 대학을 가 보면 고등학생 때 생각했던 것과 너무도 다른 상황이 펼쳐지는데 아직 어린 학생들은 그에 대한 생각까지는 잘 못 한다. 그래서 여러 가능성을 염두하고 상담을 하고자 하는 담임교사의 말을 잘 받아들이지 않는다. 내 말이 틀릴 수도 있지만 개인적인 경험으로 비추어 보면, 고등학생 때 생각하던 대학과 실제 가서 경험해 본 대학은 많이 달났다. 이 글을 읽는 수험생들은 꿈이 너무 불확실해서도 안 되겠지만, 꿈을 너무 협소하게 갖고 가지 않기를 또한 바란다. 인생은 길다.

■ 수시 결과

순	지원 대학	학과 (학부)	계열 (인문) (자연) (예체)	전형명칭	합격 여부 (최초합격, 후보○, 불합격)	교사 의견
1	이화 여자 대학교	환경식품 공학부	자연	미래인재 (종합)	최초합격	무난히 합격할 것으로 예상했고 합격했음.
2	경희 대학교 (국제)	식품생명 공학과	자연	네오르 네상스 (종합)	최초합격	무난히 합격할 것으로 예상했고 합격했음.
3	경희 대학교 (국제)	식품생명 공학과	자연	학교생활 충실자 (종합)	불합격	무난히 합격할 것으로 예상했고 합격했음.
4	성균관 대학교	자연과학 계열	자연	논술위주 (논술우수)	불합격	문제를 다 풀었다는 학생의 말을 신뢰한다면 이해가 잘안 되는 결과가 나옴.
5	중앙 대학교	화학과	자연	논술전형	미응시	미응시
6	서강 대학교	화학과	자연	학생부교과	불합격	지원자들의 수준이 높을 것으로 생각해 큰 기대는 하지 않았음.

■ 자기소개서 및 추천서(경희대학교)

〈자기소개서〉

1. 고등학교 재학기간 중 학업에 기울인 노력과 학습 경험에 대해 배우고 느낀 점을 중심으로 기술해 주시기 바랍니다. (1,000자 이내)

이온화 에너지는 기체상태의 중성원자가 전자를 떼어 낼 때 흡수하는 에너지를, 전자 친화도는 전자를 받아들일 때 방출하는 에너지를 말합니다. 저는 이 개념을 배운 후 'give and take'라는 말이 떠올랐습니다. 원자가 전자를 내놓은 대신에 에너지를 가져가고, 반대로 전자를 얻어갈 때는 에너지를 내놓는 모습이 마치 자신이 갖고 있던 것을 주고 상대방의 다른 것을 가져가는 약간은 계산적인 사람의 모습을 닮았다는 생각이 들었습니다.

저는 이처럼 화학적인 개념을 사람관계나 일상생활에 투영시키는 것을 좋아했습니다. 이런 사고방식을 더 넓히고 싶었던 저는 『화학에서 인생을 만나다』라는 책을 찾아 읽었습니다. '화학과 우리 삶은 닮아 있다'라는 생각에서 더 나아가 화학 현상을 통해 '자신과 남을 이해'했던 작가의 경험을 접한 후, 화학이 훨씬 친근하게 느껴졌습니다. 저는 이런 사고방식을 좀 더 확장시켜 공부에도 적용시켰습니다. 그냥 공부할 때보다 개념을 더 쉽게 이해하고 오래 기억할 수 있었고 무엇보다 화학공부가 훨씬 즐거웠습니다. 화학에 깊은 흥미가 생긴 저는 3학년이 되어 과학 전체를 얕게 아우르는 공부를 했던 1, 2학년 때와는 달리 더 세부적이고 심화적인 내용을 탐구하고 싶었습니다. 따라서 저는 친구들과 함께 'ㅇㅇ'이라는 동아리를 만들었습니다. 책 『캠벨생명과학』과 『줌달의 일반화학』에서 공부하고 싶은 단원을 선정하고 그와 관련된 내용 중 더 알고 싶은 것을 추가로 조사하여 발표하는 활동을 했습니다. 발표 후엔 궁금한 점을 이야기하며 교육과정 이상의 심화적인 내용을 익혔습니다. 저는 식품화학 분야에 흥미가 있었기 때문에 화학 발표 때는 산성 식품과 염기성 식품을, 생물 발표 땐 발암물질을 추가로 조사하여 발표했습니다. 우리가 흔히 탄 음식을 발암물질이라고 말하는 이유를 친구들에게 전했을 때는 저 자신이 뿌듯했습니다. 또한 발표준비를 위해 식품화학사전, 식품영양학사전, 식품첨가물사전 등을 찾고 대학교수님들의 글을 읽으며 식품화학 분야에 대한 지식을 쌓을 수 있었습니다.

2. 고등학교 재학기간 중 본인이 의미를 두고 노력했던 교내 활동을 배우고 느낀 점을 중심으로 3개 이내로 기술해 주시기 바랍니다. 단, 교외 활동 중 학교장의 허락을 받고 참여한 활동은 포함됩니다. (1,500자 이내)

과학도의 길을 걷기 위한 준비와 경험이 필요했던 제게 교내 과학 동아리 'ㅇㅇ'는 최고의 기회였습니다. 동아리에서 했던 많은 실험 중 가장 기억에 남는 것은 나일론 합성실험입니다. 밀도가 서로 다른 용액의 계면에서 일어나는 축합중합반응을 통해 나일론 섬유를 만드는 것이 굉장히 흥미로웠습니다. 화학반응을 이용한 기술의 발전은 끝이 없을 것 같았고 저도 후에 그 발전에 일조하고 싶다는 생각이 들었습니다. 또, 천체관측체험을 통해 알게 된 천체현상관측 프로그램 '스텔라리움'을 집에서 직접 실행해 보며 과학 발전을 위해선 이론의 정립뿐만 아니라 기기와 프로그램의 개발도 중요하다는 것을 깨달았습니다. 이 외에도 많은 실험과 해부, 동아리발표대회, 과학영화감상, 토의, PPT발표 등의 동아리활동과 조장으로서 조원들을 이끌고 실험원리를 설명해 주며 과학에 대한 흥미는 물론이고 책임감, 열정, 창의력 등 과학적인 소양과 능력을 키웠습니다.

동아리활동과 과학 공부를 열심히 한 결과 2학년 때 학교 대표로 'ㅇㅇ대회'에 참가하는 기회를 얻었습니다. 2인 1조의 한 팀으로 참가한 이 대회는 지필시험과 탐구 실험(실험설계, 진행, 보고서작성)으로 이뤄졌습니다. 개인적으로 준비해 가야 했던 것은 아날로그회로시험기였고 그것은 곧 물리실험의 출제를 의미했습니다. 하지만 저희 학년은 물리를 배우지 않았기 때문에 대회를 준비하며 학교 물리선생님께 많은 도움을 받았습니다. 2주 동안 야간자율 학습시간이나 동아리시간에 물리 개념과 실험 장비의 사용법을 익히고 출제될 실험을 추측하여 직접 연습해 보았습니다. 실제 대회에선 예상과 다소 다른 실험이 출제되어 당황했지만 친구와 협력한 덕분에 실험과 보고서 작성을 시간 안에 마무리할 수 있었습니다. 이 과정은 협업의 중요성을 일깨워 주었고, 특히 다른 학교 학생들과의 경쟁은 제 부족함을 깨닫는 계기가 되었습니다.

수학학원을 다니지 않았던 저는 2학년이 된 후 훨씬 빨라진 수업 진도를 따라가기에 바빴고 문제를 보면 어떻게 접근해야 할지 감을 잡지 못했습니다. 저는 1학년 때 했던 점심시간 영어 스터디 그룹이 떠올랐습니다. 친구들과 토의를 하며 다양한 사고방식을 접하고 개념을 정리할 수 있었습니다. 수학 교과의 개념정리와 사고 능력이 필요했던 저는 2학년 여름방학 때 친구들과 주말 수학토의그룹을 만들었습니다. 매주 토요일 2시간씩 빈 교실에 모여 '왜 함수가 증가함수이면 도함수가 0보다 클 때가 아니라 0보다 크거나 같을 때이냐?'와 같이 궁금한 것을 맘껏 질문하고 토의하는 시간을 가졌습니다. 14개월 간 지속된 이 활동은 수업시간에 배운 내용을 정리하고 심화하는 데 큰 도움이 되었습니다. 하나의 문제를 오랫동안 고민하며 수학적으로 생각하는 힘을 길렀고 덕분에 수학에 대한 자신감도 생겼습니다. 비록 문제를 해결하는 속도가 느려 교내 정기고사에서는 낮은 성적을 받았지만, 이 활동 덕분에 비교적 시간이 넉넉한 모의고사와 교내경시대회에선 좋은 결과를 얻을 수 있었습니다.

3. 학교생활 중 배려, 나눔, 협력, 갈등 관리 등을 실천한 사례를 들고, 그 과정을 통해 배우고 느낀 점을 기술해 주시기 바랍니다. (1,000자 이내)

진로와 공부 문제를 상담하고 궁금증을 해결해 줄 수 있는 존재. 진로문제로 고민이 많았던 제게 매우 필요한 존재였습니다. 저와 같은 아이들에게 '친한 언니같이 편하고 든든한 상담사가 되어 주자!'라는 생각으로 친구 2명과 함께 학습 멘토링 봉사 '◇◇'에 참여했습니다. ◇◇은 저희 ★★고학생이 ★★중학생의 멘토가 되어 주는 교육봉사로 매주 토요일 2시간씩 중학생 4명과 함께 여중 교실에서 진행되었습니다. 첫날, 아이들과 '이 시간을 어떻게 활용하는 것이 좋을까'에 대해 상의한 결과 저희 언니들은 각자 잘하는 과목을 2개씩 담당하여 책임지고 가르치게 되었습니다. 저는 비교적 성적이 잘 나오던 과학과 영어를 맡았습니다. 아이들이 평소 공부하면서 이해하기 힘들었던 부분을 말해 주면 저는 제가 중학교 때 봤던 참고서로 그 부분을 공부하여 다음 주에 가르쳐 줬습니다. 특히, 물리부분인 '일과 일률'에 관련된 공식을 이해하기 힘들어하는 아이들과 'W=FS'라는 기본 공식이 나오게 된 이유를 함께 생각해 보고 그 공식이 응용된 여러 가지 문제를 풀어 보기도 했습니다. 또, 영어 어휘가 약했던 아이들과 상의하여 일주일에 영단어 100개씩을 외우기로 했습니다. 매주 외울 단어 100개씩을 선별하여 나눠 주고 일주일 후 100개 모두 시험을 봤습니다. 아이들의 실력이 향상되어 갈수록 수업과 단어를 준비하는 것이 즐거워졌습니다. 아이들이 지 덕분에 시험 문제를 맞혔다고 말할 때는 엄청난 뿌듯함을 느끼기도 했습니다. 진로에 대한 고민도 공부에 대한 것에 버금가게 많았습니다. 중학교 3학년들이라 인문계와 실업계의 선택과 고등학교 공부에 대한 걱정이 가장 컸습니다. 대부분 저도 많이 했던 고민들이라 쉽게 그 심정을 이해하고 함께 이야기할 수 있었습니다. 재능 기부 형식의 교육봉사를 통해 ◇◇에서 아이들을 가르치고, 그들의 고민을 들어주며 보람을 느꼈을 뿐만 아니라 책임감과 다른 사람의 고민에 공감하는 자세를 배울 수 있었습니다.

4. 지원자의 교육환경(가족, 학교, 지역 등)이 성장과정에 미친 영향과 지원 학과에 지원한 동기, 입학 후 학업(진로)계획에 대해 기술하세요. (1,500자 이내)

식품유통회사를 운영하시는 저희 아버지께선 회사에 들어온 신제품을 집에 자주 가져오셨고 저는 그것을 항상 맛보고 평가했습니다. 많은 양의 가공식품을 접하면서 '이 제품은 왜 동결건조를 시킨 거지?', '왜 이런 포장을 한 걸까?'와 같은 생각을 하곤 했습니다. 제품포장에 쓰여 있는 '원재료 및 함량' 표시도 자주 읽었는데, 한 번은 바나나우유의 함량표시를 읽다가 '치자황색소'라는 물질을 보았습니다. 다른 식품에서도 자주 보이던 물질이라 무엇인지 알아보고 싶었습니다. 조사해 본 결과, 치자는 일반적으로 식용보단 염료로 사용되며, 심지어 일본에서는 위험물질로 분류되는 열매였습니다. 충격이었습니다. 그 이후에 찾아본 카라기난, 아질산나트륨 등의 첨가물들 역시 몸에 해로운 물질들이었습니다. 여태껏 그것들을 먹어 온 양을 생각해 보니 아찔했습니다. 저는 곧바로 가공식품의 실태가 적힌 책을 찾아 읽었습니다. 『과자, 내 아이를 해치는 달콤한 유혹』, 『인간이 만든 위대한 속임수, 식품첨가물』을 읽으며 생각보다 훨씬 더 위험한 식품 시장의 현실에 큰 충격을 받았습니다. 저는 그 현실을 바로잡고 싶다는 생각이 들었습니다. 그러기 위해서는 우선 식품의 전반적인 것에 대한 자세하고 정확한 배움이 필요하다는 생각이 들었습니다. 그 배움에 이르게 해줄 학과가 바로 식품생명공학과라는 사실을 알게 된 저는 2학년 때 경희대학교 생명과학대학에서 주최한 경희대학교 OPEN CAMPUS 전공체험교실에 참가하여 식품생명공학과에 대한 이해와 직접적인 체험을 했습니다. 그 경험을 통해 저는 경희대학교 식품생명공학과에 진학하여 식품생명공학분야를 주도하는 인물이 되리라 다짐했습니다.

귀 대학에 진학한 후 제 학업(진로)계획은 다음과 같습니다. 먼저, 1학년 땐 전공의 기초가 되는 교양과목 공부와 영어 공부에 집중할 것입니다. 세계 시장에서 필수적인 영어 능력을 신장하여 경희대학교의 'Towards Global Eminence'에 걸맞은 국제 인재로 성장하고 싶습니다. 2학년 때에는 전공공부를 하며 제2외국어로 일본어를 공부하고 싶습니다. 일본은 식품 문화가 선진화되어 있는 나라 중 우리나라와 가장 많은 영향을 주고받는 나라이기 때문입니다. 3학년이 되어서는 식약청에서 주관하는 HACCP 기자단에 지원할 것입니다. 제가 식품생명공학을 희망한다는 사실을 아신 아버지께선, 추진 중이시던 식품공장의 HACCP 인증을 받기 위한 제조공정도를 보여 주셨습니다. 평소 HACCP에 대해 잘 알지 못했던 저는 아버지 덕분에 HACCP에 대해 찾아보았습니다. 가장 믿을 만한 위생관리시스템임에도 불구하고 낮은 인지도 때문에 더 널리 적용되어 있지 않다는 생각이 들었습니다. 따라서 저는 HACCP 기자단이 되어 HACCP에 관한 지식을 쌓고 인지도를 높이는 활동을 하고 싶습니다. 마지막으로 4학년 땐 위생사, 식품기사 등의 자격증을 취득하여 전문성을 더하고 싶습니다. 졸업 후엔 유해한 식품첨가물의 대체물질을 연구하여 인류의 식생활을 개선하고, 안전하고 효율적인 식품시장을 만드는 데 힘쓰고 싶습니다.

〈추천서〉

1. 지원자의 학업 관련 평가에 추가적으로 고려할 만한 사항이 있는 경우 기술해
   주시기 바랍니다. (250자 이내, 개조식으로 기술 가능)

지원자의 학습에 대한 열정적인 모습은 수업 중에 가장 두드러지게 나타났습니다. 수업 중 가장 활발하게 응답하고 질의하였으며 이 모습이 같은 반 학우들에게 긍정적인 영향을 끼쳤습니다. 또한 자신만의 계획을 세워 공부하는 중에 담당교사와 계속 피드백 하여 효과적인 학습법을 찾아가는 기특한 학생입니다. 3학년이 되어 노력에 비해 결과가 나오지 않았지만 낙심하는 기색 없이 오히려 더욱 열심히 하는 모습을 보이는 지원자에게 아낌없는 박수를 보내고 싶습니다.

2. 지원자의 인성 및 대인 관계에 추가적으로 고려할 사항이 있는 경우 사례를
   기술해 주시기 바랍니다. (250자 이내, 개조식으로 기술 가능)

지원자는 주어진 일은 어렵더라도 책임감을 가지고 수행하여 학우들의 신망이 높은 학생입니다. 3년간의 과학 동아리활동에 있어서도 가장 손이 많이 가는 활동 자료집의 편집을 끝까지 해내는 모습에서 이를 엿볼 수 있었습니다. 또한 재능기부 형식의 봉사활동 '○○'에 참여하여 중학생 멘티를 돌보며 나눔과 배려를 실천하였습니다. 성실함과 책임감을 두루 갖춘 이 학생은 장차 사회의 발전에도 크게 기여할 인재가 될 것이라 기대합니다.

3. 지원자를 평가하는 데 도움이 되는 내용을 기술해 주시기 바랍니다. (1,000자
   이내)

지원자의 강점은 진로에 대한 뚜렷한 인식과 의지입니다. 자신의 흥미를 일찍 자각하고 고등학교 2학년 때부터 식품 공학에 대한 꿈을 키워왔습니다. 진로와 관련한

도서들을 찾아 읽었고 자신의 진로에 대해 선생님과 깊게 상담하기도 했습니다.

　지원자는 과학에 재능이 있는 학생입니다. 화학, 생명과학의 교과성적이 다른 과목에 비해 우수하고 창의력도 뛰어나 교내 화학, 생명과학 경시대회에서 수상하였습니다. 그뿐만 아니라 교과 외적 활동도 활발히 참여했습니다. 1, 2학년 때는 과학 동아리 ○○에서 과학적 소양을 함양했습니다. 발표를 맡은 실험은 전날 저녁까지 예비실험을 하는 열정을 가진 기특한 학생입니다. 2학년 때에는 조장으로 활동하면서 실험에 서툰 1학년 학생들을 다독이며 리더십과 배려심을 키웠습니다. 연말에 활동 자료집을 만들 때에는 동아리원들의 실험보고서, 발표 자료를 수합하는 일부터 편집까지 일련의 과정에 크게 기여했습니다. 컴퓨터를 잘 다루는 학생이어서 다른 학생보다 더 많은 고생을 해야 했지만 불평하지 않고 오히려 기쁜 마음으로 해내는 모습이 인상 깊었습니다.

　3학년 때에는 '◇◇과수원'이라는 과학 동아리를 조직하여 활동하였습니다. 발암 물질의 발현과정에 대해 궁금증을 갖고 조사 발표하였는데, 탄 음식이 발암물질이 되는 이유와 같이 지원 학생이 평소 관심 있어 하던 식품 화학 분야와 연관 지어 설명하여 동아리원들의 큰 호응을 얻었습니다. 학과 공부 외에 이러한 활동을 한다는 것이 3학년으로서는 쉽지 않은 일이었지만 학기 말에 자료집까지 만들어 내는 열정을 보이며 과학에 대한 애정을 드러냈습니다. 3학년 때 열린 교내 □□ 대회에서 팀장을 맡아 팀원들이 가장 잘할 수 있는 일을 분담해 주고 자유로운 가운데서도 각 팀원이 열심히 할 수 있는 분위기를 조성하기 위해 노력하는 모습이 기억에 남습니다.

　꿈을 향해 한 걸음, 한 걸음 성실히 준비해 온 이 학생은 귀 대학에 진학해서도 성실하게 자신의 길을 갈 것이라 확신하여 추천합니다.

■ 작성 사례: 서강대학교 화공생명공학계열

2015학년도 대입전형 수시지원카드

국영수과 (내신)	모의고사 성적현황	국어 (A형)	수학 (B형)	영어	탐구1 (화학 I)	탐구2 (생명과학 I)	합(탐구는 2과 목 평균값)
(2.1) 등급	3월 모의고사 백분위	92	93	98	93	97	378
	4월 모의고사 백분위	89	97	92	93	95	372
	6월 모의평가 백분위	85	92	91	91	94	360
	백분위 중 최댓값	92	97	98	93	97	382
	백분위 중 최솟값	85	92	91	91	94	360

순	지원 수준 (소신) (적정) (안정)	지원 대학	학과 (학부)	계열 (인문) (자연) (예체)	전형 명칭	모집 인원	전년도 경쟁률	수능최저 학력기준	대학별 환산 등급	대학별 환산점수 (득점/ 배점)	대학별 고사일 (월/일)
1	소신	서강 대학교	화공생명 공학계	자연	논술	34	53.95:1	2개 영역 이상 각 2등급 이내 (수학(B), 과탐 중 1개 이상 반드시 2등급 이내)	2.11	399.72 / 400	11/15
2	소신	성균관 대학교	반도체 시스템 공학	자연	논술 우수	30	37.37:1	수학B, 과탐(1개 과목) 등급 합 3 이내	1.30	400 / 400	11/16
3	소신	부산 대학교	의예과	자연	지역 인재 I (논술)	10	–	국어A, 수학B, 영어, 과탐(2과목 평균)을 응시하고 수학B를 포함한 상위 3개 영역 등급 합이 4 이내	2.09	19.56 / 20	11/22
4	소신	중앙 대학교	에너지 시스템 공학	자연	논술	40	26.24:1	국, 영, 수, 과 2개 영역 2등급 이내 (수학B 또는 과탐 필수)	1.21	39.97 / 40	11/23

순	전형방법		전형요소 및 비율				면접 (%)	논술 (%)	적성 (%)
			서류(%)						
			학생부		자소서	추천서			
			교과	비교과					
1	일괄합산		100(학교소개자료, 활동보충자료포함)						
	단계별	1단계(배수)							
		2단계							
2	일괄합산								
	단계별	1단계(배수)	100						
		2단계	70				30		
3	일괄합산		20						80
	단계별	1단계(배수)							
		2단계							
4	일괄합산								
	단계별	1단계(배수)	80		20				
		2단계	70				30		

■ 상담의 실제

학생부와 학생의 면담 결과 위 학생은 줄곧 의대 진학을 목표로 하고 있었다. 수시 6곳 모두를 의대 논술전형으로 지원하고자 하였는데 논술에 대한 부담감과 준비가 나름 부족하다고 판단하고 있었다.

의대뿐만 아니라 합격 가능성이 높은 공대 쪽에도 진학하려는 의지를 보여서 수시에선 위와 같이 수능최저등급이 다소 높은 공대 계열 쪽으로 지원하고, 의대는 수능 성적이 잘 나오면 원서를 넣는 것으로 진학지도를 하였다. 수능 준비에 집중하기 위해 논술 일자가 수능 이후인 모집전형 4곳을 지원하기로 하였다.

지원 1순위 서강대학교 화공생명공학계열은 모집 인원이 34명이고 전년도 경쟁률은 약 54:1이었다. 수능최저학력기준은 수학B, 과탐 중 1개 이상 반드시 2등급 이내이고, 다른 영역도 2등급 이내를 만족해야 하는데 이 기준은 지원 학생이 3회 모의고사 동안 줄곧 맞춰 왔다. 대학별 환산점수도 만점에 가까운데 논술의 실력으로 판가름 날 것이므로 수능 이후 논술 성적에 기대를 걸어 볼 수 있다.

지원 2순위 성균관대학교 반도체시스템공학계열은 모집 인원 30명에 전년도 경쟁률은 약 38:1이었다. 위 서강대학교보다는 경쟁률이 조금 낮지만 수능최저학력기준이 수학B, 과탐(1개 과목) 합 3 이내로 앞서 서강대보다 다소 높다. 지난 6월 모의평가 성적으론 수능최저학력기준을 넘지 못하였는데 수능 공부에 대한 적절한 자극과 동기부여가 될 수 있을 것으로 기대된다. 논술 시험일이 서강대 다음 날이므로 앞서 시험 치른 기억을 되살려서 부족한 점을 보완한다면 좋은 결과를 기대할 수도 있을 것이다.

지원 3순위는 부산대학교 의예과 지역인재Ⅰ(논술)에 지원하였다. 의대 지원에 대한 미련이 남아 부산대학교 한 곳만을 써 보기로 하였다. 수능최저학력기준 국어 A, 수학B, 영어, 과탐(2과목 평균)을 응시하고 수학B를 포함한 상위 3개 영역 등급 합이 4 이내를 충족한다면 어느 정도 승산이 있을 것으로 생각되었다. 논술 문항 유형은 수학 교과만을 평가하고 출제 방향은 고등학교 수학교과 교육과정 내 출제하여 평가한다고 하였고, 수학교과에 대한 지식 정도와 이해력, 문제 해결능력 및 서술 능력을 평가한다고 하였다. 즉, 수학 문제 풀이의 각 과정에 대한 세부적인 풀이와 다음 단계로 넘어갈 때의 이유(공리, 이론 등)를 꼼꼼히 기술할 필요가 있을 것이다.

지원 4순위는 중앙대학교 에너지시스템공학과를 선정하였다. 모집인원 40명에 전년도 경쟁률은 27:1로 높고, 수능최저학력기준은 서강대학교와 같다. 중앙대학교 논술 일정이 위 지원 중 가장 늦은 11월 23일에 있는데 막판까지 세심한 준비와 집중력이 요구된다.

■ 수시 결과

순	지원 대학	학과 (학부)	계열 (인문) (자연) (예체)	전형명칭	합격 여부 (최초합격, 후보○, 불합격)	교사 의견
1	서강 대학교	화공 생명 공학계	자연	논술	합격	많이 긴장했지만 자신 있는 주제가 논제로 제시되어 작성하는 데 편안했다고 함.

2	성균관 대학교	반도체 시스템 공학	자연	논술우수	불합격	수능최저학력기준은 충족하였으나 논술 문 작성에 어려움이 있었음.
3	부산 대학교	의예과	자연	지역인재 I (논술)	불합격	수능최저학력기준 미충족에 따른 불 합격
4	중앙 대학교	에너지 시스템 공학	자연	논술	불합격	수능최저학력기준은 충족했으나 논술 미응시에 따른 불합격

위 학생은 실제 수능에서 아래의 성적을 거두었다.

국어			수학			영어			화학 I			생명과학 I		
표준 점수	백분위	등급	표준 점수	백분위	등급	표준 점수	백분위	등급	표준점 수	백분위	등급	표준 점수	백분위	등급
123	87	3	125	98	1	125	89	2	64	92	2	66	94	2

3) 한국교원대학교, 수도권 대학교

■ 작성 사례: 한국교원대학교 화학교육과

2015학년도 대입전형 수시지원카드

국영수과 (내신)	모의고사 성적현황	국어 (A형)	수학 (B형)	영어	탐구1 (화학 I)	탐구2 (생물 I)	합(탐구는 2과 목 평균값)
(2.36) 등급	3월 모의고사 백분위	78.74	90.13	95.45	81.08	95.34	352.53
	4월 모의고사 백분위	98.3	86.3	94.5	73.4	70	350.8
	6월 모의평가 백분위	87	74	93	84	77	334.5
	백분위 중 최댓값	98.3	90.13	95.45	84	95.34	373.55
	백분위 중 최솟값	78.74	74	93	73.4	70	317.44

순	지원 수준 (소신) (적정) (안정)	지원 대학	학과 (학부)	계열 (인문) (자연) (예체)	전형 명칭	모집 인원	전년도 경쟁률	수능최저학력 기준	대학별 환산 등급	대학별 환산점수 (득점/ 배점)	대학별 고사일 (월/일)
1	소신	서울 대학교	교육 학과	인문	일반	12	20.5:1	없음.	2.17	91.4643 / 100	11/21(금)
2	적정	진주 교육 대학교	초등 교육과	인문	21세기 형교직 적성자 선발	59		없음(수능 4개 영역 미응시자 는 결격).	2.11	342.915 / 380	10/18~ 19(일)
3	안정	한국 교원 대학교	화학 교육과	자연	학생부 종합우 수자	13	5.3:1	국AB, 수AB, 영, 사과(평균) 4개 영역 합 12	2.17	18.81 / 20	11/22(토)
4	적정	부산 교육 대학교	초등 교육과	인문	초등 교직 적성자	104 (남:여 =37:67)	4.5:1	없음.			10/25(토)
5	적정	춘천 교육 대학교	초등 교육 학과	인문	석우 인재	60	5.3:1	국AB, 수AB, 영, 사과(평균) 3개 영역 합 8(B형 1개 포함)			11/15(토)
6	안정	제주대 학교	초등 교육과	인문	일반 학생	115	12.33:1	국AB, 수AB, 영 3개 영역 합 6(단, 영어 는 2등급 이상)	2.25	974.9 / 1000	없음.

순	전형방법		전형요소 및 비율					면접 (%)	논술 (%)	적성 (%)
			서류(%)							
			학생부		자소서	추천서				
			교과	비교과						
1	일괄합산									
	단계별	1단계(2배수)	서류(학생부, 자소서, 추천서) 100							
		2단계	서류 100					100		

2	단계별	일괄합산					
		1단계(3배수)	학생부40	서류(자소서, 추천서) 60			
		2단계(2배수)	1단계 50		50		
		3단계	서류 100				
3	단계별	일괄합산					
		1단계(3배수)	학생부 29(20점)+서류 71(50점)				
		2단계	1단계 70(70점)		30 (30점)		
4	단계별	일괄합산					
		1단계(2배수)	서류(학생부, 자소서, 추천서) 100				
		2단계	1단계 60		40		
5	단계별	일괄합산					
		1단계(3배수)	서류(학생부, 자소서, 추천서) 100				
		2단계			100		
6	단계별	일괄합산	학생부 100				
		1단계					
		2단계					

■ 상담의 실제

이 학생의 사례는 독특하다. 고등학교 3년간 이과에서 생활했지만 2학년 때부터 교대에 대한 꿈을 놓지 않았기 때문이다. 3학년이 되어 상담을 하면서 문과로 전과하지 않은 이유를 듣게 되었다. 이유인즉슨, 자신이 훗날 교대에 가서 교사가 되면 주로 문과계열 공부만 할 것 같은데, 그렇게 되면 아쉬운 점이 있을 것 같았고, 그래서 고등학교에서라도 이과계열의 공부를 해보고 싶었다는 것이었다. 애당초 생활과 진로를 이원체제로 꾸렸기 때문에 이과생이면서도 교대에 대한 준비가 잘 되어 있었다. 교직 관련 캠프는 물론이고, 교육 관련 보고서, 풍부한 관련 동아리활동이 돋보였다. 하지만 이 학생에게 이과에서 문과를 바라보던 상황이 아무렇지 않았던 것은 아니었다. 3학년 1학기 말에 담임이었던 내게 찾아와 수능에서 사회탐구를 보고 싶다는 말을 했다. 3학년 생활에 지쳐 가고, 자신은 진로와 너무 동떨어져 보이는 과학을 공부하고 있는데 성적도 생각처럼 나오지 않아서 그랬던 것 같다. 하지만 시점이 좋지 않고 사회탐구에 대한 공부를 한 적이 없었으며, 과학탐구 성적이 형편없지 않기 때문에 차라리 하던 공부를 계속하는 것이 낫다고 말했다. 이 말을 좀 강하게 했는데, 그 당시 학생에게는 상처가 됐을 수도 있었겠지만 결과적으로 괜찮았다고 생각한다. 만약 그때 사회탐구를 공부하기 시작했다면 아마 공부, 생활, 곧 이어진 수시준비 등에서 심각한 불균형을 초래했을 것이다.

준비가 잘 되어 있었기 때문에 이 학생은 면접에서 강점을 보일 것으로 예상했다. 그래서 내신의 부족한 부분을 면접에서 충분히 채울 수 있을 것으로 생각했다. 심층면접 비중이 높은 세 곳의 교대를 지원한 이유는 이 때문이었다(교대는 2차에서 면접의 비중이 절대적이다). 진주교육대학교, 부산교육대학교, 춘천교육대학교였다. 서류 비중이 높아 당연히 모두 1차를 통과할 것으로 생가했다. 하지만 부산교육대학교만 1차를 통과했다. 담임 입장에선 진주교육대학교와 춘천교육대학교가 사람 볼 줄 모른다고 흉을 볼 수밖에 없는 상황이었다. 이과에 적을 두고 교대를 생각한 것이 좋지 않은 의미(취업 목적, 점수에 맞춘 진로 선택 등)로 전달되었을 수도 있다. 아직도 두 학교에서 1차가 안 된 이유를 모르겠다. 아무튼 부산교육대학교 면접을 위해 이 학생은 매일 밤마다 면접연습을 했다. 모의면접을 진행해 보면 충분히 합격할 것으로 보였다. 교직에 대한 생각이 명확했고, 비전이 있었다. 면접장에선 목소리가 좀 컸으면 좋겠다는 정도의 조언만 해주었다. 그래서 부산교육대학교는 최초합격을 했다.

제주대학교 초등교육과 같은 경우 이 학생 정도면 당연히 최초합격이라고 생각했다. 하지만 뚜껑을 열어 보니 그렇지 않았다. 물론 예비 1번이긴 했지만, 이것 역시 예상 밖이었다. 교대 희망자들은 교대만 지원해 중복지원자가 아무리 많다고 해도, 뽑는 인원이 굉장히 많았기 때문이다. 취업난으로 교대에 대한 인기가 다시 올라가고 있다고 생각된다. 진주교육대학교와 춘천교육대학교에서 1차에 불합격한 이유도 교대에 점점 우수한 학생이 몰리는 경향 때문으로 볼 수 있다.

한국교원대학교 화학과 같은 경우는 유일하게 이과생으로서 지원한 것이었다. 역시 서류의 비중이 높은 곳이었다. 교대를 모두 떨어질 경우를 대비한 보험용의 성격이 강했다. 한국교원대학교의 면접은 교대를 준비하며 했던 면접과 본질적으로 크게 어긋나지 않았기 때문에 무난하게 마쳤고, 예상대로 최초합격을 했다.

　서울대학교 교육학과는 원서 5장을 쓰고, 남은 한 장에 대한 고민을 하면서 정한 곳이었다. 버리는 카드는 아니었다. 이 학생이 이과생을 2년간 유지한 이유, 제출한 보고서 주제, 동아리활동 및 다채로운 교육 관련 활동이 서울대학교 인재상에 적합하다고 생각했다. 내신 성적은 비록 안 좋지만, 서울대학교는 어차피 한 측면만 보고 학생을 뽑지는 않는 것 같았다. 학생에게 더 큰 꿈을 꿀 수 있는 동기부여를 하며, 나도 내심 1차 합격은 기대했지만 안 됐다. 1차만 통과했다면 2차는 해볼 만하다고 생각했다. 대학 측에서 '교육학에 관련된 활동'과 '교대에 초점을 맞춘 활동'에 대한 평가를 달리했을 수 있고(학생은 후자), 다른 지원자들에 비해 '창의적 인재로 발전할 가능성'이 적었다고 판단했을 수도 있다.

　이 학생을 지켜보면서 명확한 꿈이 얼마나 큰 동기부여가 되는지 알 수 있었다. 교대를 꿈꾸는 이과생의 생활을 훌륭하게 마무리했으며, 비록 조금 성글지만 다부진 포부를 모의면접에서 볼 수 있었다. 생활모습이 꿈에 영향을 미치고, 그 꿈이 다시 생활모습에 영향을 끼치는 신순환 또한 볼 수 있었다. 이 학생은 현재 부산에서 즐거운 대학생활을 만끽하고 있다.

■ 수시 결과

순	지원 대학	학과 (학부)	계열 (인문) (자연) (예체)	전형명칭	합격 여부 (최초합격, 후보○, 불합격)	교사 의견
1	서울 대학교	교육학과	인문	일반	불합격	1차 합격이 목표였으나 아쉽게 불합격
2	진주 교육 대학교	초등 교육과	인문	21세기형 교직적성자 선발	불합격	적절한 응시라고 생각했으나 1차에서 불합격. 이해가 잘 안 되는 부분
3	한국 교원 대학교	화학 교육과	자연	학생부종합 우수자	최초합격	보험용 성격이 강했음. 예상대로 합격함.

4	부산 교육 대학교	초등 교육과	인문	초등교직적 성자	최초합격	적절한 응시라고 생각했고, 1차 통과 후 2차 면접도 무난하게 마침.
5	춘천 교육 대학교	초등교육 학과	인문	석우인재	불합격	적절한 응시라고 생각했으나 1차에서 불합격. 이해가 잘 안 되는 부분
6	제주 대학교	초등 교육과	인문	일반학생	추가합격	당연히 최초합격을 예상했는데, 예비 번호를 받아서 의외였음.

■ 자기소개서 및 추천서(부산교육대학교)

〈자기소개서〉

1. 고등학교 재학기간 중 학업에 기울인 노력과 학습 경험에 대해 배우고 느낀 점을 중심으로 기술해 주시기 바랍니다. (1,000자 이내)

가장 좋아하는 과목을 꼽으라면 주저 없이 '국어'라고 대답할 것입니다. 국어를 어려워했던 1학년 때라면 상상도 할 수 없는 일입니다. 비문학과 문법은 낯설었고 문학은 주관적 해석의 늪에 빠져 있었습니다. 먼저 비문학은 매일 제시문을 요약하고 도식화하는 연습을 했습니다. 개요를 짠 후에 글을 쓰는 습관도 들였습니다. 선생님께 따로 첨삭을 받으며 글의 오류를 수정했습니다. 이러한 연습을 통해 저는 낯선 제시문도 정확히 독해할 수 있게 되었고 논리적으로 글을 쓰는 법까지 터득할 수 있었습니다. 문법은 질문을 통해 수업을 완벽하게 이해하고 독서신문읽기로 익힌 사례 적용을 하며 점검했습니다. 거의 매일 선생님께 이해가 가지 않는 부분이나 사례들을 질문했습니다. 신문 기사를 읽으며 비문을 고치고 문법 사례들을 적용하는 버릇을 들였습니다. 문학은 오답 정리를 하는 과정에서 제 풀이에 어떤 잘못이 있었는지 정리했습니다. 그 결과 매력적인 오답과 정답 사이에서 갈등하지 않게 되었습니다. 겉핥기식이었던 독서 습관도 바뀌었습니다. 작품마다 작가가 표현하고자 한 내용을 찾고 메모하며 글을 읽었습니다. 이렇게 독서하다 보니 책을 즐기

게 되었고 매년 ○○○교육청에서 주관하는 '○○독서마라톤대회'에 참가하여 ○○
코스(3,000쪽), ○○코스(5,000쪽)를 완주하였습니다.

'국어는 꾸준히 공부하는 사람이 이긴다'는 말을 믿고 하루도 빠지지 않고 국어
공부를 했습니다. 3학년이 되어 첫 시험을 봤을 때 제 실력 향상을 실감할 수 있었
습니다. 비문학 과학 지문과 고전문학 지문만 보면 긴장하던 예전의 제가 아니었습
니다. 저의 국어 실력 향상은 "고3보다 공부를 열심히 한다"는 말을 들으시던 담임
선생님의 영향도 컸습니다. 선생님께서는 아침 자율학습시간, 점심 · 저녁시간마다
교탁에서 묵묵히 공부하셨습니다. "공부 좀 해라"는 말 한마디보다 선생님의 그 모
습이 저희를 책상 앞으로 이끌었습니다. 후에 저도 교사가 된다면 말이 아닌 행동
으로 아이들을 독려해야겠다는 것을 깨달았습니다.

**2. 고등학교 재학기간 중 본인이 의미를 두고 노력했던 교내 활동을 배우고 느낀
    점을 중심으로 3개 이내로 기술해 주시기 바랍니다. 단, 교외 활동 중 학교장
    의 허락을 받고 참여한 활동은 포함됩니다. (1,500자 이내)**

2학년 때 '○○' 활동을 하면서 참된 교사의 자세를 배웠습니다. 처음에는 아이
들과 서로 어색했지만 만날 때마다 간식을 사 가고 평일에도 메신저로 연락하는 등
친해지려고 많은 노력을 했습니다. 그 결과 아이들은 저에게 마음을 열었습니다.
그러면서 전에는 몰랐던 사실을 알았습니다. 4명의 아이 모두 수업을 이해하는 정
도가 다르다는 것이었습니다. 이를 깨달은 후에는 수업 후에 한 명씩 질문을 받는
것으로 수업 방향을 바꾸었습니다. 4명뿐인 수업에서도 이해도가 다른 것을 알고
평소 느끼지 못했던 수준별 수업의 필요성을 깨달았습니다. 때로는 아이들의 고민
을 털어놓는 시간을 가졌습니다. 처음에는 "내가 어떤 조언을 해주는 게 좋을까?"
라는 생각에만 급급했지만, 차츰 아이들이 원하는 것은 조언이 아니라 경청이라는
것을 깨달았습니다. 아이들의 말을 경청하고 존중하는 참된 교사의 자세를 배웠습
니다. 나아가 아이들이 저를 바라보는 초롱초롱한 눈을 보며 교육자가 되어야겠다
는 꿈을 다졌습니다.

　참된 교사의 꿈을 꾸는 친구들에게 제안하여 3학년 때 'ㅇㅇ' 동아리를 결성했습니다. 매주 동아리 시간에 무엇을 할지 자발적으로 계획했습니다. 계획을 정하는 와중에도 '지치지 않고 꿈을 키워 가도록 서로 독려하며 1년을 보내자!'는 일념 하나로 모두 열중했습니다. 계획한 것은 모의수업과 모의면접이었습니다. 친구들 앞에서 다양한 교수법을 활용하여 수업한 후, 그 교수법이 얼마나 흡입력이 있는지를 서로 평가해 주었습니다. 모의면접에서는 서로 친구가 원하는 대학을 조사한 후 작년도 면접 문제를 활용하여 면접했습니다. 면접 도중에는 녹음해서 나중에 자기가 직접 자신의 문제점을 찾을 수 있도록 했습니다. 친구들과 모의면접을 준비하며 '나 혼자 준비할 때에는 이렇게 준비해야겠다'는 감도 잡혔습니다. 동아리 시간이 아니었다면 만나지 못했을 나와 같은 꿈을 꾸는 아이들을 만나고 서로 독려를 해주는 좋은 시간을 보낼 수 있었습니다.

　책과 신문을 통해 교육현장에 대한 지식을 쌓던 저는 3학년 때 '수용자 처지에서 본 학원 심야교습 규제의 실효성 연구'라는 주제로 'ㅇㅇ대회'에 참가하였습니다. 학원에서 감시를 피하려고 '심야강의용 주택'을 샀다는 친구의 이야기를 들은 적도 있었고 이 규제를 바라보는 주변 친구들의 태도도 다양해서 주제로 적합할 것이라 생각했습니다. 우리는 심야교습규제란 무엇인지, 조례 수용자들의 반응은 어떠한지를 조사했습니다. 조사 결과 조례에 대한 인식도는 높았으나 그다지 효과를 보지 못했다는 평가가 많았습니다. 이에 우리는 현 상태의 심야교습규제는 실효성이 없을 것이라 판단했습니다. 또 설문조사 결과를 토대로 공교육 정상화를 위해 필요한 것은 '사교육 줄이기'가 아닌 '공교육 질 높이기'라고 생각했습니다. 수준별 수업, 보충 학습 등으로 학생들의 공교육 학습 만족도를 높여야 합니다. 수업의 중심에는 학생이 있어야 함을 명심하고 학생들과의 원활한 소통을 위해 노력을 기울여야 함을 깨달았습니다.

3. 학교생활 중 배려, 나눔, 협력, 갈등 관리 등을 실천한 사례를 들고, 그 과정을 통해 배우고 느낀 점을 기술해 주시기 바랍니다. (1,000자 이내)

2학년, 1년 동안의 반장 생활은 제게 너무나도 값진 시간이었습니다. 리더란 자신이 생각한 방향이 아닌 모두가 합의한 방향으로 전체를 이끄는 사람이라는 것을 깨달은 시간이기 때문입니다. 평소 저는 친구들의 추천으로 ○○상 중 하나인 '◇◇상'을 받을 정도로 주변에 관심을 가지고 독려하는 학생입니다. 2학년 반장선거에 나올 때에도 우리 반이 학교 행사에 적극적인 반이 될 수 있도록 하겠다고 공약을 내세워 반장에 당선되었습니다. 반장 생활 동안 가능한 한 모든 친구의 의견을 수렴하도록 노력했습니다. 특히 반티를 정할 때에는 의견 차이로 인한 갈등이 일어난다는 것을 알아 적절한 토의법을 고민했습니다. 반티에 대한 회의를 하기로 한 날 제가 회의에 참여하지 못할 일이 생겼습니다. 저 대신 앞에 나가 회의를 진행하겠다는 친구들이 있어 그 친구들을 믿고 맡겼습니다. 하지만 제가 없던 회의시간에 그 친구들과 다른 친구들 간에 갈등이 일어났습니다. 그 친구들이 자신들의 의견만을 내세우고 다른 의견은 무시해 버린 것입니다. 저는 그 친구들에게 가서 '대신 회의를 이끌어준 것은 고맙지만, 모두가 즐거운 체육대회를 위해서는 다른 친구들의 의견까지 수렴해서 반티를 다시 정해야 할 것 같아'라고 얘기했습니다. 그 후 저는 반 친구들이 각자 보내온 반티 후보로 투표지를 만들어 총 세 번에 걸쳐 친구들 모두가 동의하는 반티를 정했습니다.

그 후에도 저는 매 회의에서 다른 반들보다 시간이 더 걸리더라도 모두가 찬성하는 쪽으로 의견을 모으려고 노력했습니다. 소수의 의견까지 모두 모으는 것은 시간과 노력이 있어야 하는 일이었습니다. 하지만 이렇게 모두의 의견을 반영하면 겉도는 친구 없이 모두가 한마음으로 행사에 참여할 수 있었습니다. 이 일로 저는 소수의 의견을 존중하는 법을 알았고, 의견을 하나로 통합하는 것의 소중함을 깨달았습니다. 이 깨달음을 다른 학교생활에도 실천하여 ○○상 중 하나인 '☆☆상'을 받았습니다.

4. 예비 초등교사가 되는 데 있어 자신의 성장 과정과 환경이 삶에 어떠한 영향을 미쳤는지 기술하고, 교직 수행에 도움이 된다고 여겨지는 다양한 재능을 실천 사례와 더불어 서술하시기 바랍니다. 반대로 보완할 약점도 함께 기술해 주시기 바랍니다. (1,500자 이내)

"선생님 말씀 잘 들어라"라며 선생님을 존경해야 한다고 훈육하신 어머니 때문인지 항상 제 꿈은 선생님이었습니다. 중학교 때 지금의 사교적인 모습은 상상할 수 없을 정도로 소극적인 모습 탓에 "과연 교사가 내게 어울리는 일일까?"라는 생각으로 혼란을 겪었습니다. 방송부 담당이셨던 국어 선생님께선 "선생님은 ○○가 정말 좋은 교육자가 될 수 있을 거라고 생각해. 너의 안에 있는 열정을 밖으로 꺼내기만 하면 돼"라며 독려해 주셨습니다. 지금도 잊히지 않는 선생님의 응원 덕에 저는 교사의 꿈을 키워 오고 있습니다.

저는 음악을 좋아하고 그만큼 음악에 능한 학생입니다. 어릴 때부터 바이올린을 켠 덕에 바이올린을 연주하며 공부 스트레스를 없애곤 했습니다. 고등학교에 와서는 교내 성가 합창제에서 합창 지도를 맡았습니다. 자신의 파트를 모르는 친구들이 많아 저는 혼자 알토, 소프라노 영역을 모두 익혀 친구들에게 알려 주곤 했습니다. 또한, 교내 팝송 대회에서도 주도적으로 연습해 개인전, 단체전에 참가했습니다. 사람들 앞에 서서 노래를 부르고 있노라면 부르는 사람, 듣는 사람 모두 하나가 된 기분을 느끼고는 합니다. 교사가 된 후에는 저와 인연을 맺은 아이들이 음악을 사랑하며 영혼을 가꾸는 사람이 되도록 돕고 싶습니다.

중학교 방송부에서 엔지니어(engineer)로 활동한 덕에 프레젠테이션에 익숙하고 영상자료를 잘 만드는 능력을 갖췄습니다. 1학년 때는 진로탐구대회에서 교사에 대한 프레젠테이션을 만들기도 했고, 2학년 때는 □□대회에 참가하여 『늦은 밤, 잠 못 드는 아이들(미즈타니 오사무)』이라는 책으로 동영상도 만들었습니다. 직접 한 컷 한 컷 동영상을 만드는 것은 처음 해보는 일이었지만 PPT, 비디오 편집을 한 경험으로 수월하게 동영상을 만들어 금상을 받을 수 있었습니다. 스마트 교육이 대세인 흐름에 따라 교육현장에서도 제 기계적 능력을 충분히 발휘할 수 있을 것으로 생각합니다.

친구들은 저를 '오지라퍼'라고 부릅니다. 오지라퍼는 '오지랖'에 '~하는 사람'이라는 뜻의 '~er'을 붙인 용어입니다. 친구들에게 관심이 많고 나서서 도움을 주는 것을 좋아해서 붙은 별명입니다. 특히 고등학교 1학년 때에 진로부장이었던 저는 '오지랖의 끝'을 보여 주었습니다. 1학년이기에 아직 진로를 정하지 못한 친구들이 많았습니다. 저는 제가 찾을 수 있는 모든 지식을 총동원해 친구들의 꿈을 찾아 나섰습니다. 마치 제가 친구들의 진로를 찾아 주는 '진로 내비게이터'가 된 것처럼 친구의 진로를 고민했습니다. 가끔은 해야 할 공부 시간을 확보하지도 않고 그 일에 몰두하기도 했습니다. 같이 자습시간까지 사용하여 자신들을 도와주는 저를 보며 미안해하는 친구들도 있었지만 '네 일은 언제 할래!'라는 핀잔도 들었습니다. 관심을 넘어 간섭으로 비칠지도 모른다는 생각도 들었습니다. 그 후 사랑과 관심이라는 오지랖의 긍정적인 측면은 살리되 제 스케줄과 친구의 자존감을 해치는 부정적인 측면을 줄이려고 노력해 오고 있습니다.

〈추천서〉

1.

지원자는 오래전부터 교육에 대한 이론적, 실무적 관심이 많은 학생이었습니다. 교육에 대한 관심이 교육자의 자격에 대한 생각에까지 이르게 해 지원자는 다양한 경험을 하고자 노력했습니다. 이과에서 문과로 옮기지 않은 것도 그런 이유 때문입니다. 성적이야 자신에게 좀 더 수월한 문과에서 더 좋았겠지만, 다양한 배경을 가르치는 데에 활용해 보고자 지원자는 이과를 고수했습니다.

2.

얘기를 하다 보면 지나치게 조심스럽다는 인상을 받을 때가 있습니다. 예의를 갖추기 위해 하는 행동인데, 자신감이 없는 사람처럼 보이기도 합니다. 그래서 그에 대한 조언도 몇 번 해준 적이 있습니다. 그러나 여학생들 사이에서는 이런 조심성이 강점이 되는 것을 목격했습니다. 아무래도 예민한 나이 또래에선 조심성이 신중함과 배려로 다가오기 때문입니다. 훗날 조심성을 상황에 따라 달리 표현할 수 있다면 보다 성숙한 사람이 될 수 있으리라 생각합니다.

3.

　지원자는 분명 문과가 더 잘 어울리는 학생입니다. 하지만 지금이 아니면 이과 공부를 언제 해보겠냐는 생각, 교육자로서 보다 다양한 경험 등을 이유로 이과생이 되었습니다. 1학기 중반에 지원자는 한계에 도달했던 것 같았습니다. 저에게 혼자라도 사회탐구를 공부해 보고 싶다고 찾아왔습니다. 저는 현실적으로 과목을 바꾸기엔 시점이 너무 늦었고, 지금까지 잘 해온 것을 믿고 조금만 더 해보자고 만류했습니다. 고맙게도 지원자는 제 조언을 수용해 주었고, 2학년에 비해 향상된 성적으로 학기를 마칠 수 있었습니다. 특히 제 과목이었던 '독서와 문법1' 시간에는 조심조심하면서 질문을 많이도 했었는데, 그것이 성과로 나타나 대견했습니다. 그리고 이런 여러 가지 상황을 보며 지원자가 문과생이었다면 훨씬 잘했을 수 있었을 것이란 생각도 해보았습니다. 아마 이과생이 되면 성적이 떨어지리란 것은 본인이 더 잘 알고 있었을 것입니다. 결정적인 순간에 매우 용기 있는 선택을 했습니다.

　제가 조심성을 얘기했지만 위와 같은 결단력이나 또래에 비해 어른스러운 면모도 많이 보여 주었습니다. 지원자는 교대에 대한 진학의지가 뚜렷하기 때문에 모의면접 프로그램에 여러 번 참여했습니다. 그런데 그 결과를 저에게 갖고 와서 친구들과 공유하고 싶다고 선뜻 내놓았습니다. 예전엔 어땠는지 모르겠지만 요즘엔 보기 드문 광경이기에 좀 놀랐습니다. 그 밖에도 교대에 대한 다양한 정보를 저에게 갖고 와서 친구들에 알려 주시라는—저로서는 자존심이 상하는— 부탁도 했습니다. 저는 지원자에게 훗날 교육학에 대한 공부도 해볼 것을 권했는데, 학기 초에 있었던 ○○대회의 심사를 제가 하면서 보고서를 보았기 때문입니다. 저는 지원자가 속한 팀이 주제를 선정하고, 서로의 역할을 분담하고, 보고서를 작성하는 여러 과정을 보았고, 그 속에서 지원자의 활동을 목격했습니다. 그 와중에 평소엔 보지 못했던 단계적인 사고의 진행, 그것들을 종합하는 능력 등을 보았습니다. 그리고 이러한 모습들이 연구자로서 지원자의 미래를 그리게 했습니다.

■ 작성 사례: 경희대학교 응용화학과

2015학년도 대입전형 수시지원카드

국영수과 (내신)	모의고사 성적현황	국어 (A형)	수학 (B형)	영어	탐구1 (화학Ⅰ)	탐구2 (지구과학Ⅰ)	합(탐구는 2과목 평균값)
(2.13) 등급	3월 모의고사 백분위	87	81	86	87	28	312
	4월 모의고사 백분위	92	64	87	56	59	301
	6월 모의평가 백분위	92	59	79	55	42	279
	백분위 중 최댓값	92	81	87	87	59	312
	백분위 중 최솟값	87	59	79	55	28	279

순	지원 수준 (소신) (적정) (안정)	지원 대학	학과 (학부)	계열 (인문) (자연) (예체)	전형 명칭	모집 인원	전년도 경쟁률	수능최저 학력기준	대학별 환산 등급	대학별 환산점수 (득점/배점)	대학별 고사일 (월/일)
1	소신	경희 대학교	응용 화학과	자연	네오르 네상스 전형	9	8.0:1	없음.			10/25 (토)
2	소신	숙명 여자 대학교	화학과	자연	숙명과 학리더	8	신설 전형	없음.			11/2 (일)
3	소신	동국 대학교	화학과	자연	Do Dream	6	11.3:1	없음.			11/1 (토)
4	소신	국민 대학교	신소재공 학부	자연	교과 성적 우수자1	17	5.3:1	없음.	2.13	984.07 / 1000	10/18 (토)
5	적정	단국 대학교 (죽전)	파이버 시스템 공학과	자연	학생부 교과우 수자	13	15.8:1	국어A, 수학B, 영어영역 중 1 개 영역 3등급 이내	2.06	989.4 / 1000	없음.

순	적정	대학	학과	계열	전형	모집	경쟁률	수능최저			
6	적정	부경대학교	화학공학과	자연	창의인재	11	6.5:1	국어A, 수학B, 영어영역 중 1개 영역 3등급 이내 또는 과탐 영역 2과목 등급 합이 6 이내	1.68	896.61 / 900	11/19 (수)

순	전형방법		전형요소 및 비율					
			서류(%)			면접 (%)	논술 (%)	적성 (%)
			학생부		자소서			
			교과	비교과				
1		일괄합산						
	단계별	1단계(3배수)	100					
		2단계	1단계 70			30		
2		일괄합산						
	단계별	1단계(3배수)	100					
		2단계	1단계 40			60		
3		일괄합산						
	단계별	1단계(배수)	100					
		2단계	60			40		
4		일괄합산	100					
	단계별	1단계(6배수)	100					
		2단계	70			30		
5		일괄합산	100					
	단계별	1단계(배수)						
		2단계						
6		일괄합산						
	단계별	1단계(배수)	100					
		2단계	1단계 70			30		

■ 상담의 실제

이 사례 학생은 수시 6회 모두 지원하였는데 학생부교과전형 3회, 학생부종합전형 3회이다. 관심이 높은 화학과와 신소재 공학 분야에 지원하였다. 학생부교과전형과 학생부종합전형 지원 횟수를 3:3으로 한 것은 3학년 1학기까지의 내신과 학생의 잠재 가능성을 충분히 고려한 지원 전략이었다. 3학년 1학기까지의 전 과목 내신은 1.96, 국수영탐 내신은 2.13이었다. 학생부교과전형으로 지원 가능한 대학은 학교에서 사용하는 다양한 배치 기준 자료를 활용하여 국민대학교 신소재공학부(교과성적우수자), 단국대학교 파이버시스템공학과(학생부교과우수자), 부경대학교 화학공학과(창의인재전형)의 3곳에 지원하였다. 국민대학교를 제외한 2곳은 수능최저학력기준이 적용되었다. 그런데 수능시험에서 이 사례 학생이 가장 힘들어한 과목이 수학B였다. 그중 기하와 벡터 과목이 어려웠는데 이 학생뿐만 아니라 수학B 과목에 응시하는 학생들이라면 기하와 벡터 과목의 이질적 부담감과 두려움이 상당할 것이다. 선행학습이 금지된 상황에서 3학년 2학기에 처음으로 기하와 벡터 과목을 배우고 9월 평가원 학력평가와 10월 교육청 연합모의고사의 단 2회의 시험만 치고 수능에 응시하게 되어 좋은 결과를 기대하기가 어려웠다. 그러므로 교육과정의 불합리점을 수정해서 2, 3학년에 수학B의 4개 과목을 모두 학습 완료하는 것으로 교육과정을 합리적으로 구성할 필요가 있었다.

이 사례 학생은 수능최저학력기준에서 수학B 과목 응시요건만 만족하는 것으로 하고 다른 전략과목을 선정해서 1개 영역을 최서 능급을 충족시키는 전략으로 접근하였다.

다양하고 적극적인 교내활동으로 학생 개인이 지닌 잠재력과 끼를 충분히 펼쳤으며 이런 활동내용들이 학교생활기록부에 잘 나타나 있어서 학생부종합전형에서 합격할 가능성이 있었다. 반장 1회, 독서 45권, 봉사활동 160시간 이외에도 교내의 미소콘테스트, 과제연구발표대회, 실험경진대회, 동아리 발표대회에 꾸준히 참가하여 수상하였으며 과제연구발표대회에서는 자신의 전공 적성에 맞는 과학 관련 연구 주제를 2년간 지속적으로 발표하여 전공적합성 심사에 대비하였다. 내신이 괜찮은 반면 모의고사 점수가 불안하였으므로 수능최저학력의 적용을 받지 않는 전형을 선정하여 지원하였다. 이 학생은 자기소개서를 잘 작성하였는데 대부분의 대학은 학교생활기록부에 기록된 경희대학교 응용화학과(네오르네상스전형), 숙명여자대학교 화학과(숙명과학리더), 동국대학교 화학과(Do Dream)의 세 곳에 지원하여 경희대학교에 합격하였다. 자기소개서는 학교생활기록부에 기록된 내용을 근거로 작성하였을 뿐만 아니라 필요한 경우 교외의 활동을 자기소개서에 넣어 자신의 열정과 잠재력을 입체적으로 잘 표현하였다(물론 교과 관련 외부활동이나 점수를 자기소개서에 기재하면 0점 처리된다). 학생의 자기소개서와 면접, 담임교사의 추천서, 학교생활기록부의 객관적 사실 등이 충분히 반영되어 경희대학교 응용화학과에 합격하였다.

경희대학교의 네오르네상스전형은 서류평가에서 전형적합성, 학업발전성, 전공적합성, 인화관계성, 자기주도성, 경험다양성 등을 입체적으로 평가하고 면접평가에서 10분 동안 서류역량 재확인, 창학 이념 적합도(가치관 및 인성), 전공 기초소양, 논리적 표현능력 등을 평가한다.

■ 수시 결과

순	지원 대학	학과 (학부)	계열 (인문) (자연) (예체)	전형명칭	합격 여부 (최초합격, 후보○, 불합격)	교사 의견
1	경희 대학교	응용 화학과	자연	네오르네상 스전형	합격	학교생활기록부, 자기소개서, 면접을 철저히 준비하여 합격함. 네오르네상스전형의 평가요소를 정확히 인지하고 서류평가와 면접평가를 준비하였음.
2	숙명 여자 대학교	화학과	자연	숙명과학 리더	불합격	학생부종합전형을 위한 대비가 충분했으나 서류 및 면접 요소가 부족한 평가를 받음.
3	동국 대학교	화학과	자연	Do Dream	불합격	학생부종합전형을 위한 대비가 충분했으나 서류 및 면접 요소가 부족한 평가를 받음.
4	국민 대학교	신소 재공학부	자연	교과성적우 수자1	불합격	학생부종합전형을 위한 대비가 충분했으나 서류 및 면접 요소가 부족한 평가를 받음.
5	단국 대학교 (죽전)	파이버 시스템 공학과	자연	학생부교과 우수자	불합격	수능최저학력기준을 만족하지 못함.
6	부경 대학교	화학 공학과	자연	창의인재	불합격	수능최저학력기준을 만족하지 못함.

■ 자기소개서

1. 고등학교 재학 기간 중 학업에 기울인 노력과 학습경험에 대해 배우고 느낀
   점을 중심으로 기술하세요. (1,000자 이내)

'EBS 스타 선생님처럼'

이것은 저의 특별한 공부법입니다. 말 그대로 인터넷 강의 선생님처럼 카메라를
응시하며 마치 강의가 진행되듯이 설명을 하면서 문제를 풀어 나갔습니다. 나만의
공부법이고, 시각뿐만 아니라 청각을 자극하고, 강의한다고 생각하니 긴장되어 더
욱더 기억이 잘 되고 이해가 잘 되었습니다. 더불어 성적도 좋게 나오는 편이었습
니다. 그러나 시간이 지날수록 이 방법의 효율이 떨어지고 있다는 것을 느꼈습니
다. 일일이 개념을 다 말로 설명하고 모든 것을 이해하려 하다 보니 시간 소요가 크
고 장소가 제한적이라 한계점이 많았습니다. 특히 고3 중간고사에서 성적이 너무
떨어진 것을 보고 내신 공부를 잘못하고 있다는 생각이 들었습니다. 그래서 여러
선생님께 조언도 구해보고, 책도 찾아보면서 내신 공부를 더 효율적으로 하는 방법
을 찾아보았습니다.

'key word 학습법'

그러던 중 담임선생님께서 모든 내용을 다 하려 하지 말고 'key word' 부분을 찾아
공부해 보라고 말씀해 주셨습니다. 반 친구들이 모여 그날 수업시간에 배웠던 내용
중 key word를 찾아 공유했습니다. 처음엔 모든 것이 중요해 보였지만, 후에는 핵심
을 잘 찾아낼 수 있었습니다. 시험 기간에는 매일 적어 놓았던 key word 수첩을 활용
하여 그 부분을 중심으로 공부하였고, 다른 반 친구들과 놓쳤던 부분을 보완하며 같
이 공부하였습니다. 확실히 모든 것을 자세하게 공부했던 예전에 비해 부담감도 줄어
들었고 이 개념만 확실히 공부하자는 생각에 공부하는 의욕도 늘 수 있었습니다. 특
히 다른 과목에 비해 개념이 체계적으로 있는 화학 공부에 많은 도움이 되어 중간고
사의 성적을 보완할 수 있었습니다. 시기적으로 늦게 '완벽공부법'에서 'key word' 학

습법으로 바꿔 아쉬웠지만 제가 했던 '완벽공부법'에 대해서는 후회하지 않습니다. '완벽공부법'이 내신 시험에서는 약점을 보였지만 대학생이 되어서는 '완벽공부법'을 통해 화학적 지식을 조금 더 넓고 심층적으로 공부하고 싶습니다.

2. 고등학교 재학 기간 중 본인이 의미를 두고 노력했던 교내활동을 배우고 느낀 점을 중심으로 3개 이내로 기술하세요. 단, 교외활동 중 학교장의 허락을 받고 참여한 활동은 포함됩니다. (1,500자 이내)

① 한때 ○○에서 논생서리가 되었던 '○○ 공업탑 지구본 사건' 그것은 공업탑에 세워져 있는 지구본이 값싼 재료로 만들어져 녹이 슬어 비가 오면 녹물이 흘러내리는 사건이었습니다. 그때 과제 연구대회의 주제를 고민하고 있었던 저희 팀에게 이 사건은 저희가 주제를 정할 수 있도록 도와주었습니다. 처음 시도해 보는 연구대회라 많은 실험을 통해 많은 결과를 내고 싶고 잘하고 싶은 의욕이 강하여 '뼈 부식 실험', '사과와 감자를 이용한 녹 제거 실험' 등 여러 실험을 할 것이라고 계획해 놓았습니다. 또 인체에 해가 없고 순한 천연부식방지제를 만들어 보자는 저의 제안으로 '천연 부식방지제 만들기'도 실험에 넣게 되었습니다. 하지만 너무 과도한 실험계획을 세워 친구들끼리의 시간적 문제도 있었을 뿐만 아니라 재료에 대한 문제도 있었습니다. 특히 천연 부식방지제에 들어가는 천연 재료인 쑥과 녹차 추출물이 얼마의 비율로 들어가면 완성되는지 생각을 못 해 수없이 많은 실험을 했었습니다. 제가 제안한 실험이 제대로 진행되지 않아 속상하였습니다. 결국, 많은 실험적 제약과 어려운 점이 있어 실험을 단축하자는 결정을 내린 적도 있었지만, 끝까지 책임을 지고 인내심을 가지자고 생각하여 힘을 내어 각 실험의 결과를 도출하였습니다. 논문의 구성이 완벽하진 않았지만 스스로 실험을 구성하고 시도했다는 점에서 굉장히 자랑스러웠습니다. 또한, 무작정 많은 계획을 세우면 안 된다는 교훈을 배웠고 책임감을 가지고 신중해야 한다는 것을 깨달았던 계기가 된 첫 실험이었습니다.

② 과학 동아리를 통해 참가했던 3일 동안의 ○○ 과학 축전에서 '컬러 인쇄의

원리'라는 부스를 운영했습니다. 직접 참가자분들의 사진을 찍어 빨강, 노랑, 파랑, 검정으로 분리되어 인쇄된 사진을 이용하여 컬러 인쇄의 원리를 설명해 주는 봉사 활동을 하였습니다. 체험객들이 가족이나 친구와 함께 사진을 남기면서 체험을 하시는 모습을 보니 추억을 쌓아 드리는 것 같아 더욱 뜻깊었습니다. 첫째 날에는 많은 사람들 앞에서 설명하는 것이 부끄러워 설명도 제대로 하지 못하고 말을 더듬기도 하였습니다. 하지만 셋째 날이 되어서는 어린아이도 이해될 수 있도록 설명할 수 있었고 선생님께 잘한다고 칭찬받기도 하였습니다. 그뿐만 아니라 대인관계를 넓힐 수 있었고 처음 보는 사람한테도 스스럼없이 다가갈 수 있어 저 자신도 많이 성장할 수 있었습니다.

③ 춤을 추는 것을 좋아하는 저에게 체육대회의 '아이돌 댄스 경연 대회'는 설렘으로 다가왔습니다. 하지만 방과 후 시간을 이용해 짧은 시간 동안 많은 인원이 같은 동작으로 맞추기는 쉽지 않았습니다. 힘들지만 밤늦게까지 남아 선배님과 친구들과 함께 동작들을 연습했습니다. 체육대회에서 많은 사람들의 박수를 받고 나온 후 실수를 한 것 같아 아쉬웠지만 다 함께 힘을 합쳐 준비했던 춤을 보여드려 뿌듯하였습니다. 경쟁적인 공부가 아닌 함께 즐기고 행복한 일을 경험한 것 같아 시험으로 인해 쌓였던 스트레스가 다 날아간 듯하였고 다시 열심히 공부할 수 있는 원동력이 된 것 같았습니다.

3. 학교생활 중 배려, 나눔, 협력, 갈등관리 등을 실천한 사례를 들고, 그 과정을 통해 배우고 느낀 점을 기술하세요. (1,000자 이내)

2학년 때 맡았던 반장은 저에게 '마라톤'과 같았습니다. 뛰고 있을 때는 힘들지만 뛰고 난 후에는 많은 것을 배웠다는 것을 깨달았기 때문입니다.

저희 학교는 제주도로 수학여행을 가게 되었습니다. 여행 첫째 날 날씨가 너무 덥고 사람이 많아 기분이 좋지 않았습니다. 성산 일출봉에 도착하여 반 단체 사진을 찍기 위해 친구들에게 줄을 서자고 말하였고 빨리 서지 않자 저도 모르게 친구들에게 화를 내었습니다. 그때 한 친구가 "애들이 다 와야지 줄을 서지!"라고 짜증을 내었고 그 말을 들은 순간 기분이 나빴습니다. 하지만 그 뒤로 많은 친구들이 반장이 뭐 대수냐는 듯이 말하였고 자기들도 더운데 왜 그러냐면서 화내는 친구들도 있었습니다. 그렇게 말하는 친구들을 보며 순간 반에서 소외된 느낌이 들었고 내가 실수를 했다는 생각이 들었습니다. 그날 하루 종일 친구들에게 미안한 마음에 반장으로서 역할도 제대로 하지 못했습니다. 더 이상 친구들과의 사이가 서먹해지기 싫어 용기를 내어 친구들의 방을 찾아갔습니다. "너희의 기분도 이해해 줬어야 했는데 내 기분만 생각해서 나도 모르게 화가 났어……. 정말 미안해……"라고 하니 친구들도 미안하다며 서로를 위로해 주었습니다. 여행 둘째 날이 되자 친구들은 제 말에 집중해 주고 잘 따라 주며 혼자가 아닌 함께 반을 이끌어 나갈 수 있도록 도와주었습니다. 이 일을 계기로 친구들의 기분을 먼저 생각해야 하고 반장이라는 것은 단지 권력이 아닌 반이라는 톱니바퀴가 잘 돌아갈 수 있도록 도와주는 윤활유 같은 역할이라는 것을 깨달았습니다. 3학년이 되어 반장을 맡진 않았지만, 그 자리가 얼마나 책임이 있고 힘든 자리인지 알기에 지금 반장이 힘들 때마다 도와주려고 노력했습니다. 제가 경험했던 것을 공유하며 같이 공감하기도 하였고 더 좋은 반장이 되도록 조언도 많이 해주었습니다. 비록 저의 경험은 순탄치 않았지만, 마라톤을 끝냈을 때 얻는 성취감, 끈기처럼 대인관계나 협동에 있어 많은 것을 배웠고 성장한 것 같아 친구들에게 고마웠습니다.

4. [대학 자율문항] 지원자의 교육환경(가족, 학교, 지역 등)이 성장과정에 미친 영향과 지원 학과에 지원한 동기, 입학 후 학업(진로)계획에 대해 기술하세요. (1,500자 이내)

누구보다도 저를 예뻐해 주셨던 외할머니께서 최근 몇 년간 당뇨병 때문에 많은 고생을 하셨습니다. 매일 약을 드시는 것은 물론이고 갑자기 당뇨 수치가 높아져 병원에 입원하신 적도 있습니다. 아낌없이 저를 사랑해 주셨던 외할머니께서 아프서서 힘이 없는 모습을 보니 걱정이 많이 되었고 학업에도 집중할 수 없었습니다.

약을 드시고 빨리 나으시길 바라는 저의 마음과 다르게 당뇨병 치료약은 피부병이나 체중감소 등 오히려 다른 병을 가져왔습니다. 특히 눈의 시력이 떨어져 제가 쓴 편지를 못 읽으신다는 생각에 너무 슬펐습니다. 의사 선생님께선 약의 효력이 강하여 몸이 약해지고 면역력이 떨어지는 부작용을 일으키는 거라고 말씀하셨습니다. 어릴 적, 아플 때 약만 먹으면 낫는다고 생각한 저에게 약 때문에 몸이 더 망가진다는 사실은 충격이었습니다. 사람을 치료하기 위한 약이 부작용을 일으킨다는 것도 믿기지 않았습니다. 이후로 약에 대한 관심이 증가하여 약이 어떻게 만들어지는가에 대해 찾아보았고, 나중에 몸에 해가 되지 않는 약을 만들어 보고 싶다는 생각이 들었습니다. 먼저 약을 만드는 학문적 이론, 제조 과정과 관련 있는 화학에 관심을 두게 되었으며 쉽지 않았지만, 열심히 공부한 끝에 내신 등급을 올릴 수 있었습니다.

항상 고민이었던 화학 성적이 올라 성취감을 맛보았고 값진 노력으로 얻은 등급 상승은 화학을 전공하여 신약을 개발하고 싶다는 저의 열정을 불태웠습니다. 이 열정은 유기화학, 무기화학, 생화학 등의 분야뿐만 아니라 고분자화학, 의약화학, 나노화학 등 여러 분야로 응용할 수 있는 화학의 세계로 저를 인도하였습니다. 또 몸에 해롭지 않은 약을 만들어 우리나라뿐만 아니라 세계 여러 사람을 도와주고 싶다는 큰 꿈도 생겼습니다. 저는 저의 꿈을 이루기 위한 기반을 쌓기 위해 응용화학과에 지원하게 되었습니다. 또 의과대학, 한의과대학, 약학대학 등이 모여 있어 저의 배움을 더 넓은 분야로 펼칠 수 있을 것 같아 경희대학교에 지원하게 되었습니다.

저는 우리나라 최초로 B형 간염 치료제를 만들었던 신약 개발자, 김정민 박사처럼 제2의 김정민 박사가 되고 싶습니다. 우선 대학을 다니는 동안 기초적 지식뿐만 아니라 응용된 화학적 지식을 쌓을 것입니다. 1학년 때는 여러 실험 도구들을 능숙하게 다룰 수 있도록 실험 실기를 익히고, 방학을 이용하여 다른 나라의 신약개발 현장에 가보고 싶습니다. 2, 3학년 때는 세계 각 지역의 풍토병을 찾아보고 관련 신약에 대해 연구할 것입니다. 4학년이 되어서는 대학원 진학을 위한 심화된 전공 공부를 위해 유기화학을 중점적으로 공부할 것이고, 졸업 후에는 대학원에 진학하여 풍토병에 관련된 신약을 개발하고 박사학위 논문을 쓸 것입니다. 풍부한 경험과 지식을 바탕으로 '한국 신약개발연구조합'에 들어가 효과는 좋지만, 환자의 몸에 부작용이 발생하지 않는 치료제를 개발하여 병으로 인해 많은 고생을 하는 분께 도움을 드리고 싶습니다. 또 신종플루치료제 '타미플루'와 같은 특허약을 우리나라 최초로 제조할 수 있는 사람이 되고 싶습니다.

■ 작성 사례: 중앙대학교 식품공학과

2015학년도 대입전형 수시지원카드

국영수과 (내신) (2.56) 등급	모의고사 성적현황	국어 (A형)	수학 (B형)	영어	탐구1 (화학1)	탐구2 (생명과학 I)	합(탐구는 2과 목 평균값)
	3월 모의고사 백분위	51	83	83	81	13	264
	4월 모의고사 백분위	50	89	84	34	92	286
	6월 모의평가 백분위	41	86	81	58	85	279
	백분위 중 최댓값	51	89	84	81	92	310
	백분위 중 최솟값	41	83	81	34	13	228

순	지원 수준 (소신) (적정) (안정)	지원 대학	학과 (학부)	계열 (인문) (자연) (예체)	전형 명칭	모집 인원	전년도 경쟁률	수능최저 학력기준	대학별 환산 등급	대학별 환산점수 (득점/ 배점)	대학별 고사일 (월/일)
1	소신	건국 대학교	바이오 산업 공학과	자연	KU자기 추천	16	5.1:1	없음.			10/25(토)
2	소신	경희 대학교	유전 공학과	자연	네오르 네상스	13	11.4:1	없음.			10/25(토)
3	소신	국민 대학교	임산생명 공학과	자연	교과 성적우 수자1	6	신설 전형	없음.	2.56	980.62 / 1000	10/18(토)
4	소신	명지 대학교	생명과학 정보학부	자연	학생부 (교과)우 수자	20	8.9:1	국어AB, 수학 AB, 영어, 사과 탐(1과목) 2개 영 역 3등급 또는 2 개 영역 등급 합 5등급	2.67	147.512 / 150	없음.

순	적정/안정	대학	학과	계열	전형	모집인원	전형	수능최저학력기준	경쟁률/충원	비고
5	적정	부산대학교	분자생물학과	자연	학생부종합1(일반학생)	7	신설전형	국어A, 수학B, 영어, 과탐(2과목 평균)영역에 응시하고 수학B 4등급 이내	7.37 / 2.63 / 9	없음.
6	안정	중앙대학교(안성)	식품공학부	자연	학생부교과	40	신설전형	국어A, 수학B, 영어, 과탐(1과목) 2개 영역 등급 합 6 이내	66.84 / 2.57 / 70	없음.

순	전형방법		전형요소 및 비율						
			서류(%)				면접 (%)	논술 (%)	적성 (%)
			학생부		자소서	추천서			
			교과	비교과					
1	일괄합산								
	단계별	1단계(3배수)	100						
		2단계					100		
2	일괄합산								
	단계별	1단계(3배수)	100			선택			
		2단계	1단계 70				30		
3	일괄합산								
	단계별	1단계(6배수)	100						
		2단계	70				30		
4	일괄합산		100						
	단계별	1단계(배수)							
		2단계							
5	일괄합산		100						
	단계별	1단계(배수)							
		2단계							
6	일괄합산		70	30					
	단계별	1단계(배수)							
		2단계							

■ 상담의 실제

이 사례 학생은 학교생활기록부의 교과영역과 비교과영역의 활동 실적이 상당히 대조적이다. 3학년 1학기까지 우수한 교과성적(내신 성적) 확보와 수능최저학력기준을 만족하기 위해 교과활동(학업활동)에 많은 노력을 기울였고 그 결과 상위권의 학업수준을 유지한 반면, 전공적합성과 진로관련성을 갖춘 교내 활동이 드물었고, 무엇보다도 학생부종합전형의 중요한 반영 요소인 동아리활동이 자연계 대학의 입학사정관이나 면접관들의 평가를 발전적으로 높게 이끌어 내기에는 부족했다. 더불어 자율동아리활동실적은 전무했다. 그 외에 교내수상경력 횟수, 3년간 일관되지 않은 진로희망사항, 학생의 개성과 잠재성, 학업우수성을 드러낼 수 있는 자율활동 내용 등이 부족하여 이를 근거로 작성하는 자기소개서의 내용이 풍성하지 못하였다. 그러므로 수시지원에서 학생부 교과위주전형에 주력하고 학생부종합전형은 지원하지 않거나 최소한의 횟수로 지원하기로 하였다.

학생부종합전형으로 건국대학교의 KU자기추천전형과 경희대학교 네오르네상스 전형에서 각각 바이오산업공학과와 유전공학과에 지원하였으나 내신 성적이 두 지원 대학의 합격사례 등급에 약간 부족하였고 위에서 언급한 바와 같이 학생부종합전형에서 요구하는 평가요소를 충분히 만족하지 못했기 때문에 좋은 결과를 얻지 못했다.

반면에 국민대학교, 명지대학교, 부산대학교, 중앙대학교(안성)는 최초합격 및 후보순위까지 포함하여 3곳에 합격하였다.

이 학생은 철저히 내신 성적관리 위주의 학교생활을 하였으므로 학생부종합전형으로 지원하는 것은 처음부터 입시 전략의 포인트가 맞지 않았고, 3학년 1학기까지 교과(학업)중심의 지원 전략을 세워 내신 확보에 전념하여 내신 성적을 충분히 활용하여 희망하는 대학과 학과에 진학할 수 있었다. 명지대학교와 부산대학교는 충분히 최초합격할 것을 예상하였으나 전년도 합격사례에 비해서 내신점수가 약간 부족하여 후보순위가 되었고 중앙대학교(안성)는 최초합격하였다.

이 사례에서 내신 성적이 확고하게 우수하면 학생부교과전형에서 충분히 소신껏 지원할 수 있으나 그렇지 못한 경우를 대비해서 학생부종합전형, 논술전형과 같이 자기에게 적합한 차선의 입시 전략을 준비해야 함을 알 수 있다.

■ 수시 결과

순	지원 대학	학과 (학부)	계열 (인문) (자연) (예체)	전형명칭	합격 여부 (최초합격, 후보○, 불합격)	교사 의견
1	건국 대학교	바이오산업 공학과	자연	KU자기추천	불합격	학교생활기록부상의 교내활동실적이 학생부종합전형에 지원하기에 부족하였음.
2	경희 대학교	유전 공학과	자연	네오르 네상스	불합격	학교생활기록부상의 교내활동실적이 학생부종합전형에 지원하기에 부족하였음.
3	국민 대학교	임산 생명 공학과	자연	교과성적 우수자1	후보20	1단계를 통과했으나 2단계의 비교과영역, 면접에서 좋은 점수를 얻지 못해 후보 순위가 되었음.
4	명지 대학교	생명과학정 보학부	자연	학생부 (교과) 우수자	추가합격(후보12)	최초합격을 예상하였으나 내신점수가 다소 부족하였음.
5	부산 대학교	분자생물 학과	자연	학생부 종합1 (일반학생)	추가합격(후보3)	최초합격을 예상하고 적정 지원하였으며 내신점수가 다소 부족하였음.
6	중앙 대학교 (안성)	식품 공학부	자연	학생부교고	최초합격	안정 지원히여 최초합격하였음.

■ 자기소개서

1. 고등학교 재학기간 중 학업에 기울인 노력과 학습 경험에 대해 배우고 느낀 점을 중심으로 기술해 주시기 바랍니다. (1,000자 이내)

'끈기 있는 자가 승리한다'는 저의 좌우명입니다. 이 좌우명을 실천하기 위해 열심히 노력했고, 그 결과 공부뿐만 아니라 많은 활동에서 만족할 만한 성과를 이루었습니다. 어릴 때부터 생명과학이나 공학 분야에 관심이 많았던 저는 무엇보다 수학과 과학이 중요하다는 것을 알았습니다. 그래서 교과 공부뿐만 아니라 다양한 체험활동을 통해 수학과 과학 영역의 역량을 키우려고 노력했습니다.

하지만 수학이라는 과목은 하면 할수록 복잡했고 이해하기 어려웠습니다. 어려운 수학을 공부하기 위해 저만의 학습 방법인 '분산공부법'을 개발하였습니다. 이 방법은 30분 공부 후 5분 동안 그 내용을 머릿속에서 되새기는 연상기법입니다. 공부에 싫증이 나지 않으면서 짧은 시간에 최고의 집중력으로 공부할 수 있는 효율적인 방법이었습니다. 매일 규칙적인 시간을 정하여 노력한 결과 2학년 1학기에 비해 2학년 2학기 때에 교과성적이 눈에 띄게 향상하여 학력우수상을 수상하게 되었습니다. 특히 어려워했던 수학 교과에 대한 노력으로 수학 과목의 교과우수상과 수리논술경시대회 최우수상을 받았습니다.

과학과목에 있어서는 '나눔' 공부법을 통해 효과를 보았습니다. 과학 동아리활동을 하면서 과학에 대한 흥미를 키웠고 과학적 사고의 폭을 넓힐 수 있었습니다. 교내 탐구토론대회에 참가하여 상대편의 반론을 들으면서 미처 생각해 보지 못했던 부분을 다시 생각해 볼 수 있었습니다. 또한 상대 팀의 반박할 부분을 찾아 토론하면서 서로의 과학적 지식을 나눌 수 있었습니다. ○○과학관에서는 정기적으로 주니어 해설사 활동을 하면서 과학기구에 대한 제가 알고 있는 과학적 원리를 구체적으로 설명해 주었습니다. 이런 다양한 활동들을 통해 얻은 과학적 지식은 기억에 오랫동안 남았습니다. 또한 과학 과목에 대한 심층적인 공부를 통해 학업에 있어서도 발전된 모습을 보였습니다.

저만의 공부법 개발로 자신만의 특성을 잘 고려해서 자기에 맞는 공부를 하면 어떤 어려움도 극복할 수 있다는 걸 알게 되었습니다.

2. 고등학교 재학기간 중 본인이 의미를 두고 노력했던 교내 활동을 배우고 느낀 점을 중심으로 3개 이내로 기술해 주시기 바랍니다. 단, 교외 활동 중 학교장의 허락을 받고 참여한 활동은 포함됩니다. (1,500자 이내)

① '나의 꿈, 나의 비전발표대회 참가'
평소 얌전한 성격이었던 저는 전교생 앞에서 저의 꿈을 발표하였습니다. 처음에는 많은 사람들 앞에 나서는 것이 두렵기도 하고 긴장되어서 말이 나오지 않을 것

같아 포기할까도 생각했습니다. 하지만 저를 변화시킬 수 있는 좋은 기회라고 생각했기 때문에 일주일 동안 PPT와 대본을 준비해서 발표장에 나갔습니다. 발표 순서를 기다리는 동안 목이 마르고 손발이 떨려 마이크를 잡지 못할 정도였습니다. 발표가 시작되고 PPT를 보여 주며 저의 꿈을 이야기하면서 목소리에 힘도 생겼습니다. 또한 친구들의 반응이 좋아서 발표를 즐기기까지 했습니다. 발표를 끝내고 단상을 내려왔을 때에는 '내가 해냈구나' 하는 뿌듯함을 느꼈습니다. 이 대회를 통해 저는 제가 큰 사람이 될 수 있다는 자신감이 생겼습니다. 또한 많은 사람들에게 약속한 만큼 저의 꿈을 꼭 이루어야겠다는 다짐을 했고 두려움을 없애면 세상의 어떤 일도 할 수 있다는 확신을 갖게 되었습니다.

② 'WISET(여성 과학단체) 실험연구 활동'
2학년 때 학교 추천으로 '여대학(원)생 공학연구팀제 사업'에 참가하게 되었습니다. 대학생과 대학원생 언니와 함께 '운전자의 감성과 뇌파를 측정하여 HUD 이미지를 디자인' 주제로 6개월간 실험과 연구를 했습니다. 뇌파측정기구를 이용히여 마우스 움직이기, 상자 옮기기 등을 간단한 실험을 했습니다. 또한 뇌파측정기가 저의 감정과 표정을 읽어 화면에 그대로 나타나는 것을 보고 신기해하기도 했습니다. 대학생 수준의 연구였지만 궁금한 것이 있으면 직접 찾아보기도 하고 언니들한테 물어보기도 하며 적극적으로 참여했습니다. 과제를 수행을 위해 이루어진 뇌파 측정 실험과 언니들의 도움을 통해 새로운 지식을 얻어 가는 즐거움을 경험할 수 있었습니다. 제가 배우고 느낀 내용을 바탕으로 보고서를 작성하여 발표했습니다. 6개월의 짧은 기간이었지만 교과서로는 배울 수 없는 이론을 증명하는 공부를 하면서 더 깊이 있는 학문을 배울 수 있었습니다. 이 활동을 통해 공학에 흥미를 키울 수 있고 많은 관심을 가지게 되었습니다.

③ '과학탐구 동아리활동'
학교에서 'SSC'라는 과학탐구 동아리에서 3년간 활동했습니다. 동아리의 부단장으로서 모두가 동아리활동에 적극적으로 참여할 수 있도록 창의적인 방법으로 동

아리 운영계획을 세웠습니다. 어린 학생, 중 · 고등학생을 대상으로 하는 부스활동이었기 때문에 '어떤 방식으로 설명하면 좋을까?' 동아리원들의 의견을 모았습니다. ○○과학기술제전과 대한민국창의축전 'STEAM 페어'에 참가하여 태양전지를 이용한 곤충, 풍차와 더듬이 스위치 로봇 만들기를 하였습니다. 아이들에게 과학적 원리를 설명해 주고 쉽게 만들 수 있도록 도와주었습니다. 일 년 동안 한 활동을 보고서로 작성하여 발표함으로써 교내 동아리 발표대회에서 우수한 성적을 받을 수 있었습니다. 동아리원 모두가 함께 고생해서 이룬 일이라 정말 보람 있는 일이었습니다. 이 활동을 통해 혼자의 힘으로 이루기 어려운 일도 함께하면 이룰 수 있다는 협력의 지혜를 배웠습니다.

3. 학교생활 중 배려, 나눔, 협력, 갈등 관리 등을 실천한 사례를 들고, 그 과정을 통해 배우고 느낀 점을 기술해 주시기 바랍니다. (1,000자 이내)

남을 위해 나누거나 양보하는 것은 반으로 줄어드는 것이 아니라 2배로 늘어난다는 것을 저는 교내 멘토-멘티활동을 통해서 배웠습니다. 수학과 영어는 멘토로 화학과 생물은 멘티로 활동하면서 가르침과 배움의 기쁨이 같다는 것을 깨달았습니다. 친구를 위해 저는 수학 공부를 매주 토요일에 가르쳐 주었습니다. 친구가 보다 쉽게 이해할 수 있도록 하기 위해 전날 나름의 방법을 찾아 문제를 풀어 보고 준비했습니다. 친구와 의견을 나누면서 수학 개념과 문제풀이를 하면서 점점 달라지는 친구의 모습에 뿌듯함을 느꼈습니다. 삼각함수를 같이 공부하면서 함수의 원리를 그림을 통해 설명해 주고 함께 풀어 봤습니다. 처음 풀 때는 각자 풀어 보고 서로의 풀이과정을 비교해 보았습니다. 어려운 문제도 더욱 쉽게 접근할 수 있었고 친구가 전혀 이해하지 못했던 개념을 이해하도록 도와준 것 같아 보람찼습니다. 멘토 활동이 없는 날에 친구로부터 부족한 화학과 생물 공부의 도움을 받았습니다. 평소 화학 반응의 양적 계산 문제 풀이가 어려웠던 저는 개념을 적용하는 능력이 좀 부족하다고 생각했는데 친구가 문제의 상황에 따라 적용하는 방법을 가르쳐 주었습니다. 친구의 설명대로 다양한 문제에 적용한 결과 화학 성적이 크게 올랐습니다. 생물은 유전부분을 집중적으로 공부했습니다. 헷갈렸던 개념을 다시 정리하고 저희만의 문제 푸는 방법도 만들었습니다.

배려와 나눔이 친구들에게 먼저 할 수 있도록 양보를 해주거나 필요한 것이 있으면 도와주고 빌려 주는 일들인 줄만 알았습니다. 하지만 교내외의 다양한 봉사활동을 하면서 진정한 의미의 나눔과 배려가 무엇인지 알 수 있었고 그것이 우리 사회에 얼마나 소중하고 값진 것이라는 것도 배울 수 있었습니다. 비록 저의 작은 도움이었지만 친구는 공부에 자신감을 얻었고 저에게 고마움을 느끼며 친한 친구가 되어 주었습니다. 저 또한 저의 멘토인 친구에게 늘 고마운 마음을 갖고 있고 대학에 진학해서도 함께 나누는 삶을 실천해야겠다는 생각을 하게 되었습니다.

■ 작성 사례: 아주대학교 전자공학과

2015학년도 대입전형 수시지원카드

국영수과 (내신)	모외고사 성적현황	국어 (A형)	수학 (B형)	영어	탐구1 (화학Ⅰ)	탐구2 (지구과학Ⅰ)	합(탐구는 2과목 평균값)
(2.54) 등급	3월 모의고사 백분위	74	93	66	90	79	318
	4월 모의고사 백분위	96	78	73	81	97	336
	6월 모의평가 백분위	82	63	87	72	74	305
	백분위 중 최댓값	96	93	87	90	97	336
	백분위 중 최솟값	74	78	66	72	74	305

순	지원수준 (소신) (적정) (안정)	지원대학	학과 (학부)	계열 (인문) (자연) (예체)	전형명칭	모집인원	전년도 경쟁률	수능최저 학력기준	대학별 환산등급	대학별 환산점수 (득점/배점)	대학별 고사일 (월/일)
1	적정	부산대학교	항공우주공학과	자연	학생부교과	8	신설전형	국어A, 수학B, 영어, 과탐(2과목 평균)에 응시하고 수학B 포함 2개 영역 등급 합이 5 이내	2.42	97.17 / 100	없음.

2	소신	아주 대학교	전자 공학과	자연	아주 ACE (일반)	16	7.1:1	없음.	2.53	78.49 / 80	10/25 (토)
3	소신	이화 여자 대학교	전자 공학과	자연	일반 (논술 위주)	15	14.7:1	국어A, 수학B, 영어, 과탐(2과 목 평균) 2개 영 역 2등급 이내	1.47	298.23 / 300	11/23 (일)
4	안정	경북 대학교	섬유 시스템 공학과	자연	일반 (학생부 교과)	6	신설 전형	국어A, 수학B, 영어, 과탐(1과 목) 중 3개 영 역 등급 합이 9 이내	2.59	384.09 / 400	없음.
5	소신	고려 대학교	보건환경 융합 (신설)	자연	일반	38	신설 전형	국어A, 수학B, 영어, 과탐(2과 목 평균) 중 2개 영역 이상 2등급 이내(단, 수학B 또는 과탐 영역 반드시 포함)	2.42	449.82 / 450	11/22 (토)
6	소신	동국 대학교	전자전기 공학부	자연	Do Dream	10	5.5:1	없음.	2.54	983.33 / 1000	11/1 (토)

순	전형방법		전형요소 및 비율					면접 (%)	논술 (%)	적성 (%)
			서류(%)							
			학생부		자소서	추천서				
			교과	비교과						
1		일괄합산	100		.					
	단계별	1단계(배수)								
		2단계								
2		일괄합산								
	단계별	1단계(3배수)	40	60						
		2단계	1단계 50					50		
3		일괄합산	30						70	
	단계별	1단계(2배수)								
		2단계								
4		일괄합산	100							
	단계별	1단계(배수)								
		2단계								

5		일괄합산	45	10				45	
	단계별	1단계(5배수)							
		2단계							
6		일괄합산							
	단계별	1단계(3배수)	100						
		2단계	60				40		

■ 상담의 실제

이 학생은 수시 6회 모두 지원하였는데 학생부교과전형 2회, 학생부종합전형 2회, 논술전형 2회로 지원하였다. 교과관련활동, 창의적 체험활동(학교생활기록부), 학교생활충실도 및 인성, 적성, 교육적 환경, 입학사정관 종합평가 등을 반영하는 입학사정관제 전형 지원을 위한 자가진단 점수[5]가 72점이었으며 이에 따라 학생부종합전형으로 두 곳에 수시지원하였다.

수시지원 당시 3학년 1학기까지의 전 과목 내신은 2.58, 국수영탐 내신은 2.56이었으며 학생부교과전형으로 지원 가능한 대학을 과년도 사례별 합격점수, 배치점수, 지원 대학 홈페이지에 공개된 내신 점수 등을 고려하여 부산대학교 항공우주공학과, 경북대학교 섬유시스템공학과 두 곳에 지원하였다. 두 곳 모두 수능최저등급기준으로 부산대학교 항공우주공학과는 수학B 포함 2과목 5등급 이내, 경북대학교는 3과목 합이 9등급 이내를 요구하였다. 11월 수능시험에서 3과목 9등급 이내의 조건을 만족하여 경북대학교 섬유시스템공학과에 합격하였다. 2014년 11월에 시행된 대학수학능력시험의 수학B 과목이 쉽게 출제되어 상위권 학생들의 변별력이 떨어졌다고 부정적인 여론이 많았으나 일반고의 자연계 학생으로서 수학B 과목이 쉽게 출제되면 어느 정도 자신감을 갖고 응시하여 변별력의 사각지대에서 상대적인 반사이익을 얻고자 하는 것이 입시현장의 솔직한 분위기임을 말하고 싶다.

이 학생은 부반장 경력 1회, 독서 23권, 봉사활동 178시간 및 다수의 교내상을 수상하였으며 적극적이고 다양한 자율활동과 동아리활동을 펼쳐 1학년 때부터 학교생활기록부를 잘 관리하였다. 다만 아쉬운 것은 동아리활동에서 이 학생이 속한

---

5) 첨부한 파일 참고. 자가 진단 점수표.

동아리의 학생 수가 많아서 학생 개인의 독창성과 가능성과 역량을 펼치고 이를 학교생활기록부에 기록한 내용이 적다는 것이다. 학교의 입장에서는 우수한 동아리에 많은 학생을 가입시켜 그 활동과 역량의 수혜를 다수의 학생에게 주고자 하겠지만 이것보다는 소수의 학생들이 모여 자신들만의 독창적이고 지속적인 활동을 펼치는 자율동아리의 활동이 입학사정관들에게 더욱 설득력이 있을 것이다. 또한 자기소개서를 작성할 때 학교생활기록부의 내용을 토대로 하고 학교에서 공인된 교외 활동 위주로 작성하였고 지원 학과와 관련된 내용을 부각시키도록 하였다. 자기소개서 작성에 참고하거나 도움이 될 만한 자료는 주변에서 쉽게 구할 수 있어서 이를 토대로 자기소개서를 여러 차례 삭성하였다. 자기소개시는 대교협 공통양식(필수)과 대학별 요구 양식으로 되어 있는데 자기소개서를 지속적으로 쓸수록 입학사정관들을 설득할 수 있는 자기소개서가 완성되므로 자기소개서를 많이 작성하는 연습을 해야 한다. 자기소개서는 '입학사정관이 왜 나를 합격시켜야 하는가?'를 고민하면서 작성한다면 좋은 자기소개서가 될 것이다.

구술면접에 대비하여 학교에서 몇 차례 모의면접시험을 실시하였고 이를 통해서 학생이 면접 자신감을 키울 수 있었다. 아주대학교의 아주 ACE전형(전자공학과 지원)은 지원 학과에 대한 구체적인 목표의식 여부, 학교생활 안에서 공동체의식과 창의적 역량을 평가요소로 하므로 학교생활기록부에서 이런 평가요소들을 반영할 수 있는 사례와 내용을 발굴하여 자기소개서를 작성하였고 면접에 대비하여 합격하였다.

이 사례 학생은 학교생활기록부의 활동내용, 교내외 활동에 따른 자기소개서 내용이 충실하여 학생부종합전형에서는 어느 정도 자신감이 있었으나 고려대학교와 이화여자대학교는 논술 시험과 두 곳 모두 2과목 2등급이라는 수능최저등급을 달성하는 것이 최대의 난제였다. 그래서 수능최저등급이 없는 학생부종합전형에 무게 중심을 두고 그 준비를 충실히 하였다.

■ 수시 결과

순	지원 대학	학과 (학부)	계열 (인문) (자연) (예체)	전형명칭	합격 여부 (최초합격, 후보○, 불합격)	교사 의견
1	부산 대학교	항공 우주 공학과	자연	학생부교과	불합격	수능최저학력기준을 만족하는 학습계획과 실천이 부족하였으며 수학B과목에서 좋은 점수를 얻지 못했음.
2	**아주 대학교**	**전자 공학과**	자연	아주ACE (일반)	최초합격	학교생활기록부, 자기소개서, 면접을 철저히 준비하여 목표를 달성함.
3	이화 여자 대학교	전자 공학과	자연	일반 (논술위주)	불합격	논술을 준비하는 기간과 수능최저학력기준을 만족하는 학습계획과 실천이 부족하였음.
4	경북 대학교	섬유 시스템공 학과	자연	일반 (학생부교과)	최초합격	수능최저학력기준을 만족하였으며 학교생활기록부의 활동 내용을 긍정적으로 평가받음.
5	고려 대학교	보건환경 융합 (신설)	자연	일반	불합격	논술 미응시
6	동국 대학교	전자 전기 공학부	자연	Do Dream	불합격	면접 미응시

■ 자기소개서

1. 고등학교 재학기간 중 학업에 기울인 노력과 학습 경험에 대해 배우고 느낀 점을 중심으로 기술해 주시기 바랍니다. (1,000자 이내)

언제나 자신 있었던 수학의 고등학교 첫 시험은 충격 그 자체였습니다. 나름대로 열심히 공부했지만 결과가 좋지 않았습니다. 이는 개념을 충분히 알지 못하고 응용력이 부족하여 생긴 결과로 판단했고 '방학 중 수학 방과 후 활동'에 신청하여 기본 개념을 충실히 정리했습니다. 또한 뜻이 맞는 친구들과 수학 스터디그룹을 만들어 Teaching 학습을 하였습니다. 해결하기 쉽지 않았던 문제들을 질문하며 잘 아는 문제는 선생님이 된 것처럼 서로 설명해 주었습니다. 이런 과정을 통해 논리적으로 수학문제를 해결할 수 있는 능력을 기를 수 있었고 친구들이 문제에 접근하는 다양한 시각들을 배움으로써 응용력을 키웠습니다. 이와 같은 노력을 꾸준히 기울인 결과, 우수한 성적을 받을 수 있었습니다. Teaching 학습을 통해 공부는 혼자 하는 것뿐만 아니라 함께하는 것도 시너지 효과를 내는 것임을 깨닫게 되었습니다. 제가 아주대학교에 진학하여 다양한 팀 수업에 참여할 수 있는 자신감도 갖게 되었습니다.

국어는 항상 저의 발목을 잡는 과목이있습니다. 문학을 공부할 때 작품 속 감정과 전개가 쉽게 이해가 되지 않았기 때문입니다. 특히 내신고사에 비해 모의고사에 나오는 작품의 해석이 어려웠습니다. 그것은 작품의 시대적 배경과 작가의 일생에 대한 배경지식이 없었기 때문입니다. 그래서 저는 문학작품의 배경지식을 좀 더 명확히 공부하기로 하였습니다. 우선 문학 참고서에 제시되어 있는 작가소개와 작품의 집필의 시대를 반복적으로 읽고 그 시대 속으로 걸어가 보았습니다. 그 결과 문학의 역사적 흐름을 파악하고 시대 상황에 따른 작가들의 주된 정서를 알게 되어 최인훈의 '광장' 등과 같이 복잡한 시대상과 심리변화를 담고 있는 작품들을 이해할 수 있었습니다. 이렇게 문학작품 읽기에 흥미를 가지게 되었고 더욱 즐겁게 공부해 3학년 때 좋은 결과를 얻을 수 있었습니다. 이런 학습경험을 통하여 실패는 또 다른 동기를 부여하고, 끈기를 가지고 꾸준히 노력한다면 반드시 목표를 달성함을 배우게 되었습니다.

2. 고등학교 재학기간 중 본인이 의미를 두고 노력했던 교내 활동을 배우고 느낀 점을 중심으로 3개 이내로 기술해 주시기 바랍니다. 단, 교외 활동 중 학교장의 허락을 받고 참여한 활동은 포함됩니다. (1,500자 이내)

과학 동아리에서 실시된 융합인재교육(STEAM)활동은 저에게 친구들 간의 의사소통능력과 창의력을 기르게 해주었습니다. STEAM활동은 조별활동이 주를 이루었는데, '상자로 사람이 앉을 수 있는 튼튼하고 아름다운 의자 만들기'와 같은 문제를 제시해 주고 이를 조별로 각자의 특색에 맞게 문제를 해결하게 합니다. 이 뿐만이 아니라 직접 사진을 찍어 보고 기능을 살펴보면서 최신 카메라 기술에 대해 알아보기도 하였습니다. 최신기술뿐 아니라 일회용카메라를 분해하여 내부구조를 알아보고 카메라의 기본원리를 파악하고 DSLR과의 차이점을 분석해 보았습니다. 이런 활동을 통하여 카메라 기술이 예전에 비하여 짧은 시간에 비약적인 발전을 이룬 것을 알게 되었는데, 이는 소비자들에게 어필하기 위해서는 소비자 지향적인 기술발전이 요구되기 때문입니다. 또한 컴퓨터와 태블릿PC의 특징을 비교하여 태블릿PC만의 장점을 찾고 조별로 태블릿PC에 추가하고 싶은 기술이나 앞으로의 태블릿PC를 상상해 보며 각자의 생각을 공유하였습니다. 이 활동들을 통하여 우리의 생각이 곧 기술발전으로 이어질 수 있을 것이며, 기술의 발전부분은 무궁무진할 것을 깨달았습니다. 결국 기술은 사람으로부터 나와 사람을 위해 사용되는 것이라는 결론을 내렸으며, 공학도를 꿈꾸는 저 역시 사회의 관심이 필요한 이를 포함한 모든 사람에게 도움을 줄 수 있는 기술을 개발하고 싶습니다. STEAM활동을 하고 나서 『예술을 꿀꺽 삼킨 과학』이라는 책을 읽으면서 융합기술이 또 어떤 곳에서 적용되었는지 알아보았습니다. 책을 읽고 현재 꽃을 피운 융합기술이 과거부터 치밀한 계획 하에 준비를 하고 있었다는 것에 놀라웠고 미래의 융합기술을 위해 지금도 꾸준히 연구를 하고 있을 공학자들이 있을 거란 생각에 저도 얼른 그 연구에 동참하고 싶다는 생각을 하였습니다. 멀지 않은 미래에 융합기술이 만개하고 있는 사회를 기대하면서 저도 융합기술을 성장시키는 데 일조할 수 있는 창의적인 사람이 되도록 노력하겠다는 다짐을 하였습니다.

　한국사 토론수업은 의견을 당당하게 제시하는 능력을 길러 주었습니다. 탐구토론식으로 진행되었기 때문에 서로 의견을 주고받으며 공부를 할 수 있었습니다. 역사에 대한 기본지식이 없던 터라 토론준비에 최선을 다하였고 적극적인 태도로 수업에 임하였습니다. 조별로 주어진 과제를 탐구, 정리하여 발표를 하는데 초기에는 조원 모두 어떤 식으로 과제를 수행해야 될지 몰라 수업을 진행하는 데 어려움이 많았습니다. 그리하여 용기를 내어 관련 정보를 얻을 매체를 조원들과 분담하고 구체적으로 조사할 내용들을 주도적으로 결정해 보았습니다. 이렇게 만반의 준비를 다들 갖추고 나니, 수업에 어색해하던 조원들도 익숙해지고 각자 의견을 자유롭게 말할 수 있었습니다. 저도 한국사 수업을 적극적으로 참여하면서 자발적으로 손을 들어 제 의견을 말하는 데 두려움이 없어졌습니다. 이 수업을 통해 토론에 대한 거부감이 사라졌고, 또한 모두가 곤란한 상황일 때 좋은 방향으로 이끌어 나갈 수 있도록 의견을 제시할 수 있는 자신감을 얻을 수 있었습니다.

3. 학교생활 중 배려, 나눔, 협력, 갈등 관리 등을 실천한 사례를 들고, 그 과정을 통해 배우고 느낀 점을 기술해 주시기 바랍니다. (1,000자 이내)

○○과학기술제전 봉사활동은 유난히 기억에 남습니다. 체험만 해왔던 제가 처음으로 체험부스를 운영했던 날이기 때문입니다. 3일 동안 부스를 운영해야 하는데 체력적으로 부담도 되고 한 번도 많은 사람을 대면해 보지 못해서 운영하기 전에는 걱정이 앞섰습니다. 하지만 아이들을 생각하며 더듬이스위치로봇을 만드는 연습과 같이 곁들일 설명도 꼼꼼히 준비했습니다. 주요 부품인 전기모터는 전자기유도현상을 이용하여 전기에너지를 회전력으로 전환시킨다. 이것이 아이들에게 전해 주고자 하는 주요 원리였습니다. 더듬이스위치로봇을 완전히 조립을 하기 전에 모터에 전류를 흐르게 하여 모터가 회전하는 모습을 보여 주며 설명을 해주었습니다. 그러나 아이들은 전자기유도현상을 모터만 보고는 이해하기 어려워했습니다. 자석과 쇳가루를 준비해 자기장의 모습을 함께 보여 주었다면 하는 아쉬움이 남았습니다. 후배들에게 잊지 않고 전해 주었더니 다음 해에 열린 기술 제전 준비를 효과적으로 하는 데 도움이 되었다고 합니다. 사람들에 대한 부담감이 있었지만 준비를 한 후 막상 부스 운영을 하니 생각보다 떨지 않았고 오히려 즐거워하는 아이들을 보며 보람을 느낄 수 있었습니다.

부스를 운영하다 보니 대기 줄이 길어져서 불평하는 사람들이 생겨나기 시작했고 친구들과 함께 최선을 다하였지만 체험을 받고 있는 아이들과 기다리는 아이들을 모두 챙겨줄 수는 없었습니다. 고심 끝에 생각한 대책으로 제가 담당 선생님께

건의한 것이 예약제였습니다. 번호표를 활용하면 아이들과 보호자들이 땡볕에 오래 서 있는 필요가 없습니다. 또한 시간대별로 선착순 예약을 한 후 아이들은 줄서서 기다리는 대신에 다른 체험을 즐겼습니다. 예약제를 실행하니 대기 줄이 길어서 불평을 하시는 분들이 사라진 것뿐만 아니라 저희도 쫓기듯이 부스운영을 하지 않아도 되어 체험하는 아이들에게 더 신경을 써서 도와줄 수 있어 체험의 질을 높일 수 있었습니다. 제가 생각한 해결책으로 갈등 상황이 해결되는 것을 겪어 보니 문제 해결에 적극적인 태도를 가져야겠다고 생각하였습니다.

4. 지원동기와 학업계획을 중심으로 자신의 향후 진로에 대해 기술해 주시기 바랍니다. (1,000자 이내)

저는 영화 〈엘리시움〉을 보고 직업에 대한 꿈이 싹텄습니다. 영화 속 인상 깊었던 장면은 첨단의료기기로 누워 있는 환자의 몸을 스캔하여 병의 원인을 알아내 순식간에 치료를 하는 장면입니다. 지금의 과학기술로는 먼 미래의 이야기지만 이는 앞으로 갈수록 규모가 커질 의료복지산업을 이끌어갈 핵심 아이템이 될 것입니다. 여기에 우리나라는 세계를 선도하는 전자공학 기술을 갖고 있어 큰 장점으로 작용될 것입니다. 저는 이러한 전자공학을 공부하여 원천기술을 개발하고 국가 신성장동력으로 발전시키는 주체가 될 것입니다. 또한 의료산업발전에만 기여하는 것이 아니라 IT, NT, BT를 포괄할 수 있는 전자공학 내 원천 분야를 연구하여 융합적인 기술개발에 힘을 쏟고 싶어 전자공학부에 지원했습니다.

아주대학교는 글로벌 인재양성에 초점 두어 대학교육이 운영되기에 세계의 전문가들과 교류하는 데 용이할 것이므로 넓은 시야를 갖고 글로벌 트렌드에 맞춰 꿈을 키워 나갈 수 있을 것 같습니다. 또한 공학교육 혁신센터에서 공학교육 전문프로그램의 지속적이고 체계적인 지원을 받아 전자공학도로 성장할 수 있는 최적의 환경이라 생각하여 아주대학교 전자공학과에 지원하였습니다.

입학하고 아주멘토를 신청하여 대학생활에 빨리 적응하여 학업에 집중할 것이며 기계공학과를 부전공으로 공부하려 합니다. 이는 전자와 기계공학을 연계하여 최신 전자공학 기술을 기계공학적으로 기계와 접목시키는 연구를 미리 준비하기 위해서입니다. 또한 아주대학교와 자매결연을 하고 해외대학교로 교환학생 신청을 하여 그 대학의 특화된 학문을 배우며 다양한 경험을 해보고, 많은 사람들과 친분을 쌓아 글로벌마인드를 함양하여 글로벌 인재가 될 것입니다.

저는 또한 전공인 전자공학을 토대로 통신, 에너지, 의료와 같은 앞으로 사회적 수요가 밀집될 것으로 보이는 분야에서 많은 전문가와 합작하여 융합적 혁신기술을 발전시켜 나갈 것입니다. 궁극적으로 융합적 사고를 통하여 에너지 부족, 생명 유지와 같은 전 인류적 문제를 해결하는 사람이 되고자 합니다.

■ 작성 사례: 인하대학교 정보통신공학과

2015학년도 대입전형 수시지원카드

국영수과 (내신)	모의고사 성적현황	국어 (A형)	수학 (B형)	영어	탐구1 (화학Ⅰ)	탐구2 (생명과학Ⅰ)	합(탐구는 2과목 평균값)
(1.84) 등급	3월 모의고사 백분위	89	81	91	86	77	342
	4월 모의고사 백분위	82	80	84	71	77	319
	6월 모의평가 백분위	92	74	87	69	91	333
	백분위 중 최댓값	92	81	91	86	91	342
	백분위 중 최솟값	82	74	84	69	77	319

순	지원 수준 (소신) (적정) (안정)	지원 대학	학과 (학부)	계열 (인문) (자연) (예체)	전형 명칭	모집 인원	전년도 경쟁률	수능최저학력 기준	대학별 환산 등급	대학별 환산점수 (득점/ 배점)	대학별 고사일 (월/일)
1	적정	인하 대학교	정보통신 공학과	자연	교과 성적 우수자	10	8.5:1	국어A, 수학B, 영어, 과탐(12 과목) 중 2개 영역 등급 합 이 5 이내	1.82	996.93 / 1000	없음.

2	소신	동국 대학교	식품생명 공학과	자연	학교 생활우 수인재	8	8.5:1	없음.	1.83	991.667 / 1000	11/2 (일)
3	소신	경희 대학교	식품생명 공학과	자연	네오르 네상스	7	9.5:1	없음.			10/26 (일)
4	소신	건국 대학교	생명자원 식품 공학과	자연	KU자기 추천	22	7.5:1	없음.			10/25 (토)
5	안정	경북 대학교	자율전 공학부(자 연)	자연	일반 학생 (학생부 교과)	67	신설 전형	국어A, 수학B, 영어, 과탐(1과 목) 3개 영역 등 급 합이 9 이내	1.76	392.47 / 400	없음.
6	안정	부산 대학교	고분자 공학과	자연	학생부 교과	11	신설 전형	국어A, 수학B, 영어, 과탐(2과 목 평균) 수학B 영역을 포함한 2개 영역 등급 합이 5 이내	1.94	98.13 / 100	없음.

순	전형방법		전형요소 및 비율						
			서류(%)				면접 (%)	논술 (%)	적성 (%)
			학생부		자소서	추천서			
			교과	비교과					
1		일괄합산	100						
	단계별	1단계(배수)							
		2단계							
2		일괄합산							
	단계별	1단계(3배수)	100						
		2단계	60		20		20		
3		일괄합산							
	단계별	1단계(3배수)	100						
		2단계	70				30		
4		일괄합산							
	단계별	1단계(2배수)	100						
		2단계					100		
5		일괄합산	100						
	단계별	1단계(배수)							
		2단계							

6	단계별	일괄합산	100						
		1단계(배수)							
		2단계							

■ 상담의 실제

이 학생은 3학년 1학기까지의 전 과목 내신이 1.67, 국수영탐 내신이 1.84로 비교적 상위권에 속하는 학생으로서 학생부종합전형을 위한 학교생활기록부상의 내용도 충실하여 비교적 수시지원의 폭이 넓고 진학희망 대학의 기대수준이 높았던 학생이었다.

상위권의 내신 성적으로 수도권 소새 사립대학교 4곳, 지방의 국립대학교 2곳에 지원하였으며 전형유형으로는 학생부교과전형 4곳, 학생부종합전형 2곳이다. 특히 꾸준한 동아리활동, 각종 교내경시대회수상, 다양한 자율활동 등으로 자신이 지닌 과학적 잠재성과 끼를 학교생활기록부에 잘 기록하였고 이를 바탕으로 자기소개서, 면접 등을 적극적으로 준비할 수 있었다. 이 학생은 적극적이고 왕성한 비교과영역 활동 대신 입시와 관련한 안목과 기회 가능성에 대한 접근 능력이 뛰어나 입학사정관제에 대비하여 조금이라도 플러스요인이 된다면 주저하지 않고 자신에게 주어진 기회와 경험을 최대한 활용하는 타입의 학생이었다. 교내 심화반에 속하였지만 자신을 크게 드러내지 않고 묵묵히 성실하게 공부와 비교과활동을 쌓았으며 3년간 개근할 만큼 신뢰와 믿음이 가는 학생이며 이런 믿음은 수험생의 인성과 같은 비정량적인 요소로 작용하여 입시의 면접관들에게 긍정적인 영향을 미칠 것이라는 생각이다. 그렇지만 이 학생의 성향이 내성적이고 다른 이의 의견을 주로 청취하는 타입이라서 면접시험에서 다소 불리하게 적용될 것이라는 우려도 있었다.

학생부종합전형만으로 수시 입시를 대비하기에 불안한 스펙인 점을 감안하여 학생부종합전형은 2곳에 지원하였는데 건국대학교 생명자원식품공학과(KU자기추천자전형)는 1단계는 합격했지만 최종단계에서 불합격하였고, 경희대학교 식품생명공학과(네오르네상스전형)는 최종단계에서 후보 5위로 마감하였다. 두 곳 모두 1단계는 통과하였으나 2단계의 면접시험에서 좋은 점수를 얻지 못했다. 학생의 성격이 내성적이어서 자신의 생각을 제한된 시간에 적극적으로 나타내지 못했을 것이다. 그렇지만 1단계를 통과했다는 사실은 학생부종합전형에 필요한 요소들을 3년간 차근차근 잘 준비했다는 사실을 말해 준다. 교내에서 구술 면접시험에 대비한 모의면접테스트를 가졌으나 면접현장의 실전감은 많이 부족하였다.

학생부교과전형으로는 동국대학교 식품생명공학과, 인하대학교 정보통신공학과, 경북대학교 자율전공학부, 부산대학교 고분자공학과에 지원하였다. 과년도 합격 사례 및 배치 자료를 참고하여 적정 및 소신 지원하였다. 동국대학교, 경북대학교, 인하대학교에 합격하였고 부산대학교는 수능최저학력기준을 충족하지 못하여 불합격하였다. 이 사례 학생은 수학B 과목에서 줄곧 2, 3등급을 유지하였으나 2014년 11월 수학능력시험의 수학B 과목이 변별력을 잃어버려 5등급을 얻었고 이로 인해 수학B 과목 등급점수가 결정적인 대학에서는 수능최저학력기준을 충족하지 못했다. 2014년의 수시 입시에서는 많은 학생들이 이런 곤란한 경우를 경험했을 것이다.

학생부종합전형을 대비해서 면접력을 키우고 수학B 과목 시험에서 변별력만 확보되었다면 이 사례 학생의 수시 입시는 적합했을 것이다.

■ 수시 결과

순	지원 대학	학과 (학부)	계열 (인문) (자연) (예체)	전형명칭	합격 여부 (최초합격, 후보○, 불합격)	교사 의견
1	인하 대학교	정보 통신 공학과	자연	교과성적 우수자	합격	합격 사례 내신 점수를 적합하게 분석하고 수능최저학력기준 등급을 만족하는 전략으로 합격함.
2	동국 대학교	식품 생명 공학과	자연	학교생활 우수인재	합격	학생부종합전형의 평가 요소들에 대한 성실한 준비와 면접 연습으로 합격함.

순	지원대학	학과	계열	전형명칭	합격여부	결과분석
3	경희대학교	식품생명공학과	자연	네오르네상스	후보 5	최초합격에 근접한 후보 순위로 전형기준과 방향을 정확히 인지하고 준비했으나 실제 면접에서 부족한 평가가 있었음.
4	건국대학교	생명자원식품공학과	자연	KU자기추천	불합격	1단계에 합격하였으며 2단계 면접 평가가 미흡하였음.
5	경북대학교	자율전공학부(자연)	자연	일반학생(학생부교과)	합격	합격 사례 내신 점수를 적합하게 분석하고 수능최저학력기준 등급을 만족하는 전략으로 합격함.
6	부산대학교	고분자공학과	자연	학생부교과	불합격	수능최저학력기준 미달

■ 작성 사례: 동국대학교 바이오환경공학과

2015학년도 대입전형 수시지원카드

국영수과 (내신)	모의고사 성적현황	국어 (A형)	수학 (B형)	영어	탐구1 (화학Ⅰ)	탐구2 (생명과학Ⅰ)	합(탐구는 2과목 평균값)
(2.61) 등급	3월 모의고사 백분위	99	87	93	87	59	352
	4월 모의고사 백분위	99	81	95	78	77	353
	6월 모의평가 백분위	92	80	81	89	38	317
	백분위 중 최댓값	99	87	95	89	77	353
	백분위 중 최솟값	92	80	81	78	38	317

순	지원수준 (소신)(적정)(안정)	지원대학	학과 (학부)	계열 (인문)(자연)(예체)	전형명칭	모집인원	전년도 경쟁률	수능최저학력기준	대학별환산등급	대학별환산점수 (득점/배점)	대학별고사일 (월/일)
1	소신	동국대학교	바이오환경과학과	자연	Do Dream	6	12:1	없음.			11/1 (토)
2	소신	경희대학교	식물환경신소재학과	자연	네오르네상스	4	6:1	없음.			10/25(토)

3	소신	서울과학기술대학교	화공생명공학과	자연	전공우수자	10	13.4:1	없음.			11/21(금)~23(일)
4	소신	건국대학교	보건환경과학과	자연	KU자기추천자	6	4.3:1	없음.			10/25(토)
5	적정	경북대학교	응용화학공학과	자연	학생부종합	12	신설전형	국어A, 수학B, 영어, 과탐(1과목) 중 3개 영역 등급 합이 9 이내			11/15(토)
6	안정	울산대학교	화학공학부	자연	UOU프런티어	4	8:1	국어AB, 수학AB, 사과탐(1과목) 2개 영역 등급 합 8	2.61	622 623	10/18(토)

순	전형방법		전형요소 및 비율					면접 (%)	논술 (%)	적성 (%)
			서류(%)							
			학생부		자소서	추천서				
			교과	비교과						
1	단계별	일괄합산								
		1단계(3배수)	100							
		2단계	60					40		
2	단계별	일괄합산								
		1단계(3배수)	100							
		2단계	70					30		
3	단계별	일괄합산								
		1단계(3배수)	100(활동보고서 포함)							
		2단계	70					30		
4	단계별	일괄합산								
		1단계(3배수)	100							
		2단계						100		
5	단계별	일괄합산								
		1단계(5배수)	100							
		2단계	70					30		
6	단계별	일괄합산	70(교과 90, 출결 10)					30		
		1단계(배수)								
		2단계								

■ **상담의 실제**

이 학생은 3학년 1학기까지의 전 과목 내신이 2.78, 국수영탐 내신이 2.61로 중상위권에 속하는 학생이다. 1학년부터 3학년 1학기까지의 내신 점수가 큰 변화 없이 2.5~2.6점대를 유지하였고 학습역량이 좋은 편이었다. 그렇지만 분주하고 바쁜 교내활동으로 인해 학습량이 부족하여 학업성취도는 높은 편이 아니었다. 학교생활기록부에 나타난 이 학생의 교내 활동 상황은 상당히 적극적이고 의미 있는 내용들이어서 학생부종합전형(입학사정관제)을 위한 준비를 충실히 하였음을 알 수 있다. 먼저 개인상과 단체상을 비롯하여 각종 교내 수상 실적이 27회로 우수하였으며 교과 관련 이외에 탐구토론대회, UCC공모전, 과제연구발표대회, 교내 백일장, 교내 미소콘테스트대회, 모범학생 표창과 같은 다양한 비교과 관련 분야에서도 끼와 소질을 충분히 발휘하여 수상하였다. 또한 왕성하고 활발한 동아리활동상황이 학교생활기록부에 잘 나타나 있는데 과학 동아리의 특징상 동아리활동일자별로 주제별 실험 및 제작, 연구, 보고서 작성 등의 내용이 충실하게 누가 기록되어 있다. 그 외에 진로활동, 봉사활동(동아리봉사활동 포함) 등의 내용이 충실하고 알차게 기록되어 있어서 자기소개서 작성을 위한 자양분이 되었다. 그리고 학생의 타고난 인성이 밝고 명랑하여 면접 상황에서 주눅 들지 않고 자신 있고 당당하게 자신의 생각과 의지를 명확하게 표현할 토론 면접능력이 좋다는 점도 큰 장점이 되었다. 그런데 이 사례 학생의 최종 내신 점수와 모의학력평가 점수가 불안하여 진학 희망하는 수도권 소재 대학에 학생부교과전형으로 지원하여 수능최저학력기준을 만족하여 합격하는 것이 불확실하였다. 이런 점들을 고려하여 수시전형에서 6회 모두 학생부종합전형으로 지원하였다.

지속적으로 관심을 갖고 있는 화학과, 화학공학과, 바이오 생명공학 관련학과에 지원하고 학생이 고등학교에서 쌓아 왔던 다양하고 성실한 비교과활동에 대한 잠재력과 가능성을 제대로 평가해줄 수 있는 입학사정시스템을 갖춘 대학을 선정하였는데 수도권의 경희대학교 네오르네상스전형, 동국대학교의 Do Dream전형, 건국대학교의 KU자기추천전형, 서울과학기술대학교의 전공우수자전형은 학생의 잠재성을 평가하고 검증하는 시스템을 잘 갖추고 있고 이 학생이 충분한 경쟁력을 발휘할 수 있다고 파악하여 위 네 곳의 대학에 지원하였다. 또한 이 대학들은 수능최저학력기준이 없어서 모의학력평가 점수와 평가원 모의수능시험의 등급이 만족스럽지 못했던 점을 고려한다면 최선의 전략적 선택일 수밖에 없었다. 경희대학교, 동국대학교는 수시 합격하였으나 건국대학교는 1단계 합격 후 2단계 면접에서 불합격하였다. 건국대학교에서 요구하는 면접 요소를 충분히 파악하지 못했거나 면접 당일 여러 가지 면접 불안 요소들로 인해 평소 지닌 면접 역량을 충분히 발휘하지 못한 듯하였다. 서울과학기술대학교는 면접에 응시하지 않았다. 그 외에 경북대학교 학생부종합전형, 울산대학교 UOU프런티어 전형으로 지원하였는데 이 두 곳은 수시지원의 합격 안정성을 확보하기 위한 전략이었다. 그런데 울산대학교는 예상대로 합격하였으나 경북대학교는 후보에 머무르고 말았는데 분석하기 어려운 결과였다. 학생의 면접 능력이 아무리 좋아도 수도권대, 지방대, 국립대, 사립대별로 존재하는 특징 있고 개성 있는 면접 요소들을 만족스러운 맞춤형으로 준비하는 것이 불가능함을 말해 주었다. 다만 수시지원 대학 모두 1단계는 합격하였다는 사실에서 수시지원 대학 선택이 옳았다는 타당한 평가를 할 수 있었다.

이 사례 학생의 경우 내신 점수와 수능 점수를 조금만 높였다면 보다 완벽한 수시지원 결과를 만들 수 있었을 것이다.

■ 수시 결과

순	지원 대학	학과 (학부)	계열 (인문) (자연) (예체)	전형명칭	합격 여부 (최초합격, 후보○, 불합격)	교사 의견
1	동국 대학교	바이오 환경 과학과	자연	Do Dream	합격	학교생활기록부에 충실하게 기록된 모든 사항이 학생부종합전형을 위한 충분한 자양분의 역할을 하였고 학생의 면접 역량이 긍정적으로 작용하여 합격하였음.

2	경희 대학교	식물환경 신소재 학과	자연	네오르네상스	합격	학교생활기록부에 충실하게 기록된 모든 사항이 학생부종합전형을 위한 충분한 자양분의 역할을 하였고 학생의 면접 역량이 긍정적으로 작용하여 합격하였음.
3	서울과학 기술대 학교	화공 생명 공학과	자연	전공우수자	불합격	미응시
4	건국 대학교	보건 환경 과학과	자연	KU자기추천자	불합격	1단계에 합격하였으나 2단계 면접 평가가 미흡하였음.
5	경북 대학교	응용 화학 공학과	자연	학생부종합	후보21	1단계에 합격하였으나 2단계 면접 평가가 미흡하였음.
6	울산 대학교	화학 공학부	자연	UOU프런티어	합격	학교생활기록부에 충실하게 기록된 모든 사항이 학생부종합전형을 위한 충분한 자양분의 역할을 하였고 학생의 면접 역량이 긍정적으로 작용하여 합격하였음.

■ 자기소개서

1. 고등학교 재학기간 중 학업에 기울인 노력과 학습 경험에 대해서 자유롭게 기술하세요. (1,000자 이내)

보이그룹 인피니트가 부릅니다. '내꺼 하자.' 한 인기 남자 아이돌이 부른 '내꺼 하자'는 상호 멘토 멘티 시간에 '공부 너 이리와 내꺼 하자'는 의미의 저희 조이름이었습니다. 공부를 내 것으로 만들기 위해 첫 시간을 공부에 대한 각자의 생각을 이야기해 보는 시간을 가졌습니다. 공부에 대한 얘기를 하자 모두의 입에서 나오는 이야기는 "공부는 재미가 없어"였습니다. 저희는 모두가 가지고 있는 이 생각 공부는 재미가 없다는 생각을 깨고 재미있는 공부를 해보기로 했습니다. 그러기 위해 모르는 문제를 정하고 풀어 주거나 개념정리를 하는 다른 조들과 다르게 돌아가면서 차별화된 발표 수업을 했습니다. 일주일에 한 명씩 돌아가면서 일주일 동안 배운 것을 재미있게 발표하는 것입니다. 한 달에 한 번 발표 준비를 하는 것이지만 처음에는 자신이 좋아하는 과목의 일주일 동안 진도를 정리해 발표한 것에 지나지 않았습니다. 하지만 서로 경쟁이 붙으면서 각자의 외우는 방법과 유행어를 만들어 가며 재미있게 설명하려고 노력했습니다. 좋아하는 과목 정리에서 시작해 일주일 동안의 전 과목 핵심 내용 정리로 바뀌었습니다. 꼼꼼한 개념 정리는 할 수 없었지만 시험에 발표 내용이 나오면 친구가 한 발표 내용이 기억나는 경우가 많았습니다. 저 같은 경우에는 일주일 동안 예능프로의 콘셉트를 따와 PPT를 만들어 예능 프로의 진행자가 되어 유머를 곁들여 설명해 주었습니다. 한 달에 한 번 하는 발표지만 발표능력을 기를 수 있고 제가 중요하다고 생각한 부분과 친구들의 생각을 비교하며 핵심을 파악하는 능력을 키울 수 있었습니다. 그날의 발표 수업을 하고 중요 내용을 다 정리 한 후에는 내꺼 하자를 외치며 일주일간의 결의를 다졌습니다. 2년 간 매주 토요일마다 이런 활동을 하니 공부에 내한 서부삼 자체가 없어졌고 재미있는 공부를 할 수 있었습니다. 공부에 거부감이 없고 재미를 느낄 수 있으면 꾸준하고 심도 있는 공부를 할 수 있습니다. 또한 대학교 가면 많다는 프레젠테이션, 발표 수업 또한 긱정 없습니다.

2. 고등학교 재학기간 중 본인이 의미를 두고 노력했던 교내 활동(교과 및 비교과 포함)을 3개 이내로 기술하세요. 단, 교외 활동 중 학교장의 허락을 받고 참여한 활동은 포함됩니다. (1,500자 이내)

확실한 진로와 적성을 찾기 위해 한 다양한 활동 중 의미 있었던 활동은 '환경과 인간의 징검다리'를 하겠다는 확신을 준 활동입니다.

수변공원 생태조사는 환경에 대한 지속적인 관심을 유지해 주고 흥미를 확신하게 해준 활동이라고 할 수 있습니다. ○○시청이 주최하는 과학 기술 멘토와의 만남에 참여해 '울산에 겨울철마다 찾아오는 까마귀들은 어디에서 왔을까?'라는 주제의 강연을 듣고 '울산에 다른 새들은 찾아오지 않는지'와 같은 궁금증이 생겼습니다. 이런 궁금증을 해결하기 위해 수변 공원 생태조사의 새 팀에 참여하기로 결정했습니다. 2주에 한 번씩 수변 공원에 나가 망원경으로 새들을 새의 종류와 개체수를 탐색 및 기록하는 일을 했습니다. 새의 사진 촬영 역할을 맡았는데 날아가는 새를 찍기는 어려웠지만 일지를 완성해 나가면서 보람을 느꼈습니다. 조사가 다 끝난 후에는 식물팀, 수질팀과 조사결과를 공유하며 정리하는 활동을 했는데 이 활동으로 주변의 생태를 알게 되고 생태를 위한 일을 하고 싶어졌습니다.

환경과 인간이 하나라고 생각하게 된 활동이 바로 생태계 파괴생물 뉴트리아를 주제로 한 교내 논문 대회를 준비하면서였습니다. 자신이 연구하고 싶은 내용을 선택해 보고서로 써야 하는 이 대회는 처음엔 굉장히 막막하게 다가왔습니다. 생태계에 대해 연구하고 싶다는 막연한 생각을 하고 있을 때 우연히 생물선생님과 대화를 나누다 뉴트리아에 대해 알게 되었고 인터넷조사 결과 뉴트리아에 대한 정보가 부족하다고 판단하여 뉴트리아를 알리겠다는 목적을 가지고 주제를 선정했습니다. 부산시와 김해시에서 포상금 제도를 실시하고 있다는 기사 한 줄을 보고 김해 시청에 여러 번 연락해 뉴트리아 포획꾼과 날짜를 잡고 김해시로 현장조사를 나갔습니다. 뉴트리아를 해부하며 식습관을 파악하고 일정일마다 개체수를 확인하고 뼈를 맞추는 등 뉴트리아 연구를 진행하였습니다. 뉴트리아의 생태계 파괴 현장을 조사하면서 느낀 점이 많습니다. 뉴트리아는 잡식성으로 낙동강 유역 생태계 파괴는 물론 민가의 농작물과 가축들에게도 피해를 주는 생물입니다. 이런 뉴트리아는 인간이 식용과 모피로 이용하기 위해 들여온 것이었습니다. 인간의 편의를 위해 들여온 생물이 생태계와 인간에 다시 피해를 주고 인간에 의해 죽음을 당하는 상황을 조사했습니다. 그러다 보니 환경과 인간의 직접적인 연관성을 실감할 수밖에 없었습니다. 환경에 무지하다 보면 결국 인간에게 피해가 돌아오는 것을 확인하자 인간과 환경 모두의 복지 증진을 생각하게 되었습니다.

마지막으로는 환경 기술과 제도에 대한 필요성을 느낀 에코타운 만들기가 있습니다. 동아리에서 조를 이루어 에코 타운을 설계하기 위한 태양에너지, 수소에너지, 바이오매스 등의 여러 친환경 에너지 등을 배웠습니다. 이렇게 친환경 도시를 계획하면서 제일 크게 든 생각은 친환경 에너지 기술 자체를 발전시키는 것도 중요하지만 기술을 상용화시키는 제도 또한 에코타운을 건설하는 데 정말 필요한 요소라는 것입니다.

따라서 저는 위 활동들을 통해 환경과학기술을 바탕으로 한 환경정책 연구원이 되어 환경과 인간의 징검다리가 되고 싶습니다.

3. 학교생활 중 배려, 나눔, 협력, 갈등 관리 등을 실천한 사례를 들고 그 과정을 통해 배우고 느낀 점을 구체적으로 기술하세요. (1,000자 이내)

고등학교 2학년 부반장을 했을 때의 일입니다. 스승의 날을 맞아 선생님을 위한 이벤트를 준비하기로 했는데 반 아이들의 숫자가 37명이다 보니 의견이 달라 회의가 산으로 가고 있었습니다. 다른 반과는 다른 기억에 남을 만한 것을 준비해 드리고 싶어 국어 선생님이신 담임선생님을 위해 한 편씩 시를 써드리자는 의견을 냈습니다. 찬성하는 분위기였지만 교실 한구석에서 구시렁거리는 소리가 들려왔습니다. 교실 한편으로 가 친구들의 의견을 물으니 시를 쓰는 건 너무 부담스럽다는 의견이 나왔고 그 친구들을 위해 실제 있는 시를 모방하여 쓰거나 선생님의 성함으로 3행시를 쓰는 것을 권했고 친구들은 이에 따라 주었습니다. 우리 반은 그렇게 시집을 완성하였고 그 시를 통한 퀴즈를 내는 등 선생님과 다 같이 즐거운 시간을 보낼 수 있었습니다.

3학년의 학급회의 시간에는 학급의 일원으로서 화학 선생님인 담임선생님을 위해 주기율표를 만들어 드리고 싶다는 생각을 했습니다. 하지만 음료수에 포스트잇을 붙여 드리고 싶다는 친구들이 많아서 음료수에 포스트잇을 붙여 응원 편지를 쓰고 뚜껑에 원소 기호를 써서 드리는 것으로 의견을 정리해 제안했습니다. 그러자 친구들 모두 좋은 생각인 것 같다며 한 번에 의견이 통과되었고 다 같이 선생님께 드리자 선생님 또한 무척 좋아하셨습니다.

'과학 부스 운영 봉사활동'은 청소와 책 정리와 같은 중학교 때 하던 봉사활동과는 달랐습니다. 사실 처음 노동력을 나누는 것뿐만 아니라 지식을 나누는 것도 포함된다는 것을 알려준 부스활동을 좋아하게 된 이유는 과학과 실생활의 직접적인 연관성을 일깨워 주고 제가 과학을 좋아하는 데 큰 동기부여가 됐기 때문입니다. 하지만 점점 부스활동을 하면서 체험자들이 즐거워하고 신기해하는 모습을 보면서 체험하는 사람이 부스 운영으로 인해 과학에 흥미를 가지고 좋아하게 되는 계기가 됐으면 좋겠다고 생각했습니다.

■ 작성 사례: 국민대학교 건축학부

2015학년도 대입전형 수시지원카드

국영수과 (내신)	모의고사 성적현황	국어 (A형)	수학 (B형)	영어	탐구1 (화학 I)	탐구2 (지구과학 I)	합(탐구는 2과목 평균값)
(1.85) 등급	3월 모의고사 백분위	85	88	81	95	87	345
	4월 모의고사 백분위	91	69	84	62	85	318
	6월 모의평가 백분위	85	92	72	75	98	336
	백분위 중 최댓값	91	92	84	95	98	345
	백분위 중 최솟값	85	69	72	62	85	318

순	지원수준 (소신)(적정)(안정)	지원대학	학과 (학부)	계열 (인문)(자연)(예체)	전형명칭	모집인원	전년도경쟁률	수능최저학력기준	대학별환산등급	대학별환산점수 (득점/배점)	대학별고사일 (월/일)
1	적정	국민대학교	건축학부	자연	교과2 성적 우수자	6	9.2:1	국어A, 수학B, 영어, 과탐(2과목평균)영역 중 2개 영역 등급 합이 6 이내	1.85	990.62 / 1000	없음.
2	적정	국민대학교	건축학부	자연	국민프론티어	11	13.45:1	없음.	1.85	297.19 / 300	10/26 (일)
3	소신	서울대학교	건축학과 (건축학)	자연	일반	19	6.1:1	없음.	1.78	94.03 / 100	11/21 (금)

순	안정	대학	학과	계열	전형명	인원	경쟁률	수능최저	내신	환산점수	면접일
4	안정	숭실대학교	건축학	자연	학생부우수자	16	7.81:1	국어A, 수학B, 영어, 과탐(2과목 평균)영역 중 2개 영역 등급 합이 6 이내	1.84	95.81 / 100	없음.
5	안정	경북대학교	건축학부(건축전공)	자연	일반학생(학생부종합)	5	신설	국어A, 수학B, 영어, 과탐(1과목)영역 중 3개 영역 등급 합이 9 이내	1.82	391.72 / 400	11/15(토)

순	전형방법		교과	비교과	자소서	추천서	면접(%)	논술(%)	적성(%)
1	일괄합산								
	단계별	1단계(6배수)	100						
		2단계	70				30		
2	일괄합산								
	단계별	1단계(3배수)	30		70				
		2단계	1단계 50				50		
3	일괄합산								
	단계별	1단계(2배수)	100						
		2단계	서류 100				100		
4	일괄합산		100						
	단계별	1단계(배수)							
		2단계							
5	일괄합산								
	단계별	1단계(5배수)	100						
		2단계	1단계 70				30		

■ 상담의 실제

이 학생은 수시 5회 모두 지원하였는데 학생부교과전형 2회, 학생부종합전형 3회이다. 평소 건축학에 대한 관심과 열정이 높아 5곳 모두 건축학부(과)로 지원하

---

6) 첨부한 파일 참고. 자가 진단 점수표.

였으며 주관과 소신이 뚜렷하고 건축학에 대한 높은 비전과 안목을 가진 학생이었다. 입학사정관제 전형 지원을 위한 자가진단 점수[6]가 70점이었고 또한 면접능력이 좋아 학생부종합전형에 지원하였다. 학생 스스로의 주관적인 기준으로 자가진단 점수를 산정하지만 학생부종합전형 기준의 바로미터가 될 수 있기에 유용하게 사용할 수 있다.

수시지원 당시 3학년 1학기까지의 전 과목 내신은 1.72, 국수영탐 내신은 1.85이었으며 학생부교과전형으로 지원 가능한 대학은 학교에서 사용하는 다양한 배치기준 자료를 활용하여 국민대학교 건축학부(교과2전형), 숭실대학교 건축학과(학생부우수선형), 경북내학교 건축학부(일반희생전형) 등이었다. 모두 수능최저하력기준이 적용되었으며 이를 만족하기 위해 내신 공부와 더불어 모의고사 공부에 최선을 다했으며 6월 평가원 모의고사까지의 1학기 모의고사에서는 최저학력기준을 만족하여 수능결과를 긍정적으로 예측하였다. 그러나 학생부종합전형을 준비하는 과정에서 자기소개서, 면접 준비에 많은 시간을 할애하여 수능 준비를 소홀히 한 점이 많았으며 결과적으로 수능시험에서 최저학력기준을 만족하지 못하여 세 곳 모두 불합격하였다.

또한 국민대학교 건축학부 프런티어전형의 면접 고사일이 10월 26일이었는데 이 면접을 준비하느라 상당한 시간 동안 수능 공부에 집중하지 못하여 수능에서 좋은 점수를 얻지 못하였다.

학급 부장 2회, 봉사활동 67시간과 다수의 교내상을 수상하였으며 소속 동아리는 건축학과와 무관한 영어 동아리였지만 열정적으로 활동하였고 그 과정과 결과가 학교생활기록부에 잘 기록되어 있다. 진로희망란에 3년 동안 일관되게 건축가가 되기를 원했고 독서, 교과세부 특기사항에 예비 건축가로서의 관심과 자질이 잘 기록되어 있었다. 학교생활기록부에 동아리(자율동아리포함)활동, 자율활동, 봉사활동 등에 학생이 지닌 건축에 대한 열정을 지속적으로 나타내고 표현한 내용이 부족했지만 워낙 건축학에 대한 열정과 설득력, 면접 능력이 우수하여 국민대학교 프런티어 전형으로 건축학부에 합격하였다. 특히 국민대학교의 경우 자기소개서는 반드시 학교생활기록부에 근거하여 작성하여야 하므로 학교생활기록부에서 기록되지 않은 건축가로서의 자신의 꿈과 끼를 면접현장의 주어진 상황에 최선을 다하여 입학사정관들에게 잘 설명하여 좋은 결과를 얻었다. 수능시험 준비를 제대로 하지 못할 정도로 면접 준비에 많은 정성을 기울였고 그 결과가 좋아 다행이었다. 서울대학교의 일반전형은 학생의 열정을 바탕으로 지원하였는데 1단계 불합격하였다. 내신이 부족했고 학교생활기록부상에서 동아리(자율동아리포함)활동이 부족했던 우려가 그대로 나타났다. 그렇지만 1단계 선발을 서류가 아닌 면접으로 하였다면 이 학생은 충분히 합격하였을 것이다. 국민대학교가 학생의 숨은 잠재력과 가능성을 정확히 분석하여 우수 학생을 합격시킨 사례라고 할 수 있다.

■ 수시 결과

순	지원 대학	학과 (학부)	계열 (인문) (자연) (예체)	전형명칭	합격 여부 (최초합격, 후보○, 불합격)	교사 의견
1	국민 대학교	건축 학부	자연	교과2 성적 우수자	불합격	학생부종합전형 준비(자기소개서, 면접)에 따른 수능시험 준비 부족으로 인한 수능최저학력기준 미달
2	국민 대학교	건축 학부	자연	국민프론 티어	최초합격	전략적으로 국민대 프론티어 전형에 전념했으며 면접과 자기소개서를 철저히 준비하였음. 면접에서 전공적합성, 인성, 자기소개서의 사실 여부 등이 중요한 요소로 작용하였음.
3	서울 대학교	건축 학과 (건축학)	자연	일반	불합격	서울대학교 일반전형의 1단계 합, 불 기준이 불확실하여 50%의 확신이 있었으나 1단계에 합격하기에 내신이 다소 부족하였음.
4	숭실 대학교	건축학	자연	학생부 우수자	불합격	학생부종합전형 준비(자기소개서, 면접)에 따른 수능시험 준비 부족으로 인한 수능최저학력기준 미달

5	경북 대학교	건축학부 (건축 전공)	자연	일반학생 (학생부 종합)	불합격	학생부종합전형 준비(자기소개서, 면접) 에 따른 수능시험 준비 부족으로 인한 수능최저학력기준 미달

■ 자기소개서

1. 고등학교 재학기간 중 학업에 기울인 노력과 학습 경험에 대해 배우고 느낀 점을 중심으로 기술해 주시기 바랍니다.

성적을 궁극적 목표로 하는 한국 학생들, 저도 그중에 한 명이었습니다. 오히려 승부욕이 강한 탓에 더 치열했습니다. '성적 말고 얻은 것이 뭘까?' 배우는 것을 모두 외워 버리는 방법을 통해 전교 1등으로 1학년을 마무리할 때 든 생각이었습니다. 저의 공부는 겉핥기식이었고 열심히만 하면 좋은 성적을 받을 수 있었지만 진짜 주체적으로 알고자 하는 공부가 아님을 알았습니다. 그때 EBS 공부의 왕도에서 수학교과서를 중요시하는 한 학생을 보게 되었습니다. 그때 교과서는 수학적 사실을 기억하게 하는 것을 넘어 수학적으로 생각하고 적용하게 한다는 말이 귀에 들어왔습니다. 그 후 고민 끝에 과감하게 학원을 그만두고 선행학습 없이 교과서만 이용해서 공부를 해보기로 결심했습니다. 그리고 곧장 교과서의 매력을 알게 되었습니다. 수학Ⅱ의 삼각함수 단원을 예로 들면 도입부에 '왜 배우는가?'를 알려 주는 부분에서 삼각함수는 전자 공학에 자주 쓰인다고 나와 있습니다. 그러면 '삼각함수가 원을 좌표를 표시하다 나온 함수이고 그것이 전자파의 파동을 계산할 때 도움이 되는 건가?' 하고 생각이 꼬리를 물고 나왔습니다. 그렇게 실생활과 연관을 짓거나 그 외에 공식이 나오게 된 배경 등을 알게 될 때 큰 흥미를 느꼈고 단원마다 다른 에피소드가 생기게 되니까 오래 기억에 남았습니다. 그리고 책장을 넘기면 삼각함수 공식들이 유도되기까지 과정이 나오는데 이 부분은 대부분의 참고서에는 생략되어 있었습니다. 하지만 그 부분을 숙지한 후 문제를 풀 때 공식을 굳이 외우지 않더라도 출제의도를 따라 풀게 되고 그것 또한 에피소드 중 하나가 되었습니다. 이런 식으로 저의 교과서 공부법은 첫째, 알아 가는 즐거움을 주었습니다. 영화도 스포일러 당하면 재미없듯이 선행학습은 저에겐 필요가 없음을 알았고 교과서는 이용할 때 그 단원의 역사와 쓰임 등이 흥미를 더했습니다. 둘째, 자신감을 얻었습니다. 저만의 공부법을 가지고 뒤처짐 없이 잘해 왔고 성적과 상관없이 도전함으로써 더 값진 것을 얻을 수 있었던 경험이었습니다.

2. 고등학교 재학기간 중 본인이 의미를 두고 노력했던 교내 활동을 배우고 느낀 점을 중심으로 3개 이내로 기술해 주시기 바랍니다. 단, 교외 활동 중 학교장의 허락을 받고 참여한 활동은 포함됩니다.

교내에서 직접적으로 건축과 관련된 활동을 할 기회는 없었지만 모든 활동에 의미를 부여할 때 저는 항상 작은 건축가였습니다. (리더가 된 건축가) 1학년 때 한국사 수업은 조별 팀구방식이있고 조장을 사처해 최고의 조를 만들 것이라고 기세등등해 있었습니다. 하지만 학업능력이 다른 조원들을 노두 적절히 이해시킨 후 발표준비를 하다 시간을 초과하는 일이 빈번했습니다. 해결방법을 고민하다가 조원들에게 수업시삭 선 시간별로 간략하게 계획을 세우고 활동을 세 단계로 쪼개서 순환방식으로 맡아 보자고 제안했습니다. 처음엔 돌아가며 분담하는 듯하다가 나중에는 신기하게도 조원들이 각자 잘하는 일을 찾아서 활동을 했고 시간 여유가 많아지다 보니 소통하는 시간이 더 많아지게 되었습니다. 그 결과 6명이 모두 적극적이고 갈등 없는 조라 불리기 시작했고 저는 리더의 자질을 찾을 수 있었습니다. 리더가 팔로워들이 각자 할 일을 스스로 찾게 유도해서 동기를 부여시키면 협업에 있어 많은 성과를 낼 수 있고 즐겁게 작업할 수 있다는 것을 알게 되었습니다. (공동작업 속 건축가) 한 명의 동아리 일원으로서 축제 회의에 참여할 때였습니다. 주제는 귀신의 집이었고 저는 혁신적인 귀신의 집을 하고 싶어서 영화 속 귀신을 오려 붙인 가면을 쓰고 학생들에게 미션을 주는 방식을 제안하였습니다.

하지만 동아리원들은 분장한 처녀귀신이 출몰하는 전형적인 방식을 원했고 제 의견은 받아들여지지 않았습니다. 아쉬운 대로 교실 구조나 조명에 대해서도 많은 아이디어를 냈지만 조장은 따로 기록을 해두지 않았고 결국 제 모든 의견이 받아들여지지 않았습니다. 상실감과 조장의 무책임함에 대한 섭섭함에 감정을 표출하기도 했지만 일의 진행만 늦추는 꼴이 되었습니다. 미안한 마음에 모두에게 사과하고 동아리를 위해서 열심히 준비해야겠다고 결심했습니다. 축제 당일 연출담당을 맡아 함께 웃으면서 귀신들 분장을 시켜줄 땐 마음속 응어리가 모두 풀린 기분이었습니다. 그리고 시상식 때 1등을 했다는 말을 듣고 저희는 끌어안으며 기뻐했습니다. 저는 축제 준비기간을 통해 앞으로 건축가로서 공동 작업에 참여할 때 제 의견이 많이 거부될 수도 있다는 것을 알았습니다. 또 합의 전까지 적극적으로 의견을 활발히 개진하되 합의 후에는 존중히고 따를 줄도 알아야 한다는 것을 배웠습니다. (화학을 좋아하는 건축가) 화학과 전공을 관련지어 심화학습을 하는 자유과제가 주어졌을 때 먼저 건축과 화학의 공통점을 고민했습니다. 부식과 관련해 산화환원 단원의 녹슨 철 단원과 건물의 배관을 연관 지어 보기도 했으나 주제가 좀처럼 정해지지 않았습니다. 결국 선생님께 도움을 구했고 분자건축이란 생소한 개념을 듣게 되었습니다. 분자 건축은 물질의 폭넓은 사용을 위해 원자가 어떻게 배열되고 모이는지 탐구하는 분야였고 자재를 모아 건물을 짓는 건축과 밀접한 관련이 있다고 생각이 들었습니다. 분자모형 이론을 공부하고 그림도 그려 가면서 좋아하는 화학을 전공과 연관 지어 심층적으로 공부할 수 있다는 것이 신기했고 실제로 화학과 건축은 많은 연관이 있음을 직접 느낄 수 있었습니다.

3. 학교생활 중 배려, 나눔, 협력, 갈등 관리 등을 실천한 사례를 들고, 그 과정을 통해 배우고 느낀 점을 기술해 주시기 바랍니다.

2학년 분리수거의 경험은 제 고등학교 생활의 전환점이었습니다. 어려서부터 공공장소는 훼손만 안 하면 된다고 생각했고 학교 환경에 대해서도 주인의식을 가지고 개선하고자 한 적이 없는 평범한 아이였습니다. 그러다 2학년이 되었을 때 제 학교생활을 뒤집어 놓을 친구를 만났습니다. 그 친구는 1학년 내내 분리수거를 해왔고 2학년 때도 당연하다는 듯 자원하는 성실한 친구였습니다. 그 친구를 보고

'분리수거의 어떤 면이 저 친구를 봉사하게끔 만들었을까?' 하고 의문을 가지다 2학기 분리수거에 자원했습니다. 시작하기 전 힘들 것이라 예상했던 부분은 냄새나는 쓰레기를 들고 건물 실내외를 왕복하는 등 일적인 면이었습니다. 그러나 의외로 그 일은 금방 적응이 되었습니다. 반면, 진짜 힘들었던 것은 쓰레기를 분류하지도 않고 아무 상자에나 버리는 반 친구들의 무관심이었습니다. 그래서 상자를 바꿔 큰 글씨로 적어 보기도 했지만 소용이 없었고 속만 타들어 갔습니다. 그런데 문득 그런 친구들의 모습이 이전의 저의 모습과 같다는 생각이 들었고 반 친구들도 자신들이 진짜 학교의 주인이라는 것을 생각하지 못해서 그랬을 수 있다는 걸 깨달았습니다. 그 후부터는 주기적으로 7교시 중에 잠시 친구들에게 양해를 구하고 친구들이 가장 많이 먹는 과자를 예로 들면서 쓰레기의 종류를 설명하고 제 곳에 버릴 것을 강조했습니다. 그 결과 반 친구들은 변화했습니다. 어디에 버려야 할지 모르는 쓰레기는 항상 저에게 가지고 와서 물어보았고 쓰레기통은 어떤 날엔 더 정리할 필요가 없을 정도로 깔끔하게 분류되어 있기도 했습니다. 그런 날 쓰레기를 버리러 갈 때의 뿌듯함은 이루 말할 수 없었습니다. 반 친구들의 변화된 태도로 남을 위해 봉사할 때의 보람을 느낄 수 있었고 한 사람이 움직이면 많은 사람이 변화될 수 있다는 것을 배웠습니다. 그 후 3학년이 되어서도 학교 환경을 위해 힘쓰는 '교실지키미'가 되어 반 아이들이 꺼려하는 일을 맡아하면서 저 또한 내적으로 더더욱 성장할 수 있는 기회를 가질 수 있었습니다.

■ 작성 사례: 건국대학교 전자공학부

2015학년도 대입전형 수시지원카드

국영수과 (내신)	모의고사 성적현황	국어 (A형)	수학 (B형)	영어	탐구1 (화학 I)	탐구2 (생명과학 I)	합(탐구는 2과목 평균값)
(2.25) 등급	3월 모의고사 백분위	62	83	89	97	89	327
	4월 모의고사 백분위	80	78	91	89	65	326
	6월 모의평가 백분위	64	69	87	67	94	300.5
	백분위 중 최댓값	80	83	91	97	94	349.5
	백분위 중 최솟값	62	69	87	67	65	284

순	지원수준 (소신) (적정) (안정)	지원대학	학과 (학부)	계열 (인문) (자연) (예체)	전형명칭	모집인원	전년도 경쟁률	수능최저 학력기준	대학별 환산 등급	대학별 환산점수 (득점/배점)	대학별 고사일 (월/일)
1	소신	건국 대학교 (서울)	전자 공학부	자연	KU자기 추천 (학생부 종합)	15	7.3:1	없음.	–	–	10/25
2	소신	홍익 대학교 (서울)	전자전기 공학부	자연	학생부 교과	63	17:1	국어A, 수학B, 영어, 과탐(2과목 평균) 중 2개 영역 평균 2등급 이내	2.22	86.62 / 100	없음.
3	적정	경북 대학교 (대구)	전자 공학부	자연	일반 학생 (학생부 종합)	15	4.7:1	수능 상위 3개 영역 등급 합이 9 이내	–	–	11/15
4	적정	부산 대학교 (부산)	전자 공학과	자연	학생부 교과	15	14.3:1	국어A, 수학B, 영어, 과탐을 응시하고 수학B를 포함한 2개 영역 등급 합 5 이내	2.18	97.63 / 100	없음.

순	전형방법		전형요소 및 비율						
			서류(%)				면접 (%)	논술 (%)	적성 (%)
			학생부		자소서	추천서			
			교과	비교과					
1		일괄합산							
	단계별	1단계(배수)	서류 100						
		2단계					100		
2		일괄합산	100						
	단계별	1단계(배수)							
		2단계							
3		일괄합산							
	단계별	1단계(배수)	서류 100						
		2단계	서류 70				30		

4		일괄합산	100					
	단계별	1단계(배수)						
		2단계						

■ 상담의 실제

위 학생은 교내 과학 동아리에 가입하여 탐구, 봉사, 체험 활동 등을 다양하게 수행하였다. 또한 교내 과학 주제의 여러 경시대회에서 수상한 실적을 보유하고 있다. 물리 분야에 관심이 많아 전자공학부에 진학하려는 의지가 강하였고, 논술 준비는 별도로 하질 않아 학생부 교과 및 종합 전형에 적극 지원하기로 하였다.

국영수과 내신 등급은 2.25등급으로 모의고사 성적 평균 2.96급에 비해 높다. 수시지원에 힘을 실어 자기소개서 작성 및 면접 준비에 집중하며 수능최저학력기준을 맞추기로 하였다. 이후 수능 준비에 집중하여 정시지원까지 하고자 대학별 고사일은 수능 전후 시험 전형을 두루 탐색했다.

지원 1순위는 실력보다 조금 높게 지원하여 건국대학교 전자공학부 KU자기추천 전형(학생부 종합)에 지원하기로 하였다. 비교과 활동에 자신감이 있었고, 면접 비중이 높아 이 부분에 대한 준비를 하면 승산이 있을 것으로 기대하며 지원하였다. 다만 수능 전에 면접 고사를 치러야 하는 부담이 있었으나 앞서 언급한 대로 수시 진학에 힘을 싣고 있었기에 망설이지 않고 지원하였다. 이 전형에서 지원 학생이 면접(15분 배정) 당시 질문 받은 내용은 아래와 같다.

가. Linus Pauling 관련 제시문을 읽고 5분간 발표하기(제시문 요약)

나. 공유 결합 설명하기

다. Linus Pauling의 반핵 운동에 대한 나의 의견 제시하기

　　– 우리나라 반핵 운동에 찬성/반대 의견 및 근거 제시하기

라. 자기소개서 내용 질문

　　– 노벨상이 꼭 필요한가?

　　– 수험생의 연구 업적을 친구가 가로챘다면 어떻게 대응할 것인가?

　　– 수학, 과학에 비해 일본어 성적이 부진한데 이유는?

　　– 수의사에서 공학자로 진로를 변경했는데 이유는?

　지원 2순위는 1순위와 마찬가지로 실력보다 조금 높게 홍익대학교 전자전기공학부 학생부교과전형에 지원하기로 하였다. 수도권 대학 진학을 염두에 두고 있었기에 지원하였는데, 학생부교과전형으로 전년도 경쟁률도 높고 대학별 환산 점수도 불리하지만 수능최저학력기준을 목표로 수능 공부에 집중하고자 하는 마음으로 지원하였다.

　지원 3, 4순위는 경북대학교와 부산대학교 전자공학부(과)에 전형 유형을 달리하여 지원하고 하였다. 경북대학교는 학생부종합전형으로 1순위 전형과 같은 유형으로 서류 접수는 수월하였고, 시험일이 수능 이후라서 건국대학교에서의 면접 경험을 바탕으로 준비한다면 어느 정도 승산이 있다고 기대하였다. 더욱이 위 지원자의 경우 수학 성적이 좋질 않아 수능최저학력기준에 수학B가 빠져 있는 경북대학교에 지원하기 좋은 경우였다. 부산대학교는 대학별 환산 점수는 비교적 높으나 수능최저학력기준이 높아 부담스러웠으나 수능 마무리에 박차를 가하는 동기를 부여하고자 지원하게 되었다.

■ 수시 결과

순	지원 대학	학과 (학부)	계열 (인문) (자연) (예체)	전형명칭	합격 여부 (최초합격, 후보○, 불합격)	교사 의견
1	건국 대학교 (서울)	전자 공학부	자연	KU자기추천 (학생부 종합)	추가합격	면접 준비가 다소 소홀하다고 생각하였으나 실전에서 자신의 의견을 적극적으로 피력한 것이 좋은 결과로 맺어졌음.
2	홍익 대학교 (서울)	전자 전기 공학부	자연	학생부 교과	불합격	수능최저학력기준 미충족
3	경북 대학교 (대구)	전자 공학부	자연	일반학생 (학생부 종합)	불합격	수능최저학력기준은 충족하였으나 면접 질문이 어려웠고 대답에 자신이 없었다고 함.
4	부산 대학교 (부산)	전자 공학과	자연	학생부 교과	불합격	수능최저학력기준 미충족

위 학생은 실제 수능에서 아래의 성적을 거두었다.

국어			수학			영어			화학 I			생명과학 I		
표준 점수	백분위	등급	표준 점수	백분위	등급	표준 점수	백분위	등급	표준 점수	백분위	등급	표준 점수	백분위	등급
124	89	2	113	66	4	120	82	3	48	41	5	57	72	4

■ 자기소개서

1. 고등학교 재학기간 중 학업에 기울인 노력과 학습 경험에 대해 배우고 느낀 점을 중심으로 기술해 주시기 바랍니다. (1,000자 이내)

고등학교에 입학하고 첫 시험에 성적이 좋지 않았습니다. 실패 원인을 분석하면서 친구들의 공부 방법도 함께 분석해 보았습니다. 처음에는 '수업시간에 자는지',

‘수면시간은 몇 시간인지’와 같은 수면 패턴에 주목했습니다. 보통 공부를 잘하는 친구들은 6시간 정도의 수면을 취하고 수업시간에 집중하는 모습을 보였지만, 예외가 많았기 때문에 단순히 수면 시간만으로 학업성취도를 판단하기에는 무리가 있었습니다. 그래서 친구들의 학교생활 전체를 살펴보다가 공부를 잘하는 친구들의 공통점을 발견했습니다. 친구들 나름대로의 ‘규칙성’이 있다는 것입니다. 잘 노는데도 성적이 좋은 친구들의 그 노는 행위는 열심히 공부한 자신에게 주는 일종의 보상이고 규칙이었습니다.

저에게 맞는 ‘규칙’을 찾으면 저도 성적을 올릴 수 있다는 믿음을 가지고 수면시간을 조절해 보기도 하고, 스톱워치로 가장 효율적인 학습시간을 찾아보기도 하였습니다. 그 결과 단순한 수면시간과 공부시간이 아니라 ‘하루에 정말 내 자신의 의식과 함께할 수 있는 시간’, 즉 저에게 맞는 최상의 ‘규칙’을 찾을 수 있었습니다.

그 규칙은 하루에 공부할 시간과 공부할 양을 정해 놓고 스톱워치로 관리를 하는 것입니다. 보통 하루에 7시간을 공부시간으로 잡았습니다. 간혹 어려운 문제를 풀다가 목표량을 채우지 못할 때가 있었는데, 목표한 시간을 채우면 목표량을 채우지 못하더라도 공부를 멈추고 배드민턴 같은 운동을 즐겼습니다. 휴식은 열심히 공부한 저 자신에게 주는 일종의 ‘포상’이었습니다. 이 학습법은 저에게 잘 맞아 학업성취도가 높아졌고 즐겁게 공부를 하게 되었습니다.

많은 시행착오를 겪으면서 규칙적인 생활의 중요성을 깨달았습니다. 사람마다 성향이 다르기 때문에 다른 사람의 규칙이 좋다고 무조건 따르기보다는 스스로의 노력을 통해 자신에게 맞는 규칙을 찾아야 한다는 것을 알았습니다. 좀 더 일찍 알고 실천했더라면 더 나은 성과가 있었을지도 모르지만, 지금 현재 최선을 다하고 있기 때문에 앞으로 더 많은 발전을 할 것이라고 확신합니다.

2. 고등학교 재학기간 중 본인이 의미를 두고 노력했던 교내 활동을 배우고 느낀 점을 중심으로 3개 이내로 기술해 주시기 바랍니다. 단, 교외 활동 중 학교장의 허락을 받고 참여한 활동은 포함됩니다. (1,500자 이내)

1) 교내 스포츠클럽대회 배드민턴 종목에 참가하여 준우승을 하였습니다. 저는 어릴 때부터 취미로 배드민턴을 꾸준히 해왔지만, 6명의 팀원 중 저와 친구 한 명을 제외한 4명의 친구는 배드민턴을 잘하지 못했습니다. 설상가상으로 저를 제외한 팀원들은 모두 학원을 다니고 있었고, 학원시간이 저마다 달라서 모든 팀원이 모여 연습하는 것조차 힘들었습니다. 저는 2주의 짧은 기간 안에 실력을 최대한 향상시킬 수 있는 방법을 구상하다가, 잘하지 못하는 친구를 앞에 세워 드롭샷을 집중적으로 연습시키면 좋겠다는 생각을 했습니다. 친구들은 저의 생각에 동의하였고, 친구들이 학원을 오가는 동안 저는 남아 있는 친구들을 연습시켰습니다. 힘들었지만 저와 친구들은 공을 치며 학업에 대한 스트레스를 해소할 수 있었습니다. 저의 전략을 믿고 친구들이 잘 따라와 주어서 준우승이라는 훌륭한 성과를 얻을 수 있었습니다. 친구들과 마음을 나눌 수 있었던 값진 경험이었으며, 열정과 노력은 결코 배신하지 않는다는 것을 깨달았습니다.

2) 2학년 때 수학동아리 부장으로 활동하였는데, 특히 축제를 맞아 동아리 부스를 총 기획했던 것이 기억에 남습니다. 해마다 수학동아리에서는 지오픽스와 조노돔으로 시어핀스키 피라미드를 만들어 왔습니다. 하지만 저는 기존의 틀에서 벗어나 좀 더 참신하고 알차게 부스를 꾸미고 싶었습니다. 문과와 이과를 아울러 다양한 학생들의 호기심을 가지고 참여할 수 있도록 사이클로이드 곡선과, 수학퀴즈를 만들자는 의견을 냈습니다. 동일한 출발점과 도착점을 두고 공을 굴렸을 때 직선보다 사이클로이드 곡선에서 공이 더 빨리 내려간다는 것을 보여 주어야 하는데 생각만큼 쉽지가 않았습니다. 게다가 많아진 전시물 때문에 쉬는 시간까지 준비를 하자 동아리원들이 불만을 가졌습니다. 그러나 먼저 노력하는 모습을 보이며 설득시키자 동아리원들이 마음을 움직였고, 협력해서 멋지고 알차게 부스를 꾸미며 축제 때

많은 학생들의 호응을 얻었습니다. 저의 생각을 다른 사람들이 믿고 따르게 하기 위해서는 먼저 노력하는 모습을 보여야 한다는 것을 배웠습니다.

3) 2학년 때 교내 과학탐구토론대회에 참가해 우승함으로써 공동 탐구의 즐거움과 과학에 대한 흥미를 느낄 수 있었습니다. '적정기술에 대한 탐구'라는 대회의 주제를 보고, 우리 조는 영양분이 부족한 아프리카의 토양문제에 관심을 가졌습니다. 그곳의 식량문제를 해결하기 위해서는 토양문제를 해결하는 것이 가장 우선이라고 생각했기 때문입니다. 중간고사 기간 중에도 시험공부를 하는 틈틈이 탐구주제에 대한 조사를 했습니다. 많은 조사 끝에 '오줌과 옥수수의 줄기를 이용한 요소비료 만들기'라는 아이디어를 냈고, 이를 가지고 과학탐구토론대회에서 우승을 하였습니다. 시험공부도 중요했지만 멋진 아이디어로 다른 이에게 도움이 되고자 했던 마음이 모여서 좋은 결과를 얻을 수 있었습니다. 하나하나의 생각들을 모으고 조율하는 과정에서 더욱 깊이 있고 참신한 아이디어가 나와 즐거웠습니다. 또한 이 과정에서 과학에 흥미를 갖게 되어 내신 4등급이었던 과학 성적을 1등급으로 끌어올리게 되었습니다.

3. 학교생활 중 배려, 나눔, 협력, 갈등 관리 등을 실천한 사례를 들고, 그 과정을 통해 배우고 느낀 점을 기술해 주시기 바랍니다. (1,000자 이내)

학교라는 작은 공동체 안에서 저는 친구들에게 제가 잘하고 또 좋아하는 것을 나누려고 노력했습니다. 제가 잘하는 것은 수학이고, 친구들에게 모르는 문제를 가르쳐 주는 것을 좋아하기 때문에 '한우리'에서 멘토로 활동하게 되었습니다. '한우리'는 두 학생이 멘토와 멘티가 되어 매주 토요일에 함께 공부하면서 서로의 모자란 부분을 채워 주는 학습동아리입니다.

저와 함께 공부한 친구는 성적이 노력한 만큼 나오지 않아 공부에 대한 열의가 많이 떨어져 있었습니다. 그런 친구에게서 고등학교 1학년 때 공부 방법을 몰라 방황했던 저의 모습을 발견하고 안타까운 마음이 들었습니다. 그래서 저는 수학문제에 대한 풀이와 함께 제가 해본 여러 가지 공부 방법들을 이야기해 주었습니다. 처음에는 소극적이었던 친구가 저의 이야기에 조금씩 귀를 기울이더니 자신에게 맞는 공부 방법을 찾으려고 노력하였습니다. 친구는 토요일뿐만 아니라 쉬는 시간에도 문제지를 들고 왔고 성적도 올랐습니다. 저를 믿고 노력해준 친구가 고마웠고, 그 노력이 헛되지 않아 기뻤습니다.

한우리 활동은 저에게도 도움이 많이 되었습니다. 친구에게 개념을 설명하기 위해 기초부터 다시 정리하다 보니 제 실력이 더 탄탄해졌던 것입니다. 한우리 활동이 단순히 지식만을 전달하는 것은 아니라는 것도 알았습니다. 공부에 흥미를 잃어 가고 있던 친구에게는 '열심히 하면 나아질 것'이라는 희망이 필요했습니다. 그 친구에게는 문제를 하나 더 가르쳐 주는 것보다 방황하는 마음을 다독여 주는 것이 더 중요했습니다. 친구가 쉬는 시간마다 저를 찾아온 것은 모르는 문제를 풀기 위한 것도 있겠지만 자신의 마음을 읽어 주고 도와준 저를 믿었기 때문이라는 생각이 들었습니다.

한우리 활동을 통해서 제가 가진 재능을 나눔으로써 타인에게 도움을 줄 수 있어 기뻤습니다. 친구가 문제를 풀게 되어 웃을 때면 저도 웃음이 났습니다. 상대이 고민이 무엇인지에 대한 관심이 그의 마음을 위로하고 변화시킬 수도 있다는 것을 배웠고, 좋은 친구노 만날 수 있었습니다.

■ 작성 사례: 동국대학교 수학교육학과(경주)

2015학년도 대입전형 수시지원카드

국영수과 (내신)	모의고사 성적현황	국어 (A형)	수학 (B형)	영어	탐구1 (지구과학1)	탐구2 (화학 I)	합(탐구는 2과목 평균값)
(3.01) 등급	3월 모의고사 백분위	65	87	77	66	47	286
	4월 모의고사 백분위	82	76	72	93	56	304
	6월 모의평가 백분위	59	83	87	81	61	300
	백분위 중 최댓값	82	87	87	93	61	304
	백분위 중 최솟값	59	76	72	66	47	286

순	지원수준 (소신) (적정) (안정)	지원대학	학과 (학부)	계열 (인문) (자연) (예체)	전형명칭	모집인원	전년도 경쟁률	수능최저 학력기준	대학별 환산등급	대학별 환산점수 (득점/ 배점)	대학별 고사일 (월/일)
1	소신	경북대학교	수학과	자연	학생부종합	6	신설	국어A, 수학B, 영어, 과탐(1과목) 영역 중 3개 영역 등급 합이 9 이내	3.06		11/15 (토)
2	적정	대구대학교	수학교육과	자연	학생부교과2	7	10:1	국어, 수학, 영어, 탐구(1과목) 영역 중 2개 영역 등급 합이 8 이내	2.75	604.06 / 650	11/21 (금)
3	안정	동국대학교 (경주)	수학교육과	자연	일반2	10	5.7:1	국어, 수학, 영어, 탐구(1과목) 영역 중 2개 영역 등급 합이 9 이내	2.83	577.62 / 600	없음.
4	소신	부산대학교	수학과	자연	학생부종합1	9	신설	국어A, 수학B, 영어, 과탐(2과목 평균)에 응시하고 수학B 영역 4등급 이내	3.03	6.97 / 9	없음.
5	적정	영남대학교	수학교육학과	자연	일반학생	15	11.7:1	국어, 수학, 영어, 탐구(1과목) 영역 중 3개 영역 등급 합이 9 이내	2.96	664.32 / 680	없음.
6	소신	이화여자대학교	수학물리과학부 (수학전공)	자연	일반전형	13	14.7:1	국어A, 수학B, 영어, 과탐(2과목 평균) 2개 영역 각 2등급 이내	3.01	298.86 / 300	없음.

순	전형방법		전형요소 및 비율				면접 (%)	논술 (%)	적성 (%)
			서류(%)						
			학생부		자소서	추천서			
			교과	비교과					
1		일괄합산							
	단계별	1단계(5배수)	100						
		2단계	70				30		
2		일괄합산	70				30		
	단계별	1단계(배수)							
		2단계							
3		일괄합산	100						
	단계별	1단계(배수)							
		2단계							
4		일괄합산	100						
	단계별	1단계(배수)							
		2단계							
5		일괄합산	85	15					
	단계별	1단계(배수)							
		2단계							
6		일괄합산	30					70	
	단계별	1단계(배수)							
		2단계							

■ 상담의 실제

이 학생은 EBS의 인기 수학 선생님처럼 수학을 알기 쉽게 학생들에게 가르쳐 주고 싶은 열정이 넘치는 수학 선생님이 되는 것이 꿈이었다. 그래서 일찌감치 진학 희망은 수학교육과로 정했으며 수학 공부에 적극 매진하였다. 수학 선생님들과의 교감도 뛰어났으며 수학 수업 시간에 많은 에피소드를 만들어 내었다.

내신관리에서 수학은 항상 1등급이었으나 다른 과목은 이에 상응하지 못하였다. 예를 들어 수학이 1등급, 영어 4등급, 국어 3등급과 같이 내신 점수를 받아서 3학년 1학기까지의 내신은 수학이 우수한 학생치고는 그리 높은 편이 아니었다.

수도권과 국립대학교의 수학교육과에 안전하게 최초합격할 수 있는 상황이 아니었고, 학생부종합전형에 대비하여 학교생활기록부에 다양한 활동 내용을 남긴 것도 아니었다. 그러나 밝고 긍정적인 마음과 에너지 넘치고 사교성 좋은 인성을 바탕으로 한 뛰어난 면접능력을 활용하여 면접 비중이 높은 입시전형에 지원하기로 하였다. 경북대학교와 대구대학교는 면접 비중이 30%로 학생에게 유리하였다. 또한 자기소개서를 잘 작성하였기 때문에 입학사정관에게 현장 면접에서 큰 점수를 얻을 수 있을 것이라고 생각하였다(수능 직전에 자기소개서 작성에 많은 시간을 할애하여 수능준비에 소홀한 면도 있었다).

경북대학교는 수학교육과에 지원하기에 내신이 부족하였으므로 수학과에 지원하고 합격한 후 교직과정을 이수하는 계획을 세웠고 대구대학교는 높은 면접 비중을 충분히 활용하여 부족한 내신을 만회하는 전략을 세웠다. 동국대학교 경주캠퍼스의 수학교육과는 외적으로 저평가된 경쟁력 있는 학과임을 설명하고 안정적인 합격을 확보하기 위해 지원하였다.

영남대학교와 부산대학교는 내신이 불리하여 후보에 머물렀으나 추가합격까지 고려할 수 있었다.

이화여자대학교는 수도권대학에 진학하고 싶은 학생의 희망을 배려하여 1장의 수시지원카드를 쓴 셈인데 최저학력기준이 너무 높았고 논술 역시 제대로 준비하지 못한 상황에서 수능을 준비했던 실력만으로 지원하기로 하면서도 지원 결과는 어느 정도 예측할 수 있었다. 정시와 논술은 3학년 재학생보다는 재수생들을 위한 전형이라는 생각이 더욱 굳히게 되었다.

■ 수시 결과

순	지원 대학	학과 (학부)	계열 (인문) (자연) (예체)	전형명칭	합격 여부 (최초합격, 후보○, 불합격)	교사 의견
1	경북 대학교	수학과	자연	학생부종합	후보 5	학생의 뛰어난 면접능력을 활용하고 과년도 입시결과 배치자료에 근거하여 소신 지원하였음.

2	대구 대학교	수학 교육과	자연	학생부교과2	후보 17	학생의 뛰어난 면접능력을 활용하고 과년도 입시결과 배치자료에 근거하여 소신 지원하였으며 최초합격의 가능성도 있었으나 예상외의 결과임.
3	**동국 대학교 (경주)**	**수학 교육과**	자연	일반2	최초합격	과년도 입시결과 배치자료에 근거하여 적정 합격선을 보장할 수 있는 안정적 지원임.
4	부산대 학교	수학과	자연	학생부종합1	후보 6	우려했던 내신 점수의 부족으로 인해 후보에 머묾.
5	**영남대 학교**	**수학교육 학과**	자연	일반학생	추가합격	과년도 입시결과 배치자료에 근거하여 적정 합격선을 보장할 수 있는 안정적 지원임(후보2에서 추가합격함).
6	이화 여자 대학교	수학물리 과학부 (수학전공)	자연	일반전형	불합격	최저학력기준 미달 및 논술대비 부족

■ 자기소개서

1. 고등학교 재학기간 중 학업에 기울인 노력과 학습경험에 대해 배우고 느낀 점을 중심으로 기술해 주시기 바랍니다. (1,000자 이내)

　수학과 관련된 일을 하시는 아버지의 영향으로 수학에 관심이 많았으나, 고등학교 진학 후 수학에 어려움을 느끼게 되었습니다. EBS 공부의 왕도와 선생님의 조언을 통해 심화문제풀이와 수업시간 집중의 부족이 원인임을 깨달았습니다. 그 후 예습을 통해 선생님의 풀이방법과 저의 풀이방법을 비교하며 듣는 습관을 가졌고, 궁금했던 부분을 질문하는 등 수업에 더욱 집중했습니다. 점차 수학수업을 선생님과 함께 제가 이끌어 나가는 방식으로 바꾸었고 수학을 싫어하던 친구들도 저로 인해 수업시간에 적극적으로 참여하는 모습을 보였습니다. 저는 '수학수업의 개그우먼'이라는 별명을 얻었고, 친구들이 너로 인해 수업이 재미있다고 말할 때마다 뿌듯했습니다. 이 일을 계기로 수학에 대한 자신감을 키워 나갔습니다.

　심화부분 보충을 위해 심화문제를 풀어 보던 중 저의 풀이방법과 답지의 풀이방법이 다른 경우가 있었습니다. 이로 인해 저만의 풀이방법을 찾아 나가는 것과 간단하게 문제를 접근하는 방법을 터득할 수 있었습니다. 혼자 생각하는 것보다 친구들과 함께 생각해 보는 것이 좋을 것 같아 수학 스터디 그룹을 만들었고, 수학 선생님께 지도교사를 부탁드렸습니다. 스터디 그룹은 정규 수업시간에 고민하지 못했던 색다른 풀이방법을 친구들과 공유하며 알아 가는 매우 의미 있는 시간이었습니다. 가령 기하와 벡터의 정사영부분이 특히 어려웠습니다. 정사영에서 핵심인 coso를 구하는 방법에 대해 토론하고, 주어진 도형에 좌표개념을 도입하여 평면벡터로 생각을 한 후 법선벡터의 성질을 이용하는 풀이를 찾았습니다. 이런 과정들이 수학이란 학문에 매력을 느끼게 했고, 수학에 대한 열성과 포부를 가지고 수학교육과에 진학하고 싶다고 생각했습니다. 저의 공부 방법들을 아이들의 수준에 맞게 가르치는 눈높이 수학수업을 통해 효율적인 수학수업을 하는 수학교사가 되고 싶습니다.

2. 고등학교 재학기간 중 본인이 의미를 두고 노력했던 교내 활동을 배우고 느낀 점을 중심으로 3개 이내로 기술해 주시기 바랍니다. 단, 교외활동 중 학교장의 허락을 받고 참여한 활동은 포함됩니다. (1,500자 이내)

첫 번째로, 1학년 때 과학에 많은 관심으로 들어간 'SSC' 과학 동아리 봉사활동이 가장 의미 있다고 생각합니다. ○○과학관 주니어 해설사 활동, 운영관리, 부스 운영 등을 했는데 특히 일산 킨텍스 'STEAM 페어'에서 더듬이 스위치 로봇 만들기 부스 운영이 가장 기억에 남습니다. 과학에 흥미가 있는 아이들에게 과학적 원리를 설명해 주고 키트 제작에 도움을 주는 활동을 했습니다. 제가 준비했던 스위치 로봇에 대한 기본적인 지식이 어린아이들의 궁금증 해결에 큰 도움을 주었습니다. 이 활동으로 누군가에게 나의 지식을 가르쳐줄 수 있는 것이 정말 즐거운 일이라는 걸 느낄 수 있었고 교사라는 직업에 대한 열망을 처음으로 가지게 되었습니다.

두 번째로, 수학시간 선생님 역할 실습이 의미가 있었습니다. 수학시간에 항상 적극적인 참여로 선생님들께서 관심이 많으셨고, 수업시간에 칠판에 나와 친구들

앞에서 풀어볼 수 있는 기회를 주시곤 했습니다. '도형을 이용한 삼각함수 합성에 관한 문제', '역함수미분법' 등의 문제를 친구들에게 설명해줄 수 있겠냐는 제안을 하셨습니다. 제가 아는 지식을 처음 듣는 사람도 이해할 수 있도록 쉽게 설명하자는 생각으로 반 친구들에게 설명을 해주었습니다. 발표를 마친 뒤 친구들이 제대로 이해할 수 있었다며 좋은 반응을 보였고, 선생님께서도 색다른 풀이방법이 인상적이라며 칭찬을 해주셨습니다. 저는 수업시간을 통한 발표로 인해 교사로서의 역할을 잘할 수 있겠다는 자신감을 가지게 되었고, 제 인생을 설계하는 데 있어 큰 계기로 작용할 수 있었습니다.

세 번째로, 멘토-멘티 활동인데 2학년에 진학하면서 수학 분야에 더 많은 관심을 갖게 되었고 도움을 주고 싶다는 생각을 했습니다. 수학에 어려움을 느낀 친구들에게 멘토-멘티 활동을 하자고 제안했고, 매주 토요일 학교에서 친구들의 멘토가 되어 부족한 부분을 가르쳐 주었습니다. 멘티 친구들이 어렵다고 느낀 문제에 대해 나 같이 풀이방법을 고민해 보고 어느 부분이 부족해서 문제를 접근할 수 없었는지에 대해 피드백을 하며 해결책을 찾아가는 방법으로 진행해 나갔습니다. 멘티들이 수학적인 부분에서 때로는 심도 있는 질문을 해서 저를 당황하게 한 적도 많았지만 그럴 때마다 혼자서는 생각하지 못했던 부분에 대해 다시 생각해볼 수 있음이 의미 있었습니다. 또한 멘티 친구들의 접근 방법에 대해 들어 보며 기존의 고정된 생각을 전환하여 문제를 해결해 나갈 수 있었습니다. 이로 인해 제가 당연히 알고 있다고 간과했던 부분들을 확실히 익힐 수 있었고 수학실력을 더욱 키울 수 있었습니다. 또한 함께하는 모든 구성원의 능력 향상에도 큰 도움이 되었습니다. 멘티들의 향상된 모습을 보며 가슴이 벅차올랐고 뿌듯함은 말할 수 없을 만큼 기쁩니다. 멘토-멘티를 통해서 수학을 어려워하는 친구들에게 선생님이 되었을 때 못하는 친구들의 실력을 다른 잘하는 친구들의 수준만큼 끌어당겨 주는 것이 매우 중요하다는 생각을 할 수 있었습니다. 이런 활동이 제가 수학교사에 대한 꿈을 더욱 확고하게 했습니다.

**3. 학교생활 중 배려, 나눔, 협력, 갈등 관리 등을 실천한 사례를 들고, 그 과정
을 통해 배우고 느낀 점을 기술해 주시기 바랍니다. (1,000자 이내)**

평소 수학에 관심이 많았던 저에게 주변 친구들이 자습시간마다 어려움을 느낄
때 도움을 청하러 찾아왔습니다. 그럴 때마다 가르쳐 주는 것을 좋아한 저는 친구
들이 이해하기 쉽도록 가르쳐 주었습니다. 시간이 지나며 자연스럽게 저는 반의 학
습도우미가 되었습니다. 하지만, 친구들의 질문 횟수가 잦아졌고 시간을 빼앗긴다
는 생각을 하게 됐습니다. 다른 친구들은 공부하고 있을 때 반 친구들 문제를 해결
해 준다고 생각하니 모르는 척힐까하는 내적 갈등도 기저 갔습니다. 얼마 뒤 그런
생각 자체가 얼마나 어리석은 것인지 깨닫게 되었습니다. 눈앞에 보이는 작은 이익
을 쫓고자 했던 제 자신이 한없이 부끄러웠습니다. 친구들의 질문으로 잊어버린 부
분을 다시 되짚어볼 수 있었고, 도움을 받은 친구들의 표정을 보면 가르친 보람을
느끼게 했습니다. 또 누군가를 가르쳐 주는 것은 친구들 지식과 생각을 공유할 수
있는 좋은 기회라는 것을 배울 수 있었습니다.

학업 외에 다른 활동도 소홀히 하지 않았는데, 특히 저는 반 친구들과의 단합을
중요시 여겼습니다. 그래서 학교에서 주최하는 '급식 잔반 남기지 않기 캠페인' 참
여를 주도했습니다. 상을 받는 게 1순위였던 저는 다 먹어야 한다고 강요했습니다.
그러나 친구들 중 먹지 못하는 음식이 있는 경우가 있었고, 불평이 들려왔습니다.
저는 반 친구들과 좋은 취지로 참여하는데 소수 친구들의 불평이 있으면 안 된다고
생각했고, 반 친구들과 함께 식사를 통해 도와 가며 먹는 해결점을 찾아갔습니다.
이런 활동을 출발점으로 친구들과의 사이는 더욱 돈독해졌습니다. 반에서 일을 진
행할 때도 모두가 똘똘 뭉쳐 할수 있게 하였고 매번 우수 실천상을 받는 성과를 얻
었습니다. 소소한 활동도 서로 간의 협력이 중요하게 작용될 수 있음을 배웠습니
다. 또한 무엇을 주도할 때 누군가의 위에 있겠다는 생각으로 강요보다는 항상 가
장 낮은 곳에서 구성원들이 편안하게 행동할 수 있도록 하는 노력이 제게 필요함을
느꼈습니다.

4. 모집단위에 지원하게 된 동기와 입학 후 학업 및 진로계획에 대해 기술하세요. (1,000자 이내)

저는 고등학교에서 공부했던 여러 과목 중에서 수학이 가장 흥미로웠고 그 누구보다 열심히 했습니다. 수학은 깊게 파고들면 파고들수록 새로운 부분이 쏟아져 나왔고, 수학문제를 풀 때에는 답이 딱 떨어지는 부분이 수학을 좋아하게 된 이유입니다. 수학에 흥미가 생기며 점차 다른 사람들에게 가르쳐 주는 일이 재미있음을 느꼈고, 친구들의 질문에 답해 주며 자신감을 키워 나갔습니다. 그러던 중 수학 선생님이 되고 싶어서 수학교육과에 진학을 앞두고 고민했습니다. 그러다가 수학 선생님께서 저의 고민을 듣고 심화된 수학을 공부하고 사회현상을 수학적으로 해석하며 학생들을 가르치고 연구하는 교수가 되라는 조언을 하셨습니다. 선생님의 조언에 국립대학교 수학과에서 가장 경쟁력이 있고, 졸업생의 많은 수가 국내외 대학 교수로서 활동하는 경북대학교 수학과를 알게 되었습니다.

저는 경북대학교 수학과에서 깊이 있는 학문 공부를 통해 수학의 진정한 이치탐구에 힘쓸 것입니다. 특히 대수 쪽에 흥미가 있어 선형대수학, 수치선형대수, 수리계산론 등을 열심히 배워 대수부분의 박사가 되고 싶습니다. 어려움을 느끼는 부분이지만 미분과 기하부분도 미분기하학을 통해 심도 있게 다뤄 보고 싶습니다. 또한 학생들의 심리파악도 중요하다고 생각한 저는 부전공으로 심리학을 배우고 싶습니다. 우수한 성적관리를 통해 경북대학교 미래수학자라는 명예와 KMJ 출간에 일조하여 세계에 수학을 널리 알릴 것이며, 해외 봉사프로그램에 참여하여 해외에 있는 다양한 학생들이 수학을 배울 수 있도록 일조하고 싶습니다. 후에 대학원 진출을 통해 대수학 박사학위 취득 후 수학의 아름다움과 힘을 학생들에게 알리는 교수가 될 것입니다. 자랑스러운 수학 교수에서 더 나아가 수학을 연구하며 수학자가 되기 위한 노력도 멈추지 않을 것입니다.

4) 국립대학교 기타

■ 작성 사례: 경북대학교 자연과학자율전공

2015학년도 대입전형 수시지원카드

국영수과 (내신)	모의고사 성적현황	국어 (A형)	수학 (B형)	영어	탐구1 (화학 I)	탐구2 (생명과학 I)	합(탐구는 2과목 평균값)
	3월 모의고사 백분위	74	95	85	89	90	343.5
(2.78) 등급	4월 모의고사 백분위	85	95	85	93	76	349.5
	6월 모의평가 백분위	87	86	81	84	89	340.5
	백분위 중 최댓값	87	95	85	93	90	358.5
	백분위 중 최솟값	74	86	81	84	76	321

순	지원 수준 (소신) (적정) (안정)	지원 대학	학과 (학부)	계열 (인문) (자연) (예체)	전형 명칭	모집 인원	전년도 경쟁률	수능최저 학력기준	대학별 환산 등급	대학별 환산점수 (득점/ 배점)	대학별 고사일 (월/일)
1	적정	경북 대학교 (대구)	자연과학 자율전공	자연	논술 AAT	31	10.4:1	수능 상위 3개 영역 등급 합이 9 이내			11/22
2	적정	경북 대학교 (대구)	자연과학 자율전공	자연	일반 학생 (학생부 교과)	67	9.7:1	수능 상위 3개 영역 등급 합이 9 이내	2.85	381.64 / 400	
3	적정	경북 대학교 (대구)	전기 공학과	자연	일반 학생 (학생부 교과)	8	14.7:1	수능 상위 3개 영역 등급 합이 9 이내	2.85	381.64 / 400	
4	적정	부산 대학교	기계 공학부	자연	논술	76	6.3:1	국어A, 수학B, 영어, 과탐을 응시하고 수학B를 포함한 2개 영역 등급 합 5 이내	2.62	19.3526 / 20	11/22

순	판정	대학교	모집단위	계열	전형	모집인원	경쟁률	수능최저학력기준		
5	적정	부산대학교	기계공학부	자연	학생부교과	56	16:1	국어A, 수학B, 영어, 과탐을 응시하고 수학B를 포함한 2개 영역 등급 합 5 이내	96.763 2.62	100
6	소신	울산과학기술대학교	경영계열	자연	지연인재 (학생부종합)	5	3.2:1	없음.		11/21

순	전형방법		전형요소 및 비율				면접 (%)	논술 (%)	적성 (%)
			서류(%)						
			학생부		자소서	추천서			
			교과	비교과					
1		일괄합산						100	
	단계별	1단계(배수)							
		2단계							
2		일괄합산	100						
	단계별	1단계(배수)							
		2단계							
3		일괄합산	100						
	단계별	1단계(배수)							
		2단계							
4		일괄합산	20						80
	단계별	1단계(배수)							
		2단계							
5		일괄합산	100						
	단계별	1단계(배수)							
		2단계							
6		일괄합산							
	단계별	1단계(배수)	100						
		2단계	70				30		

■ 상담의 실제

학생부와 학생의 면담 결과 위 학생은 이공계 진학을 목표로 하고 있었다. 모의고사 성적도 줄곧 상위 성적을 거두고 있어 정시까지도 기대해볼 수 있었으나 시험 성적에 대한 염려로 수시 6곳을 지원하기로 하였다. 논술 준비는 3학년 진학 후부터 준비하여 자신감이 부족했으나 학생부 교과와 논술전형에 응시하기로 생각하였다.

국영수과 내신 등급은 2.78등급으로 모의고사 성적 평균 2.67등급에 비해선 조금 낮다. 자신감이 부족하지만 논술 준비에 매진하고 학생부교과전형에도 지원하도록 하였다. 지원 이후 수능 준비에 집중하여 정시지원까지 하고자 대학별 고사일은 수능 이후인 시험 전형을 두루 탐색했다.

지원 1~3순위는 경북대학교 자연과학자율전공(2개) 및 전기공학과를 지원하기로 하였다. 자신의 적성을 잘 몰라 대학 1학년을 마친 후 세부 전공을 결정하기로 생각하고 있었나. 이 선공에 꼭 합격하고자 하는 마음으로 전형유형을 달리하여 2개(논술 및 학생부 교과)를 지원하였다. 다행히 수능최저학력기준은 수능 상위 3개 영역 등급 합이 9 이내로 지원 학생이 그간의 3회 모의고사 동안 줄곧 맞춰 왔다. 전년도 경쟁률은 약 10:1로 높았으나 대학별 환산 점수가 비교적 높았고, 논술 시험은 수능 이후에 있어서 적극적으로 지원하도록 지도하였다.

지원 4, 5순위는 부산대학교 기계공학부에 전형 유형을 달리하여 지원하고자 하였다. 앞서 경북대학교와 달리 자율 전공이 없어서 수학, 물리 교과성적이 우수한 것과 졸업 후 취업을 고려하여 기계공학부를 지원하기로 하였다. 수능최저학력기준이 국어A, 수학B, 영어, 과탐을 응시하고 수학B를 포함한 2개 영역 등급 합 5 이내로 앞서 경북대학교와 비슷한데 평소 모의고사 성적에서 수학 성적이 우수하였고, 3회 모의고사 동안 줄곧 맞춰 왔기에 적극 지원토록 지원하였다.

지원 6순위는 울산과학기술대학교 경영계열에 지역인재전형으로 지원하였다. 울산 지역에 거주하는 학생들만 지원할 수 있는 전형이라는 이점과 학생부에 동아리활동과 수학 과학 영역 몇몇의 수상 실적을 갖고 있는 것을 부각하여 지원하기로 하였다. 또한 부담이 되는 수능최저학력기준이 없고, 면접일도 수능 이후(11월 21일)라 부담 없이 지원할 수 있었다.

■ 수시 결과

순	지원 대학	학과 (학부)	계열 (인문) (자연) (예체)	전형명칭	합격 여부 (최초합격, 후보○, 불합격)	교사 의견
1	경북 대학교 (대구)	자연과학 자율전공	자연	논술 AAT	최초합격	논술 주제에 자신감이 있었고, 생각했던 것보다 좋은 성적을 거둔 것으로 판단됨.
2	경북 대학교 (대구)	자연과학 자율전공	자연	일반학생 (학생부 교과)	최초합격	아래 전기공학과보다는 점수대가 낮은 것으로 판단됨.
3	경북 대학교 (대구)	전기 공학과	자연	일반학생 (학생부 교과)	불합격	내신 성적이 낮았고, 학생부 비교과 영역이 부족한 것으로 판단됨.
4	부산 대학교	기계 공학부	자연	논술	불합격	수능최저학력기준은 충족했으나, 논술 미응시
5	부산 대학교	기계 공학부	자연	학생부 교과	불합격	내신 성적이 낮았고, 학생부 비교과 영역이 부족한 것으로 판단됨.
6	울산과 학기술 대학교	경영 계열	자연	지역인재 (학생부 종합)	1차 합격 2차 불합격	1차 서류 전형에 합격했으나, 2차 면접 전형에서 긴장하여 자신의 생각을 원만하게 표현하지 못했다고 함.

위 학생은 실제 수능에서 아래의 성적을 거두었다.

국어			수학			영어			화학 I			생명과학 I		
표준 점수	백분위	등급	표준 점수	백분위	등급	표준 점수	백분위	등급	표준점 수	백분위	등급	표준 점수	백분위	등급
125	90	2	122	91	2	117	78	3	61	86	3	63	88	2

■ 작성 사례: 경북대학교 통계학과

2015학년도 대입전형 수시지원카드

국영수과 (내신)	모의고사 성적현황	국어 (A형)	수학 (B형)	영어	탐구1 (지구과학Ⅰ)	탐구2 (생명과학Ⅰ)	합(탐구는 2과목 평균값)
	3월 모의고사 백분위	79	90	81	45	49	298
(2.93) 등급	4월 모의고사 백분위	72	86	79	57	54	291
	6월 모의평가 백분위	67	86	77	31	45	269
	백분위 중 최댓값	79	90	81	57	54	298
	백분위 중 최솟값	67	86	77	31	45	269

순	지원 수준 (소신) (적정) (안정)	지원 대학	학과 (학부)	계열 (인문) (자연) (예체)	전형 명칭	모집 인원	전년도 경쟁률	수능최저 학력기준	대학별 환산 등급	대학별 환산점수 (득점/ 배점)	대학별 고사일 (월/일)
1	소신	이화 여자 대학교	수리물리 과학부 (통계)	자연	일반 (논술)	13	18:1	국어A, 수학B, 영어, 과탐(2과목 평균) 2개 영역 2등급 이내	1.88	291.71 / 300	11/23(일)
2	적정	경북 대학교	통계학과	자연	일반 (학생부 종합)	6	신설 전형	국어A, 수학B, 영어, 과탐(1과목) 중 3개 영역 등급합이 9 이내			11/15(토)
3	적정	부산 대학교	통계학과	자연	학생부 종합1 (일반)	6	신설 전형	국어A, 수학B, 영어, 과탐(2과목 평균)에 응시하고 수학B영역 4등급 이내	3.04	6.96 / 9	없음.
4	소신	중앙 대학교	에너지 시스템 공학부	자연	논술	40	26.2:1	국어A, 수학B, 영어, 과탐(1과목) 영역 중 2개 영역 2등급 이내 (단, 수능 수학B 또는 과탐 영역 필수)	2.28	19.89 / 20	11/23(일)

순	구분	대학교	학부	계열	전형	모집인원		수능최저학력기준	내신	점수	비고
5	적정	경북대학교	자율전공(자연)	자연	일반(학생부교과)	67	신설전형	국어A, 수학B, 영어, 과탐(1과목)중3개영역등급 합이 9 이내	2.88	381.25 / 400	없음.
6	소신	홍익대학교	정보컴퓨터공학부	자연	학생부교과	65	6.1	국어A, 수학B, 영어, 과탐(2과목 평균) 중 2개 영역 평균 2등급 이내	2.93	78.35 / 100	없음.

순	전형방법		전형요소 및 비율						
			서류(%)				면접 (%)	논술 (%)	적성 (%)
			학생부		자소서	추천서			
			교과	비교과					
1	일괄합산		30					70	
	단계별	1단계(배수)							
		2단계							
2	일괄합산								
	단계별	1단계(5배수)	100						
		2단계	70				30		
3	일괄합산		100						
	단계별	1단계(배수)							
		2단계							
4	일괄합산		20	20				60	
	단계별	1단계(배수)							
		2단계							
5	일괄합산		100						
	단계별	1단계(배수)							
		2단계							
6	일괄합산		100						
	단계별	1단계(배수)							
		2단계							

■ 상담의 실제

이 사례 학생은 대학에서 수학, 통계학을 전공하기를 희망하여 수도권 3곳, 지방 국립대학교 2곳에 지원하였다. 3학년 1학기 전 과목 내신이 2.76, 국수영탐 내신이

2.93으로서 전 과목을 반영하는 곳으로 지원하는 것이 유리하였다. 중상위권 내신을 보유한 또래의 학생에 비해 학교생활기록부의 활동 기록이 부족하여 학생부종합전형으로는 두 곳, 학생부교과전형으로 두 곳, 논술전형으로 두 곳에 지원하였다. 최대의 난관은 수능최저학력기준 만족이었으며 올해 수능의 수학B 과목의 변별력 난조로 인해 더욱 우려하였다. 수학B 과목 4등급, 지구과학1 과목 1등급으로 부산대학교와 경북대학교의 수능최저학력기준을 만족하였다.

홍익대학교 정보컴퓨터공학부는 수도권 소재 대학에 진학하고자 하는 학생의 뜻에 따라 학과를 조정하여 내신 상향 지원하였고 수능최저학력기준을 만족하는 전략을 세웠다. 이화여자대학교 수리물리학부, 중앙대학교 에너지시스템공학부는 논술 시험과 함께 수능최저학력기준이라는 난관을 넘어야 했다. 이화여자대학교, 중앙대학교, 홍익대학교 모두 2개 2등급이라는 높은 수능최저학력기준이 필요했으며 이 사례 학생의 경우 모의고사에서 수학B과목에서 2등급을 받았으므로 어느 정도 가능성이 있었다. 그렇지만 수리논술을 3학년 여름방학 직전에 시작하여 그 준비기간이 짧았고 기출문제 풀이에 이어 예상문제, 심화문제를 공부하고 실력을 키우기에는 시간이 절대적으로 부족하여 논술시험에서 좋은 결과를 얻지 못했다. 재학생들이 논술시험을 준비하려면 적어도 3학년 1학기 초 또는 2학년 2학기부터 구체적인 계획을 세워 체계적이고 규칙적으로 논술시험을 준비하고 매주 1회 지원대학 수리논술 모의고사를 치르고 첨삭을 받고 논리패턴을 익히는 연습이 필요하다. 그리고 재수생들은 재학생에 비해 비교적 수리논술준비에 집중할 수 있는 시간적 여유가 충분함을 고려한다면 재학생의 입장에서 수리논술시험은 그리 만만한 대입전형이라고는 할 수 없다.

고교교육과정상의 수학 실력이 뛰어난 학생이더라도 심화형 수학, 수리논술이라는 형식의 시험에는 서툴고 어려운 점이 많다.

또한 고등학교에 입학하여 대학입시를 준비하기 위해서는 대입 전형의 다양한 가능성을 생각하여 학생부종합전형과 학생부교과전형에 필요한 요소들을 1학년 때부터 하나씩 차근차근 준비해야 하는데 이 사례 학생의 경우 학생부종합전형을 위한 활동보다 내신공부에 전념하였지만 결과가 기대수준에 미치지 못하였고 이로 인해 학생부교과전형만으로 대입수시지원전략을 짜기에 상당한 어려움이 있었지만 학교생활기록부의 내용을 최대한 발굴하고 활용하여 학생부종합전형에 대비하였다.

■ 수시 결과

순	지원 대학	학과 (학부)	계열 (인문) (자연) (예체)	전형명칭	합격 여부 (최초합격, 후보○, 불합격)	교사 의견
1	이화여자 대학교	수리물리 과학부 (통계)	자연	일반 (논술)	불합격	2과목 2등급이라는 비교적 높은 수준의 수능최저학력기준을 만족하지 못함.
2	**경북 대학교**	**통계학과**	자연	일반 (학생부종합)	합격	학교생활기록부, 자기소개서, 면접을 철저히 준비하여 합격함.
3	부산 대학교	통계학과	자연	학생부종합1 (일반)	후보8	학교생활기록부 교과 영역 반영 점수가 낮게 평가받음
4	중앙 대학교	에너지 시스템 공학부	자연	논술	불합격	수능최저학력기준을 만족하지 못함.
5	경북 대학교	자율전공 (자연)	자연	일반 (학생부교과)	후보84	학교생활기록부 교과 영역 반영 점수가 낮게 평가받음.
6	홍익 대학교	정보컴퓨터 공학부	자연	학생부교과	불합격	수능최저학력기준을 만족하지 못함.

■ 자기소개서

1. 고등학교 재학기간 중 학업에 기울인 노력과 학습 경험에 대해 배우고 느낀 점을 중심으로 기술해 주시기 바랍니다. (1,000자 이내)

저는 고등학교에 입학한 후 낯선 환경, 중학교와는 차별되는 심화된 학습, 그리고 많은 시간이 투자되는 수학 동아리활동에도 불구하고 좋은 성적을 거두었습니다. 2학년에 올라와서는 더 높은 성적을 받기 위해 학업에 집중하여 1학기를 보냈지만 1학년 때보다 낮은 성적을 받게 되었습니다. 저는 왜 성적이 떨어졌는지 1학년 때의 학습방법과 비교 분석을 해보았습니다.

1학년 때 제 학업에 큰 도움을 주었던 요인은 수학동아리에서 경험한 '내가 만든 수학 교과서' 활동이었습니다. 동아리 친구들과 함께 교과서 단원들의 개념을 정리하고, 토의를 통해 주요 문제를 변형시키고 책의 디자인까지 같이 상의하여 만들었습니다. 비록 많은 시간과 노력이 필요했지만 제가 맡아서 문제를 만든 부분만큼은 확실하게 이해하고 기억할 수 있었습니다.

이런 1학년 때의 경험을 바탕으로 저는 '저만의 교과서'를 만들기로 결심했습니다. 노트에 교과서뿐만 아니라 3권의 문제집을 참고하여 단원의 중요 개념, 유형마다 필수 문제, 심화 문제, 그리고 모의고사 문제들까지 정리하였습니다. 부족한 부분은 학교 수업이나 학교에서 진행한 수학 특강을 통해 보충해 나갔습니다. 그 결과 2학기 중간고사에서 수학 점수의 향상을 맛보았습니다. 저는 수학에서 그치지 않고, 국어, 영어, 과학 등 과목마다 특성을 살린 저만의 교과서를 만들었습니다. 또한 멘토링 활동에서 저만의 학습방법을 공유하여 친구들에게 노하우를 전달하였습니다. 이러한 노력으로 결국 2학년 2학기에는 모든 과목의 성적을 향상시킬 수 있었습니다.

혼자 교과서를 만드는 일이 쉽지는 않았지만 저의 결정에 대해 믿음을 가지고 도중에 포기하지 않았습니다. 이런 경험을 통해 제가 선택한 길이 힘든 길일지라도 포기하지 않고 계속해서 노력한다면 언젠가는 좋은 결과를 얻는다는 값진 교훈을 얻었습니다.

2. 고등학교 재학기간 중 본인이 의미를 두고 노력했던 교내 활동을 배우고 느낀 점을 중심으로 3개 이내로 기술해 주시기 바랍니다. 단, 교외 활동 중 학교장의 허락을 받고 참여한 활동은 포함됩니다. (1,500자 이내)

어렸을 때부터 수학에 관심이 많았던 저는 다양한 수학 법칙을 발견하는 일에 흥미를 느꼈습니다. 그래서 새로운 법칙을 발견할 때마다 'ㅇㅇㅇ의 수학 노트'를 만들어 기록하곤 했습니다. 친구들이 읽는 소설책보다는 숫자를 가지고 노는 것이 어느 시간보다 즐거웠습니다. 고등학교에 입학한 해에 수학동아리가 있다는 것을 알고 가입하여 활동에 적극적으로 참여하면서 제가 가지고 있던 수학의 틀을 넘어선 또 다른 차원의 수학을 경험하게 되었습니다.

그 시작은 1학년 때 참가했던 부산과 울산에서 개최된 수학 체험전의 '사이클로이드 만들기' 활동이었습니다. 저는 사이클로이드라는 말을 처음 들어 보았지만 부스에 방문하는 체험자들에게 설명해 주기 위해 일주일 전부터 많은 준비를 했습니다. 인터넷이나 백과사전을 통해 사이클로이드의 개념과 활용, 수학·과학적 원리 등을 미리 공부하였습니다. 또한, 체험자의 눈높이에 맞춰 설명할 수 있도록 전문적인 용어를 순화된 말로 바꾸어 좀 더 쉽게 이해할 수 있도록 준비하였습니다. 열심히 준비한 결과, 저희 부스에 가장 많은 학생이 참가하는 등 성공적으로 진행되었으며 학생뿐 아니라 함께 방문하셨던 학부모님들과 선생님께 칭찬을 받아 뿌듯함을 느꼈습니다.

2학년 때 교내 수학체험 한마당에서는 '모래 속에 숨은 수학'이라는 주제로 직접 부스를 운영하는 기회를 가졌습니다. 모래로 쌍곡선과 포물선 모양을 나타나게 하는 기구를 사용하여 부스를 진행하였는데, 이를 진행하기 위해서는 관련된 개념과 수학적 원리를 충분히 익혀야 했습니다. 당시 후배들과 저희 학년은 교과과정에서 배우지 않은 상태였고 체험자 중에는 쌍곡선과 포물선을 이미 배운 선배들도 포함되어 있었기에 부담감이 컸습니다. 하지만 저는 겁을 먹지 않고 3학년 선배들이 공부하는 『기하와 벡터』 책을 사서 이차곡선 부분을 스스로 공부를 하였습니다. 실제로 부스에서 설명할 때 예습한 내용이 많은 도움이 되었고 잘 이해하는 체험자들의 모습을 볼 때는 저 자신이 자랑스럽게 느껴졌습니다. 하지만 저에게는 부스의 성공적인 운영보다 스스로 미지의 영역에 대해 탐구하고 알아 갔던 경험이 더욱 즐겁고 의미 있는 경험이었습니다.

이 밖에도 4차원 공간에서의 이십면체인 하이퍼 스페이스를 전시하기 위해 선생님들, 동아리 단원들과 4시간 정도의 긴 시간을 함께 머리를 맞대어 만드는 등 다양한 수학 동아리활동을 하였습니다. 저는 이런 시간을 통해 수학적 원리를 노트와 연필을 통해서가 아닌 직접 만들고 체험해 보는 경험을 하였고, 수학이라는 학문에 한 걸음 가까이 다가가게 되었습니다.

3. 학교생활 중 배려, 나눔, 협력, 갈등 관리 등을 실천한 사례를 들고, 그 과정을 통해 배우고 느낀 점을 기술해 주시기 바랍니다. (1,000자 이내)

저는 동아리에서 부단장 직책을 맡거나 조별 토론 수업의 팀장을 하는 등 리더의 역할을 여러 번 경험했습니다. 하지만 '리더란 항상 누군가를 이끌어야 하는 존재'라고 믿어 왔기 때문에 그런 역할을 할 때마다 마음 한편으로는 늘 많은 부담감이 따랐습니다.

그런데 이런 저의 고정관념을 바꿔준 일이 있었습니다. 고등학교 1학년 2학기 때 반에서 총무부장을 맡게 되었습니다. 반장과 부반장은 야간 자율학습 시간에 정독실에서 공부하였기에 총무인 제가 반의 학습 분위기를 조성해야 했습니다. 앞에서 사람들을 이끄는 리더십에 익숙했던 저는 교탁 앞에 나가 산만한 반 분위기를 바꿔 보기 위해 큰 소리도 내고 제 입장을 설명해 보았지만 바뀔 기색이 안 보였습니다. 저는 깊은 고민에 빠져 아버지와 상담을 하였고 아버지께서는 저에게 부하 직원들을 이끄셨던 경험을 빗대어 리더는 이끄는 사람이 아니라 먼저 섬기는 사람이라고 조언해 주셨습니다.

그 후, 저는 혼자 반을 이끄는 것은 힘들다는 것을 깨닫고 친구들 몇 명에게 도움을 요청했습니다. 친구들과 상의 끝에 '번호순대로 매일 돌아가면서 자습 감독이 되자'는 제안을 실행해 보았습니다. 처음에는 누가 감독을 하든지 분위기는 개선되지 않았습니다. 그런데 모든 친구가 한 번씩 감독을 경험해본 후부터, 약속한 것처럼 모두가 조용히 자습에 임했습니다.

각자가 감독이 되어 보니 감독의 어려운 입장을 이해하게 되었고, 내 작은 행동이 상대방의 학업에 방해될 수 있다는 것을 체험하였기 때문입니다. 따라서 자신이 감독이 아닌 날에도 자신의 행동을 고치려고 노력한 것이었습니다. 결국, 저희 반은 좋은 학습 분위기를 만드는 데에 성공하였고 '학력우수반'으로 선정되었습니다.

이 경험으로 리더는 앞에 나와 강요하고 설득하는 사람이 아니라 무언가를 함께 성취하도록 돕는 사람이라는 것을 깨닫게 되었습니다. 저는 앞으로도 제 의견에 맞게 사람을 조정하려는 리더가 아닌 모두의 상황을 고려하고 이해하여 최적의 해결책을 만들어 내는 리더가 되어야겠다고 결심했습니다.

4. 모집단위에 지원하게 된 동기와 입학 후 학업 및 진로계획에 대해 기술하세요. (1,000자 이내)

저는 교과 시간과 수학 관련 동아리활동을 통해 수학에 대한 애정을 쌓아 왔습니다. 수학 공식 하나로 다양한 분야의 수많은 원리를 설명할 수 있다는 것과 수학의 원리들이 실생활에서 자주 보는 건축물이나 도구에 고루 포함된 사실을 알게 되면서 수학이라는 학문에 매력을 느꼈습니다.

저는 수학의 많은 분야 중에서도 특히 통계학에 가장 관심이 많습니다. 이러한 관심은 학교 통계 수업 시간에 모 비율 추정 시 모 비율을 표본 비율로 사용할 때 나타나는 오류에 대한 의문에서 시작되었습니다.

이때 생기는 오류를 통계학적 특성이라 생각하고 암기하여 지나치기에는 호기심의 정도가 너무 컸습니다. 따라서 이 의문의 답을 찾기 위해 인터넷을 찾아보고 선생님께 여쭤 보기도 했지만 수식적으로 명확하게 이해하기가 어려웠고 자세하게 알고 싶어졌습니다. 이런 계기로 막연히 수학 관련과에 진학하고 싶다고 생각했었던 제 진로를 '통계학'으로 결정하였습니다.

대학에 입학해서는 전공 필수과목과 교양과목에 충실히 임하면서 제가 전부터 꼭 하고 싶었던 일을 하고 싶습니다. 저와 비슷한 관심이 있는 통계학과 친구들을 모아 '통계 오류 연구회'를 만드는 것입니다. 고등학교에서 수학과 관련된 활동을 했던 경험을 토대로, 제가 평소에 가지고 있었던 의문인 오류 발생 원인에 대해 자세하게 연구하고 분석하여 오류를 최소한으로 줄이는 방안을 연구할 계획입니다. 또한 저처럼 통계학에 관심 있는 고등학생들에게 무료 멘토링을 실시하여 통계학을 공부하는 재미를 널리 알리겠습니다.

졸업 후 평소 관심이 있던 금융 분야에 통계학을 적용시킬 계획입니다. 이를 위해 대학원 석사 과정에 입학하여 금융과 관련된 응용통계학을 심도 있게 배우고 연구하고 싶습니다. 공부를 마친 후에는 금융감독원에 통계학 전문가로 입사하여 열심히 공부한 통계학의 지식을 금융과 접목하여 저 자신만이 아닌 국민들의 경제생활을 돕는 사람이 되고 싶습니다. 수학에 대한 관심과 애정으로 시작했던 제 꿈이 훗날 통계학에 큰 영향을 줄 수 있도록 노력하겠습니다.

■ 삭성 사례: 대구대학교 식품영양학과

2015학년도 대입전형 수시지원카드

국영수과 (내신)	모의고사 성적현황	국어 (A형)	수학 (B형)	영어	탐구1 (생명과학 I)	탐구2 (지구과학 I)	합(탐구는 2과목 평균값)
(4.66) 등급	3월 모의고사 백분위	70	53	50	66	70	242
	4월 모의고사 백분위	61	57	60	83	59	249
	6월 모의평가 백분위	43	33	45	31	74	174
	백분위 중 최댓값	70	57	60	83	74	249
	백분위 중 최솟값	43	33	45	31	59	174

순	지원 수준 (소신) (적정) (안정)	지원 대학	학과 (학부)	계열 (인문) (자연) (예체)	전형 명칭	모집 인원	전년도 경쟁률	수능최저 학력기준	대학별 환산 등급	대학별 환산점수 (득점/ 배점)	대학별 고사일 (월/일)
1	적정	대구 대학교	식품 영양학과	자연	학생부 교과1	11	13.3:1	없음.	4.17	478.75 / 550	9/27 (토)
2	소신	동아 대학교	식품 영양학과	자연	교과 성적 우수	31	3.3:1	국어, 수학, 영어, 탐구(1 과목)영역 중 1개 영역 이 상 3등급 이내	4	976 / 1000	없음.

순		대학교	학과	계열	전형	모집인원	경쟁률	수능최저학력기준	내신	점수	면접일
3	소신	영남대학교	환경공학과	자연	일반학생	29	9.1:1	국어, 수학, 영어, 탐구(1과목)영역 중 3개 영역 등급 합이 13 이내	4.65	650.8 / 680	없음.
4	소신	울산대학교	생활과학부	자연	일반전형	111	5.5:1	국어, 수학, 영어, 탐구(1과목)영역 중 2개 영역 등급 합이 7 이내	4.3	885 / 900	없음.
5	적정	인제대학교	식품생명과학부	자연	인문계 고교 출신자	35	3.9:1	없음.	3.89	81 / 100	11/22 (토)
6	소신	인제대학교	식품생명과학부	자연	자기추천자	9	신설	없음.	3.89	16.2 / 20	10/11 (토)

순	진형방법		서류(%)		자소서	추천서	면접(%)	논술(%)	적성(%)
			학생부						
			교과	비교과					
1		일괄합산	80				40		
	단계별	1단계(배수)							
		2단계							
2		일괄합산	100						
	단계별	1단계(배수)							
		2단계							
3		일괄합산	85	15					
	단계별	1단계(배수)							
		2단계							
4		일괄합산	90	10					
	단계별	1단계(배수)							
		2단계							
5		일괄합산							
	단계별	1단계(6배수)	100						
		2단계	80				20		
6		일괄합산	20				80		
	단계별	1단계(배수)							
		2단계							

■ 상담의 실제

이 학생은 3학년 1학기까지의 전 과목 내신이 4.48, 국수영탐 내신이 4.66로 중위권에 속하는 학생이다. 이 학생의 학교생활기록부에서 관심을 끄는 부분은 봉사활동의 정기적인 지속성이다. 1, 2학년 2년 동안 지역사회의 주민자치센터와 지역아동센터에 매주 1회 방문하여 봉사활동을 하였고 이를 통해 사회성과 자신의 미래의 정체성을 세우는 중요한 계기를 찾고 있음을 알 수 있으며 이를 뒷받침하는 일련의 과정들이 자기소개서에 잘 나타나 있다. 이와 같은 한결같은 봉사활동의 지속성은 입학사정관에게 학생의 진정성을 높이 평가받을 수 있는 중요한 포인트가 된다. 또한 이 학생은 동아리활동을 적극적으로 진행하여 교내외의 각종 동아리활동과 체험활동에 주도적으로 참여하여 학생의 사회적 역량과 리더십을 키웠으며 이 역시 봉사활동과 자연스럽게 연계하여 학생부종합전형을 위한 사전 준비 작업을 충실히 하였다. 그리고 리더로서의 역량 이외에 이 학생이 지닌 장점은 면접능력이 아주 좋다는 것이다. 타고난 면접 능력을 바탕으로 수능시험을 눈앞에 둔 시점에도 면접 준비에 많은 시간을 할애하여 인제대학교 자기추천자전형으로 최초합격하였다. 그런데 과도한 면접 준비로 인해 수능을 준비하는 공부 시간이 부족하여 일부 대학에서는 최저학력기준 미달로 불합격하였다. 학생은 식품생명과학부에 진학하여 영양사 관련 공부를 열심히 하고 이후 푸드스타일리스트로서 성장하고픈 원대한 꿈을 가지고 있었으며 이와 같은 자신의 플랜을 자기추천자전형의 면접관들에게 충분히 어필하였고 결과는 합격이었다.

이 사례 학생의 경우 과년도 입시결과 배치자료 분석을 통해 학생의 중위권 내신으로 진학 가능한 곳을 지원해도 무방한 대학을 발굴할 수 있지만 인제대학교가 지닌 자기추천자전형의 특색을 충분히 활용하였고 마찬가지로 면접비중이 높은 대구대학교의 학생부교과1 전형에도 학생의 입시 전략은 그대로 적용되어 합격하였다.

■ 수시 결과

순	지원 대학	학과 (학부)	계열 (인문) (자연) (예체)	전형명칭	합격 여부 (최초합격, 후보○, 불합격)	교사 의견
1	대구 대학교	식품 영양학과	자연	학생부교과1	최초합격	과년도 입시결과 배치자료를 철저히 분석하여 안정권으로 적정 지원하였으며 학생의 타고난 면접능력에서 좋은 점수를 얻었음.
2.	동아 대학교	식품 영양학과	자연	교과 성적우수	불합격	학생부 교과에 의해 선발하는데 배치자료에서 다소 상향으로 소신 지원하였음.
3	영남 대학교	환경 공학과	자연	일반학생	불합격	학생부의 비교과 활동 내용이 좋아 이에 기대를 걸고 지원하였으나 교과 비중이 85%로 높아 극복하기에 한계가 있었음.
4	울산 대학교	생활 과학부	자연	일반전형	불합격	최저학력기준 미달
5	이제 대학교	식품 생명과학부	자연	인문계 고교출신자	불합격	1단계에 합격하였으나 2단계 면접고사에 미응시
6	인제 대학교	식품 생명과학부	자연	자기추천자	최초합격	과년도 입시결과 배치자료를 철저히 분석하여 안정권으로 적정 지원하였으며 학생의 타고난 면접능력에서 좋은 점수를 얻었음.

■ 자기소개서

1. 고등학교 재학기간 중 학업에 기울인 노력과 학습 경험에 대해 배우고 느낀 점을 중심으로 기술해 주시기 바랍니다. (1,000자 이내)

수능을 앞두고 저의 공부 방법을 바로잡아 보고자 2학년 겨울 방학에 시행한 교내 학습 멘토링 프로그램에 참여하였습니다. 조원들이 자율적인 운영 규칙을 세워 일주일에 한 번 서로의 '멘토와 멘티'가 되어 부족한 과목을 가르치고 배우는 프로그램이었습니다.

　처음에는 '프로그램 당일 조원들에게 공통으로 어려운 과목의 단원을 정한 후 바로 멘토를 정하는 방식'을 택했었습니다. 그러자 프로그램의 취지와는 달리 선택되는 과목과 그에 따른 멘토가 편중되게 되었고 특히 한 친구가 조원들에게 강의하는 모습이 반복되었습니다. 이에 문제점을 느끼고 모두가 멘토가 되어 서로 가르치고 배울 수 있도록 '매주 과목당 멘토를 정하는 방식'을 제안하였습니다. 저는 평소 흥미를 가지고 있는 과목이었지만 성적이 나오지 않는 생명과학 과목의 멘토를 선택하였습니다. 제가 멘토가 되면 멘토로서의 책임감으로 인해 공부를 열심히 하여 준비를 철저히 하고 게으름을 피우지 못할 것이며 친구들과의 토론을 통해 조언도 얻을 수 있을 것이라 여겼기 때문입니다. 그러나 초반의 첫 시도, 단원 설명은 그럭저럭 해냈지만 문제 풀이 중 친구들의 갑작스러운 질문을 해결해 주지 못하여 그 역할을 제대로 수행하지 못했습니다. 이런 경험을 통해 멘토-멘티의 운영 방식도 중요하지만 저의 공부 방식을 바꿔야 할 필요성을 깨달았습니다.

　그 후 잘 틀리는 문제유형을 모아 복습하는 공부 방식 등 친구의 조언으로 오답노트를 만들게 되었고, 월(月), 주(週), 일(日) 단위로 자습 플랜을 세워 실천하는 등 저만의 공부 방법을 정립했습니다. 반성을 실천에 옮기고 멘토링 프로그램에서 멘토 역할을 성실하게 진행하여 3학년 3월 모의고사에서 생명과학 점수가 2학년 때보다 점수가 2등급이나 상승하였습니다. 저는 이 프로그램을 통해 계획 없이 하고 싶은 과목을 그때그때 정해 공부하던 과거의 학습방식을 버리고 계획을 세워 일정한 시간에 꾸준한 학습량을 유지하는 효율적인 공부 방법을 배울 수 있었습니다.

2. 고등학교 재학기간 중 본인이 의미를 두고 노력했던 교내 활동을 배우고 느낀 점을 중심으로 3개 이내로 기술해 주시기 바랍니다. 단, 교외 활동 중 학교장의 허락을 받고 참여한 활동은 포함됩니다. (1,500자 이내)

'발견의 기쁨!', 실패를 극복하고 얻은 열정

　저는 교내 활동 중 1학년 때 시행했던 '교내 과학실험경진대회'가 가장 기억에 남습니다. 이 대회는 주제 선택에서부터 실험계획과 수행 및 결론도출에 이르기까지

학생들의 자율에 맡겨진 흥미진진한 경험이었습니다. 저희 조는 '가장 큰 전도도를 가진 액체는 무엇일까?'라는 실험 주제로 건전지와 작은 전구를 연결한 단순한 전기 회로에 액체를 연결하는 실험 계획을 세워 수행하였습니다. 하지만 예상과 달리 용액 간의 전도도가 비교할 수 없을 만큼 미미한 차이를 보여 실험이 진행이 더 이상 불가능했습니다. 정성을 다해 준비한 계획을 버리는 것은 쉽지 않았지만 결국 조원들에게 제가 먼저 실험 중단을 제안하였고 조원들과 새로운 방법을 모색하였습니다. 그 결과 'MBL 장치'를 이용한 전도도 측정법을 알게 되었고 생소한 기구에 대한 인터넷 자료를 모으고 물리 교과서를 참고하여 짧은 시간 안에 실험에 도입할 수 있었습니다. 직접 만든 전기 회로에 더해진 MBL장치 화면 속 그래프가 움직이는 모습에서 쉽게 포기하지 않고 끊임없이 도전한 후의 성취감을 느꼈습니다. 또한 제가 가진 과학에 대한 열정도 확인할 수 있었습니다. 대학 진학 후 이러한 과학실험경험을 살려 체계적인 이론을 바탕으로 실험 장비가 갖추어진 대학에서 다양한 주제에 대한 과학실험을 경험하고 싶은 욕심이 생겼습니다.

'변화'에서 배운 리더의 자세

저는 교내 과학 동아리의 단장을 하며 '리더'에 도전하였습니다. 특히 저에게 큰 경험을 준 것은 동아리 자체의 특색 활동과 봉사활동이 많아 동아리 회원들의 의견 수렴이 힘들었던 점을 극복하려 노력했던 과정이었습니다.

1학년 때 동아리 단장선배가 동아리 회원들과의 소통 없이 축제 행사를 진행하여 동아리부스의 특색과 동아리 회원들의 개성을 살리지 못했고 열정도 부족했었습니다. 2학년 때 동아리 단장이 된 저는 이를 개선하려는 다양한 시도를 하였습니다. 축제를 준비하면서 기존 부스 외의 신규 부스를 개설할 때는 다른 과학 축제 사례나 과학 실험 책을 공유하며 동아리 회원들과 충분히 논의한 후 개설하였기에 동아리 회원들은 자신들의 의견이 반영된 각 부스에 애착을 가지고 열심히 참여했습니다. 축제 당일에 지도 선생님도 계시지 않는 상황에서 각 부스의 책임자를 정하고 각 부스의 특징에 맞는 운영 규칙을 동아리원들과 의논을 하여 진행하였습니다. 준비물 조절에서부터 질서 유지, 마무리 청소에 이르기까지 난관이 많았지만 한마음으로 시작하고 함께 결정하도록 노력했기에 모든 동아리 회원들이 주인의식을 가지고 최선을 다해 마무리할 수 있었습니다.

동아리를 이끌며 겪었던 무수한 경험을 통해 혼자 완벽을 추구하며 통제하고 이끌어 가는 것보다는 소통을 통해서 더 나은 리더의 모습을 갖추어갈 수 있음을 배울 수 있었습니다. 또한 과거의 경험에서 느낀 반성을 생각에서 그치지 않고 과감하게 기존의 운영 방식을 바꾸어 변화하는 모습을 보면서 실천의 중요성을 배울 수도 있었습니다.

3. 학교생활 중 배려, 나눔, 협력, 갈등 관리 등을 실천한 사례를 들고, 그 과정을 통해 배우고 느낀 점을 기술해 주시기 바랍니다. (1,000자 이내)

'봉사', 나의 발견

저는 1학년 때부터 동아리에서 2년간 격주로 수요일마다 지역의 주민자치센터와 아동센터에서 소외 계층의 아이들을 위한 재능 기부 봉사를 해왔습니다. 1학년 때 지역 주민자치센터에서의 저는 아이들을 대하는 방법을 몰라 그저 수업 진행에만 중요성을 두어 몰두했었습니다. 그러다 보니 1년간 봉사활동 후 지역 주민자치센터 아이들에게 저의 존재란 인터넷 강의 선생님과 다를 바가 없었음을 느꼈습니다. 저의 소통방식이 적극적이지 못하고 서툴렀던 것이었습니다. 이에 대한 반성으로 동아리 단장이 된 2학년 때에도 새 정기 봉사를 제안하여 지역 아동센터에서 새로이 봉사활동을 시작했습니다. 과거의 제가 소극적으로 아이들에게 다가갔던 모습을 바꾸고 이번 아이들만큼은 마음을 공유하며 적극적으로 다가가려 하였습니다. 봉사를 가지 못하는 친구가 있으면 그 빈자리를 채우는 등 봉사 또한 적극적으로 참여하였습니다. 어린 마음의 한 부분에 모가 난 아이들과의 마음을 여는 것이 처음에는 힘들었지만, 먼저 다가가 한 명 한 명 안부를 물으며 아이들의 마음을 보듬고 알아 갔습니다. 그러면서 저를 기다리는 아이들이 생겼고 먼저 다가오고 잘 따라 주는 모습에 감동했습니다.

봉사활동의 마지막 날에 아이들과 만나면서 아이들에게 특별한 수업을 선물해 주고 싶었습니다. 과학 수업을 기획하여 동아리 선생님과 동아리 회원들의 도움으로 '아이들의 꿈이 담긴 별자리' 수업을 진행하였습니다. 열정을 보이며 정성껏 자신의 꿈을 적어 별자리를 만드는 아이들을 보며 3학년이 되기 직전까지 꿈이 없다는 생각으로 스스로를 좌절시키려고만 했던 제가 지금의 '영양사'라는 꿈에 확신할 수 있던 계기가 되었습니다. 아이들에게 도움을 주러 갔던 것이었지만 도리어 저는 아이들에게 소통의 중요성을 배우고 봉사의 즐거움을 알게 되었습니다.

■ 작성 사례: 가톨릭대학교 컴퓨터공학과

2015학년도 대입전형 수시지원카드

국영수과 (내신)	모의고사 성적현황	국어 (A형)	수학 (B형)	영어	탐구1 (생명과학 I)	탐구2 (지구과학 I)	합(탐구는 2과목 평균값)
(2.68) 등급	3월 모의고사 백분위	87	71	64	55	45	272
	4월 모의고사 백분위	77	72	79	50	31	269
	6월 모의평가 백분위	51	43	63	61	65	220
	백분위 중 최댓값	87	72	79	61	65	272
	백분위 중 최솟값	51	43	63	50	31	220

순	지원수준 (소신) (적정) (안정)	지원 대학	학과 (학부)	계열 (인문) (자연) (예체)	전형 명칭	모집 인원	전년도 경쟁률	수능최저 학력기준	대학별 환산 등급	대학별 환산 점수 (득점/ 배점)	대학별 고사일 (월/일)
1	안정	가톨릭 대학교	컴퓨터정보 공학과	자연	학생부 우수자	25	신설 전형	국어A, 수학B, 영어, 과탐(2과목 평균) 중 2개 영역 평균 2등급 이내	2.89	881.11 / 900	10/12 (일)
2	소신	광운 대학교	컴퓨터 소프트 웨어학과	자연	교과 성적 우수자	15	8.9:1	국어A, 수학B, 영어, 과탐(2과목 평균) 중 2개 영역 등급 합이 6 이내	2.68	869.72 / 900	없음.
3	소신	명지 대학교	정보통신 공학과	자연	학생부 우수자 (교과)	27	9.9:1	국어AB, 수학AB, 영어, 탐구(1과목) 중 2개 영역 3등급 또는 2개 영역 등급 합 6	2.87	146.63 / 150	없음.

순	소신/안정	대학교	학과	계열	전형	모집인원	경쟁률	수능최저학력기준	등급	점수	비고
4	소신	단국대학교	파이버시스템공학과	자연	학생부교과우수자	13	15.8:1	국어A, 수학B, 영어 영역 중 1개 영역 3등급 이내	2.67	983.4 / 1000	없음.
5	소신	부경대학교	전기공학과	자연	교과성적우수자	21	5.8:1	국어A, 수학B, 영어 영역 중 1개 영역 3등급 이내 또는 과탐 2과목 등급 합이 6 이내	2.39	893.02 / 900	없음.
6	안정	울산대학교	전기공학부(전기전자공의공전공)	자연	일반	117	7.2:1	국어AB, 수학AB, 영어, 과탐(1과목) 중 2개 영역 등급 합 6 이내	2.96	891 / 900	없음.

순	전형방법		서류(%) 학생부 교과	서류(%) 학생부 비교과	서류(%) 자소서	서류(%) 추천서	면접(%)	논술(%)	적성(%)
1	일괄합산								
1	단계별	1단계(4배수)	100						
1	단계별	2단계	80				20		
2	일괄합산		100						
2	단계별	1단계(3배수)							
2	단계별	2단계							
3	일괄합산		100						
3	단계별	1단계(2배수)							
3	단계별	2단계							
4	일괄합산		100						
4	단계별	1단계(배수)							
4	단계별	2단계							
5	일괄합산		100						
5	단계별	1단계(5배수)							
5	단계별	2단계							
6	일괄합산		100						
6	단계별	1단계(5배수)							
6	단계별	2단계							

■ 상담의 실제

이 학생은 수시 6회 모두 학생부교과전형 위주로 지원하였는데 학생의 희망에 따라 수도권 소재 대학과 국립대학교, 합격 안정권의 지방 사립대에 골고루 지원하였다. 진학희망학과는 전자전기공학과, 컴퓨터정보공학과, 파이버시스템공학과 등의 컴퓨터 하드웨어 및 소프트웨어 관련학과를 중심으로 하였다. 학교생활기록부상의 활동내용은 그렇게 뛰어나거나 부족한 편이 아닌 보통 수준이었으며 학생부종합전형에 적합한 내용도 있었으나 자기소개서를 적극적으로 작성하기에는 부족함이 있었다. 또한 학생부종합전형을 위해 학생이 주관적으로 평가한 자가진단 점수 역시 56점이어서 불안하게 학생부종합전형으로 지원하기보다는 전략적으로 학생부교과전형의 틈새를 찾아 수시지원하기로 하였다.

먼저 교과 내신이 좋지 않아 3학년 1학기까지 내신고사에 집중하여 내신을 최대한 올려놓기로 하였다. 특히 수능최저학력기준을 만족시키는 학습을 병행하기로 하여 전략과목을 선정하여 집중적으로 공부하였다. 그런데 수학B의 네 과목을 동시에 공부하는 것이 쉽지 않았고 다른 학생들도 모두 열심히 내신고사 공부를 하였으므로 내신점수와 모의학력평가점수를 나란히 같이 올리는 것이 힘들었다. 이로인해 자신감도 떨어지고 체력적으로도 지치고 힘든 슬럼프가 나타났으며 진학상담을 통해 과감하게 수학B 과목 대신 수학A 과목에 응시하기로 하였다. 6월 모의학력평기에서 수학B 과목이 5등급이었으나 7월의 모의학력평가에서는 수학A 과목 2등급을 달성하였고 여기에서 맛본 자신감과 성취감을 바탕으로 이후 수능시험까지의 학습을 지치지 않고 열정적으로 하게 되었다. 수시지원하고자하는 대학의 전형을 잘 살피고 그 틈새를 공략하여 가톨릭대학교의 경우 수학B 과목에 대한 부담감을 줄여 수학A 과목으로 응시하고 동시에 국어와 영어에서 높은 등급을 확보하기로 하였으며, 단국대학교는 수학B 과목 이외의 국어, 영어 과목에서, 광운대학교에서는 국어, 영어, 탐구영역에서 수능최저학력기준을 만족시키는 전략을 구성하였다.

내신은 3학년 전 과목 내신이 3.02, 국수영탐 내신은 2.68로서 1, 2학년 때와 큰 차이가 없었다. 다른 학생들도 모두 내신관리에 신경을 쓰고 열심히 공부하고 있어서 3학년 1학기의 내신만으로 수시 내신 점수를 평균적으로 올린다는 것은 무척 힘든 일이었다. 그렇지만 수학능력시험에서 수학A로 전환하여 3등급을 얻어 가톨릭대학교의 수능최저학력기준인 4개 과목 중 1개 과목 3등급 이내를 만족하여 합격

하였다. 명지대학교, 부경대학교는 추가합격하였으며 울산대학교는 최초합격하였
다. 단국대학교와 광운대학교는 수능최저학력기준을 만족하지 못하였다.

이 학생의 사례는 내신이 불리하지만 수능최저학력 만족이라는 전략을 세우고
수학A 과목으로 전환하여 수학 과목에 대한 입시부담을 줄이는 대신 상대적으로
국어, 영어, 탐구영역의 학습량을 늘여 목표를 달성한 경우이다. 이 전략은 그만큼
수능최저학력기준을 만족하기가 쉽지 않다는 뜻이기도 하다.

■ 수시 결과

순	지원 대학	학과 (학부)	계열 (인문) (자연) (예체)	전형명칭	합격 여부 (최초합격, 후보○, 불합격)	교사 의견
1	**가톨릭 대학교**	컴퓨터 정보공학과	자연	학생부 우수자	최초합격	과년도 합격 사례의 내신 점수를 적합하게 분석하고 수능최저학력기준 등급을 만족하는 전략으로 합격함.
2	광운 대학교	컴퓨터 소프트웨어 학과	자연	교과성적 우수자	불합격	수능최저학력기준을 만족하지 못함. 모의학력평가의 등급 추이를 분석하고 이에 맞는 수시지원전략 필요
3	명지 대학교	정보통신 공학과	자연	학생부 우수자 (교과)	추가합격 (후보9)	과년도 추가합격 충원율을 고려하여 소신 지원으로 추가합격하는 전략필요
4	단국 대학교	파이버시스템 공학과	자연	학생부교과 우수자	불합격	수능최저학력기준을 만족하지 못함. 모의학력평가의 등급 추이를 분석하고 이에 맞는 수시지원전략 필요
5	부경 대학교	전기공학과	자연	교과성적 우수자	추가합격 (후보12)	과년도 추가합격 충원율을 고려하여 소신 지원으로 추가합격하는 전략필요
6	울산 대학교	전기공학부 (전기전자공 의공전공)	자연	일반	최초합격	과년도 합격 사례의 내신 점수를 적합하게 분석하고 수능최저학력기준 등급을 만족하는 전략으로 합격

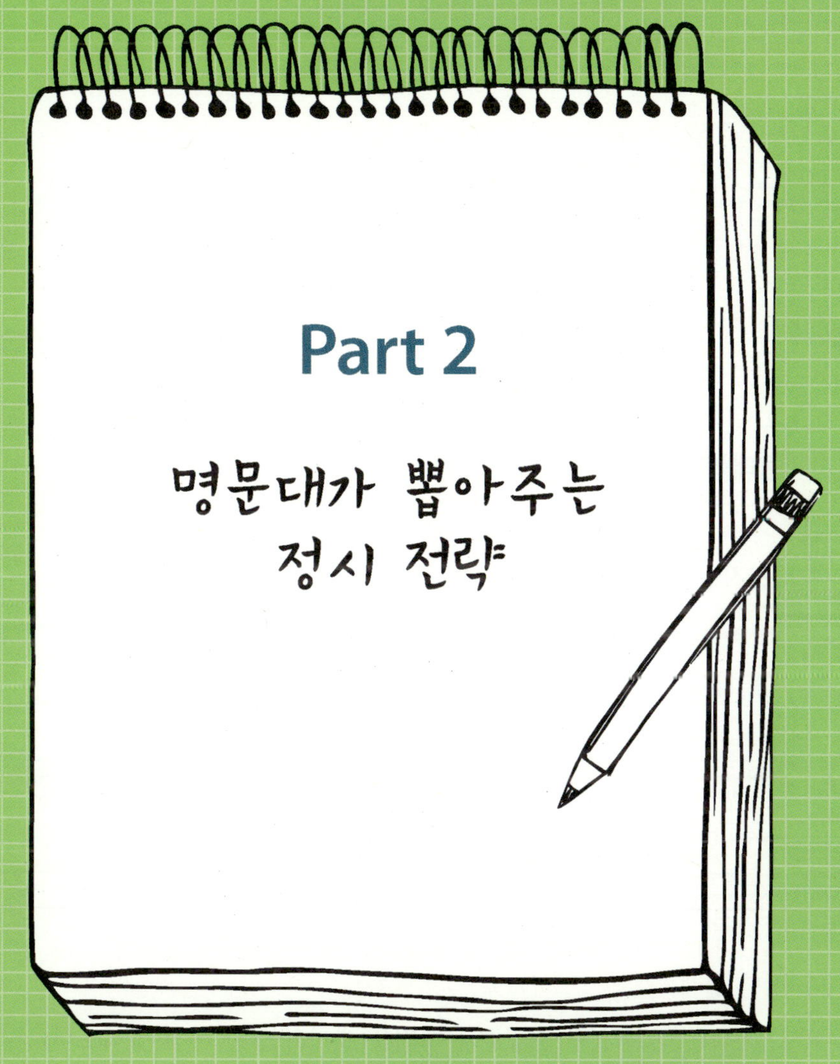

Part 2
명문대가 뽑아주는
정시 전략

01 인문계열

1) 서울대학교, 연세대학교, 고려대학교 기타

■ 정시지원 및 결과: 서울대학교 인문계열

가. 지원자 취득 수능 성적

국어			수학			영어			한국사			한국지리		
표준점수	백분위	등급	표준점수	백분위	등급	표준점수	백분위	등급	표준점수	백분위	등급	표준점수	백분위	등급
135	99	1	131	99	1	132	98	1	66	97	1	66	99	1

나. 상담 실제

학생은 1학년 때부터 꾸준히 좋은 성적을 유지하였다. 내신 성적도 최상위였고, 학력평가에서도 최상위 성적을 얻었다. 또 6월과 9월에 있었던 평가원의 모의수능에서도 최상위 성적을 얻었기에 평소 주변에서 조언이나 충고를 하는 이가 많았다. 그런데 오히려 그런 조언을 하는 이가 많았기에 학생이 진로 선택과 대학 지원에 어려움을 겪었다고 할 수 있다. 학생이 수시 모집에서도 충분히 좋은 결과를 얻을 수 있었는데도 수시 모집에 하나도 지원을 하지 않았다. 수시 모집을 하면서 에너지를 쏟는 것이 대수능 준비에 도움이 되지 않는다고 판단하였다고 말하였지만 주위에서 너무 많은 조언이 쏟아져 그런 것이 아닌가 하는 생각도 든다.

어찌 되었건 수능에서도 좋은 성적을 얻었다. 수능을 치고 나서 수능 성적이 발표되기 전까지 많은 고민을 하고 (가)군에서는 서울대학교 인문계열을, 나, (다)군에서는 평소에 관심이 있어 하던 학교의 학과를 지원하기로 하였다. 성적이 좋았기 때문에 인문계열을 지원하는 데 아무런 어려움이 없었다. 사설 학원에서 제시하는 배치점도 모두 넘어섰고, 공교육 기관에서 제시하는 배치 점수도 모두 넘어섰기 때문이다. 서울대학교에서는 제2외국어와 한문은 3등급 이하부터 차등을 두어 감점을 하는데 학생은 제2외국어에서도 1등급을 받았기 때문에 감점도 없었다. 최악의 경우 나군과 다군에 지원한 대학과 학과는 무조건 합격할 것이라고 생각할 수 있었기에 학생이나 담임교사도 크게 걱정을 하지 않았다. 실제로 서울대학교 인문계열도 아주 우수한 성적으로 입학하여 장학금을 받아 등록금이 전액 면제되었으며 나군과 다군에 지원한 대학과 학과에서는 4년 장학금을 받을 수 있다고 합격 통보를 받았다.

다. 전형 지원 현황

구분	지원 수준 (소신) (적정) (안정)	지원 대학	학과 (학부)	계열 (인문) (자연) (예체)	전형 명칭	모집 인원	활용 점수	대학수학능력 시험 성적 반영방법 (영역별 반영비율)	대학별 환산점수 (배점/만점)	합격 여부
가	적정	서울 대학교	인문 계열	인문	일반 전형	44	수능 100% (표준 점수+ 백분위)	국어AB형 표준점수 25%+수학 AB형 표준점수30%+영어 표준점수 25%+탐구 변환표준점수 20%	529.8 800	최초 합격

* 제2외국어 3등급 이하는 차등 감점. 학생은 1등급임.

■ **정시지원 및 결과: 연세대학교 불어불문학과**

가. 지원자 취득 수능 성적

국어			수학			영어			한국사			한국지리		
표준점수	백분위	등급	표준점수	백분위	등급	표준점수	백분위	등급	표준점수	백분위	등급	표준점수	백분위	등급
132	98	1	131	99	1	132	98	1	66	97	1	60	80	3

나. 상담 실제

학생은 수시 모집에도 같은 학과를 지원하였으나 불합격하였다. 수시 모집에서 연세대학교보다 조금 낮은 학교에도 지원하였으나 의외로 불합격하여 의기소침한 적이 있었다. 그러나 수능 성적에서 아주 좋은 성적을 얻어서 결과적으로 수시 모집에 불합격한 것이 전화위복이 되었다.

학생의 사회탐구 한 과목 성적이 좋지 않으나 연세대학교의 경우 제2외국어/한문 과목을 응시하였을 경우 사회탐구 과목으로 인정하여 사회탐구 2과목과 제2외국어/한문(변환 표준점수) 세 개 중 가장 좋은 두 과목의 성적을 사회탐구 성적으로 반영한다. 위 표에는 없지만 학생은 제2외국어에서 최상의 성적을 얻어서 사회탐구의 불리함도 충분히 극복할 수 있었다. 서울대학교의 낮은 학과에 지원하라는 주변의 조언도 있었으나 학생은 그렇게 할 생각은 없어서 (가)군에서는 연세대학교보다 조금 낮은 대학에 지원하였으며 (다)군에서는 인문계열 학생 중 좋은 성적을 거둔 학생들이 몰리는 중앙대학교의 가장 좋은 학과에 지원하였다. (가)군에서는 4년 장학생으로 합격하였다는 통보를 받았으며 (다)군에서도 최초에는 불합격하였으나 추가합격 통보를 받았다. 학생은 세 대학 중 본인이 평소에 원하였던 연세대학교 불어불문학과에 등록하였다.

다. 전형 지원 현황

구분	지원 수준 (소신) (적정) (안정)	지원 대학	학과 (학부)	계열 (인문) (자연) (예체)	전형 명칭	모집 인원	활용점수	대학수학능력 시험 성적 반영방법 (영역별 반영비율)	대학별 환산 점수 (배점/ 만점)	합격 여부
나	안정	연세 대학교	불어불문 학과	인문	일반 전형	16	수능90% (표준점수+ 백분위)+ 학생부10	국어AB형 표준점수 28.6%+ 수학AB형 표준점수 28.6%+ 영어 표준점수 28.6%+ 탐구 변환표준점수 14.2%	521.0 523.4	최초 합격

■ **정시지원 및 결과: 고려대학교 심리학과**

가. 지원자 취득 수능 성적

국어			수학			영어			한국사			사회 · 문화		
표준 점수	백분위	등급	표준 점수	백분위	등급	표준 점수	백분위	등급	표준 점수	백분위	등급	표준 점수	백분위	등급
130	96	1	129	95	1	132	98	1	65	95	1	65	97	1

나. 상담 실제

평소 모의고사에서 고득점을 받던 학생들이 쉬운 수능으로 인해 한두개 영역에서 아쉬움을 남긴 것에 반해 위 학생은 전체적으로 안정감 있는 점수를 확보하였다. 하지만 수학에서 한 문제를 실수 한 것이 지원 대학 및 학과를 정하고 이후 추가합격을 예측하는 데 많은 어려움을 갖게 만든 경우이다.

일단 (가)군에는 안정적인 지원을 위해 성균관대학교 인문과학계열에 지원하기로 하였으며 입시기관에서 발표한 지원가능점수가 520점이었고 본인의 점수가 521점이었기 때문에 최초합격 혹은 빠른 순위의 추가합격을 기대하였는데, 예상대로 최초합격의 결과를 얻었다. 그리고 (나)군에는 가장 진학을 희망한 고려대학교 심리학과에 지원하기로 하였지만, 배치표상의 해당 학과에 대한 지원가능점수가 524점이었고 선발인원 자체도 많지 않았기 때문에 여러 번의 추가합격 발표까지 기다릴 심산이었고, 다행히도 최초 후보자 순위 6번에서 1번까지 단계적으로 합격에 가까이 가더니 졸업식을 하루 앞두고 극적으로 합격 통보를 받고 최종 등록하였다. 다른 고득점 응시자들과 마찬가지로 (다)군에는 중앙대학교 경영학과에 지원을 하였는데 워낙 허수 지원도 많고 최초합격생이 최종 등록까지 마치는 경우가 극히 드물기 때문에 추가합격을 기대했으며 만에 하나의 경우를 대비한 보험용 지원 성격이 강했고 역시나 추가합격을 했지만 등록하지는 않았다.

다. 전형 지원 현황

구분	지원 수준 (소신) (적정) (안정)	지원 대학	학과 (학부)	계열 (인문) (자연) (예체)	전형 명칭	모집 인원	활용 점수	대학수학능력 시험 성적 반영방법 (영역별 반영비율)	대학별 환산점수 (배점/ 만점)	합격 여부
가	적정	성균관 대학교	인문 과학 계열	인문	일반 전형	72	수능100% (표준점수+ 백분위)	국어AB형 표준점수 30%+수학AB형 표준점수 30%+영어 표준점수 30%+탐구 변환표준점수 10%	653.25 / 1,000	최초 합격
나	소신	고려 대학교 (안암)	심리 학과	인문	일반 전형	18	수능90% (표준점수+ 백분위) +학 생부 10%	국어AB형 표준점수 28.57%+수학AB형 표준점수 28.57%+영어 표준점수 28.57%+탐구 변환표준점수 14.29%	875.50 / 900	추가 합격
다	소신	중앙대 학교	경영학 과	인문	일반 전형	80	수능100% (표준점수+ 백분위)	국어B형 표준점수 30%+수학A형 표준점수 30%+영어 표준점수 30%+탐구 변환표준점수 10%	973.75 / 1,000	추가 합격

2) 서강대학교, 수도권 국립대학교 기타

■ 정시지원 및 결과: 서강대학교 인문계열

가. 지원자 취득 수능 성적

국어			수학			영어			한국사			법과 정치		
표준점수	백분위	등급	표준점수	백분위	등급	표준점수	백분위	등급	표준점수	백분위	등급	표준점수	백분위	등급
129	95	2	131	99	1	132	98	1	60	75	3	59	78	3

나. 상담 실제

6월·9월 평가원 모의수능의 경우 수학과 영어는 늘 원점수 100점을 맞으며 백분위 99 이상을 유지했지만, 국어에서는 1등급과 3등급 사이를 왔다 갔다 했는데, 결국 실제 수능에서 이런 불안한 조짐이 그대로 반영된 결과를 얻었다. 설상가상으로 탐구과목 또한 평소에 평균 1.5 등급 이상을 유시했지만 모두 3등급을 맞는 최악의 결과가 발생하였다.

위 학생은 대학 진학 후 로스쿨 입학을 염두에 두고 있었기에 관련 학과를 진학하면 좋았겠지만, 특정 학과에 대한 거부감은 없었기에 일단 (가)군에서는 안정적인 지원을 결정했고 이에 따라 서강대학교 인문계에 지원하였으며 배치표상의 520점 기준에 본인의 표준점수가 519점으로 최초합격하였다. 그리고 평소 모의고사 성적을 놓고 생각했을 때, 연고대 이상을 기대했기에 사실 (나)군에서 연세대학교 교육학부에 대한 합격 열망이 가장 높았다고 할 수 있었는데 해당 학과는 작년에 후보 16번까지 추가합격하여 타 학과에 비해 상대적으로 추가합격의 가능성이 높다고 판단하여 지원하였지만 최종적으로 추가합격하지 못하였다. 또한 다군의 중앙대 경영학과의 경우 추가합격하였으나 등록하지는 않았다.

다. 전형 지원 현황

구분	지원수준 (소신) (적정) (안정)	지원대학	학과 (학부)	계열 (인문) (자연) (예체)	전형명칭	모집인원	활용점수	대학수학능력 시험 성적 반영방법 (영역별 반영비율)	대학별 환산점수 (배점/만점)	합격여부
가	안전	서강대학교	인문계	인문	일반전형	55	수능100% (표준점수+변환표준점수)	국어B형 표준점수 25%+수학A형 표준점수 32.5%+영어 표준점수 32.5%+탐구 변환표준점수 10%	528.36 / 1,000	최초합격
나	상향	연세대학교 (서울)	교육학부	인문	일반전형	17	수능90% (표준점수+백분위) + 학생부 10%	국어AB형 표준점수 28.57%+수학AB형 표준점수 28.57%+영어 표준점수 28.57%+탐구 변환표준점수 14.29%	580.23 / 900	불합격
다	소신	중앙대학교	경영학과	인문	일반전형	80	수능100% (표준점수+백분위)	국어B형 표준점수 30%+수학A형 표준점수 30%+영어 표준점수 30%+탐구 변환표준점수 10%	966.77 / 1,000	추가합격

■ 정시지원 및 결과: 서울여자대학교 자율전공학부

가. 지원자 취득 수능 성적

국어			수학			영어			물리 I			생명과학 I		
표준점수	백분위	등급	표준점수	백분위	등급	표준점수	백분위	등급	표준점수	백분위	등급	표준점수	백분위	등급
124	89	2	126	89	2	126	82	3	46	40	5	60	80	3

나. 상담 실제

이 사례 학생은 1학년 때 상당히 우수한 내신을 확보하였으나 2학년, 3학년으로 진급하면서 내신이 계속 나빠져 수시지원에 대한 동기를 전혀 찾지 못했고 더불어 학생부종합전형을 위한 자기소개서 및 구술, 면접 등을 충분히 준비하지 않아 과감히 수시지원을 하지 않고 정시 수능 준비에 전념하였다. 수학B에 대한 부담감이 컸기 때문에 수능시험에서 수학A로 바꿔 응시하였고, 과학탐구영역의 물리1과 생명과학Ⅰ을 응시하면서도 수도권 소재의 인문계열 대학에 진학하고자 하였다.

학업능력이 좋고 목표의식이 뚜렷하였으며 수능에 대한 자신감이 높아 수능에서 고득점을 얻을 것이라는 기대를 하였으나 만족스러운 수능 결과를 거두지는 못했다.

과년도 입시결과 배치자료를 분석하여 자연계 학생으로서 인문계열로 지원 가능한 수도권 소재 대학으로 서울여자대학교를 선택하였으며 나군과 다군 모두 최초합격을 예상하였다.

재수를 고려하였으므로 정시 (가)군은 지원하지 않았다. 가산점 부여의 불이익, 합격 최적 점수 등을 고려하여 다른 대학교와 비교하여 최적의 선택을 하였다.

서울여자대학교 나군의 일반전형은 내신을 10% 반영하므로 학생의 내신(2.98)을 높이 반영할 수 있었고 4개의 영역 중 국어, 영어, 수학의 백분위점수를 반영하는 환산점수가 높았기 때문에 충분히 경쟁력이 있었고 최초합격을 기대하였다. 그러나 수능점수만 반영하는 다군의 '수능 3개 영역' 전형은 예상외로 예비후보 26위에 머물렀다.

디. 전형 지원 현황

구분	지원 수준 (소신) (적정) (안정)	지원 대학	학과 (학부)	계열 (인문) (자연) (예체)	전형 명칭	모집 인원	활용점수	대학수학능력 시험 성적 반영방법 (영역별 반영비율)	대학별 환산점수 (배점/ 만점)	합격 여부
나	적정	서울 여자 대학교	자율전 공학부 (인문 사회 계열)	인문	일반 학생	38	학생부 (10)+수능 점수(90) *수능점수 (백분위)	■ 수능반영방법 ▶ 국어, 수학, 영어, 탐구영역: 백분위 ▶ 탐구 영역: 2개 과목의 백분위 평균 ■ 성적산출방법 ▶ (국어+영어)백분위x0.315+(수학 또는 탐구)백분위x0.27 ■ 수능 반영 영역 및 비율 국어[35%], 영어[35%] 2개 및 수학 [30%]과 탐구[30%]에서 1개 선택	77,895 90	최초 합격

| 다 | 적정 | 서울
여자
대학교 | 정보보
호학과 | 자연 | 수능
3개
영역 | 17 | 수능점수
(100)
*수능점수
(백분위) | ■ 수능반영방법
▶ 국어, 수학, 영어, 탐구영역: 백분위
▶ 탐구 영역: 2개 과목의 백분위 평균
■ 성적산출방법
▶ (수학+영어)백분위x0.35+(국어
또는 탐구)백분위x0.3
■ 수능 반영 영역 및 비율
수학[35%], 영어[35%] 2개 및 국어
[30%]와 탐구[30%]에서 1개 선택 | 86.55

후보
26

100 |

■ **정시지원 및 결과: 서울여자대학교 사회복지학과**

가. 지원자 취득 수능 성적

국어			수학			영어			생활과 윤리			법과 정치		
표준 점수	백분위	등급	표준 점수	백분위	등급	표준 점수	백분위	등급	표준 점수	백분위	등급	표준 점수	백분위	등급
120	84	3	123	82	3	124	88	3	62	90	2	59	78	3

나. 상담 실제

이 사례 학생은 수능 점수를 충분히 활용하여 수도권 소재 여대 두 곳의 사회복지학과에 합격하였다. 사회복지학과는 평소에 학생이 관심이 많았던 학과이다.

사범대학 진학을 희망하여 지방 국립대학교인 부산대학교와 경상대학교 사범대학에 진학하고자 하였으나 두 곳 모두 정시 가군이어서 부산대학교 윤리교육학과에 지원하였다. (나)군은 서울여자대학교 사회복지학과, (다)군은 동덕여자대학교의 사회복지학과에 지원하여 모두 최초합격하였다. 서울여자대학교와 동덕여자대학교는 안정권이었으므로 가군의 부산대학교 윤리교육학과는 상향으로 소신 지원하였고 후보 순위 10번에 머물렀다. (가)군에서 내신과 수능점수는 가능성이 있었으나 최초합격하지 못한 것은 면접에서 좋은 점수를 얻지 못했을 것이라고 추정한다. 정시는 거의 수능점수를 바탕으로 입시 전략을 구성하지만 사범계열은 면접이라는 최종 관문이 남아 있기 때문에 면접을 소홀히 해서는 안 된다. 이 학생의 경우 면접을 전혀 준비하지 않은 상태에서 기본적인 질의응답만 하였는데 부산대학교 사범대학은 지원동기와 전공적성, 논리적 표현과 문제 해결능력, 인성 및 사회성을 평가하며 구술문항을 출제하여 답변 준비 시간을 부여한 후 질의응답식으로 진행하므로 반드시 수시지원과 마찬가지로 구술 면접 연습을 충분히 해야 한다.

수능 점수가 더 높았다면 보다 상향의 수도권 대학의 사회복지학과에 진학할 수 있었으나 평소 여대에 대해서 우호적이었던 학생의 성향을 고려한다면 적절한 진학지도였다고 생각한다.

다. 전형 지원 현황

구분	지원 수준 (소신) (적정) (안정)	지원 대학	학과 (학부)	계열 (인문) (자연) (예체)	전형 명칭	모집 인원	활용점수	대학수학능력 시험 성적 반영방법 (영역별 반영비율)	대학별 환산점수 (배점/ 만점)	합격 여부
가	소신	부산대 학교	윤리 교육과	인문	수능1 전형	9	학생부(18)+ 수능점수 (72)+면접 (10) *수능점수 (표준점수)	■ 수능반영방법 ▶ 국어, 수학, 영어: 표준섬수 ▶ 탐구 영역: 변환표준점수 (탐구영역 변환표준점수는 수능성적 발표 이후 대학에 서 발표) ■ 성적산출방법 ▶ ∑[(취득 표준(변환)점수) X(영역별 환산점수)]÷(영역 별 배점) ■ 수능 반영 영역 및 비율 국어[24%], 영어[16%], 수학 [24%], 탐구[16%]	44.016 72	후보 순위 10

| 나 | 적정 | 서울여자대학교 | 사회복지학과 | 인문 | 일반학생 | 23 | 학생부(10)+수능점수(90) *수능점수(백분위) | ■ 수능반영방법
▶ 국어, 수학, 영어, 탐구영역: 백분위
▶ 탐구영역: 2개 과목의 백분위 평균
■ 성적산출방법
▶ (국어+영어)백분위×0.315+(수학 또는 탐구)백분위×0.27
■ 수능 반영 영역 및 비율
국어[35%], 영어[35%] 2개 및 수학[30%]과 탐구[30%]에서 1개 선택 | 76.86

90 | 최초합격 |
| 다 | 적정 | 동덕여자대학교 | 사회복지학과 | 인문 | 일반전형 | 32 | 수능점수(100) *수능점수(백분위) | ■ 수능반영방법
▶ 국어, 수학, 영어, 탐구영역: 백분위
▶ 탐구 영역: 2개 과목의 백분위 평균
■ 성적산출방법
수능 4개 영역 백분위 평균 점수=(영역별 백분위 점수)의 합÷4
■ 수능 반영 영역 및 비율
성적산출방법 참고 | 868.45

1000 | 최초합격 |

■ 정시지원 및 결과: 경북대학교 국어교육학과

가. 지원자 취득 수능 성적

국어			수학			영어			한국지리			사회 · 문화		
표준점수	백분위	등급	표준점수	백분위	등급	표준점수	백분위	등급	표준점수	백분위	등급	표준점수	백분위	등급
133	98	1	126	89	2	121	84	3	65	97	1	65	97	1

나. 상담 실제

위 학생의 경우 실제 수능에서 사연 많은 다른 학생들과는 달리 평소 모의고사 평균 성적을 훌쩍 뛰어넘는 가장 이상적인 결과를 만들어 냈다. 평소 모의고사 평균 등급은 대략 3등급 정도라고 보았을 때 얼마나 기적적인 결과를 만들어 냈는지 놀라지 않을 수 없고, 평소 모의고사 성적이 잘 나오지 않아 너무 기죽거나 자신감을 잃고 있는 학생들에게 가장 적합한 롤 모델이 아닌가 싶다.

평소 교직에 대한 관심이 높았고 예상보다 좋은 결과는 얻어 점수에 맞게 지방 국립대학교 국어교육과에 지원하기로 하였다. 이에 따라 (가)군에는 부산대학교 국어교육과, (나)군에는 경북대학교 국어교육과에 지원하였으며, 부산대학교 국어교육과의 경우 면접이 10% 포함되어 있다는 특징이 있었는데 이에 대한 사전 준비 및 대처가 미흡했으며 10명이라는 선발인원 자체도 비교적 적었고 타 학과에 비해 지방 국립대학교의 사범대 특징상 추가합격 사례가 드문 악조건에 따라 아쉽게도 불합격의 고배를 마시게 되었다. 또한, 학생부 반영 비율이 18%가 되는데 위 학생의 경우 3등급 초반대였기 때문에 이 또한 어느 정도 불리하게 작용했을 것이라 판단한다. 반면, 경북대학교 국어교육과의 경우 부산대학교에 비해 선발인원에 비교적 여유가 있었으며 가장 저조했던 영어 과목 반영 비율이 상대적으로 낮아 유리하게 작용한 결과 최초합격 및 등록하였다.

다. 전형 지원 현황

구분	지원 수준 (소신) (적정) (안정)	지원 대학	학과 (학부)	계열 (인문) (자연) (예체)	전형 명칭	모집 인원	활용점수	대학수학능력 시험 성적 반영방법 (영역별 반영비율)	대학별 환산점수 (배점/ 만점)	합격 여부
가	적정	부산대 학교	국어 교육과	인문	일반 전형	10	학생부 18%+수능 72%(표준 점수+변환 표준점수)+ 면접10	국어B형 표준점수 30%+ 수학A형 표준점수 20%+ 영어 표준점수 30%+탐구 변환표준점수 20%	45.89 / 72	불합격
나	소신	경북대 학교	국어교 육과	인문	일반 전형	24	수능100% (표준점수+ 백분위)	국어B형 표준점수 25%+수 학A형 표준점수 25%+영 어 표준점수 25%+탐구 변 환표준점수 25%	510.36 / 800	최초 합격

■ **정시지원 및 결과: 부산대학교 경영학과**

가. 지원자 취득 수능 성적

국어			수학			영어			한국사			사회 · 문화		
표준 점수	백분위	등급	표준 점수	백분위	등급	표준 점수	백분위	등급	표준 점수	백분위	등급	표준 점수	백분위	등급
124	89	2	126	89	2	117	78	3	64	93	2	60	78	3

나. 상담 실제

위 학생은 서울 내 경영학과 혹은 지방 국립대학교 경영학과에 진학하고자 하는 의지가 명확했다. 비록 평소 모의고사에 비해 실제 수능 점수가 나오지 않아 많은 아쉬움을 남겼지만 정시지원 결과가 신통치 않아도 재수까지 감안을 할 정도로 모두 상향 지원을 해서 추가합격 가능성에 대한 미련을 갖고 있었다.

이에 따라 (가)군은 부산대학교 경영학과, (나)군은 경북대학교 경영학부에 지원을 하였지만, 배치표상에 제시된 점수와 본인의 점수가 512점 기준에 489점, 503점 기준에 491점이라 역시나 둘 다 최종 불합격하였다. 재수에 대한 각오까지 되어 있었지만 지방 국립대학교와 인기학과라는 점을 감안했을 때 추가합격 가능성이 상당히 낮았지만 고집스러운 지원을 했다는 평을 떨치기 어려웠다. 본인이 원했던 대학이 지방 국립대학교였다면 적어도 학과 조정을 통해 합격 가능성을 높이고 일단 진학한 이후에 반수를 할지 아니면 복수전공 제도를 활용할지 고민할 시간을 갖는 것도 어땠을까 하는 아쉬움이 남는다.

다. 전형 지원 현황

구분	지원 수준 (소신) (적정) (안정)	지원 대학	학과 (학부)	계열 (인문) (자연) (예체)	전형 명칭	모집 인원	활용점수	대학수학능력 시험 성적 반영방법 (영역별 반영비율)	대학별 환산점수 (배점/ 만점)	합격 여부
가	소신	부산대 학교	경영 학과	인문	수능 전형	49	수능80% (표준점수+ 변환표준 점수)+학생 부 20%	국어B형 표준점수 30%+수학 A형 표준점수 20%+영어 표준점수 30%+탐구 변환표준점수 20%	48.86 / 80	불합격
나	소신	경북대 학교	경영 학부	자연	일반 전형	40	수능100% (표준점수+ 백분위)	국어B형 표준점수 25%+수학 A형 표준점수 25%+영어 표준점수 25%+탐구 변환표준점수 25%	496.66 / 800	불합격

가. 지원자 취득 수능 성적

국어			수학			영어			한국지리			법과 정치		
표준점수	백분위	등급	표준점수	백분위	등급	표준점수	백분위	등급	표준점수	백분위	등급	표준점수	백분위	등급
115	74	4	131	99	1	132	98	1	62	90	2	65	97	1

나. 상담 실제

이 사례 학생은 사관학교에 지원하고자 하였으나 준비 부속으로 수능 공부에 최선을 다하였다. 수학을 상당히 잘하였고 실수나 불안감 없이 수학문제를 잘 풀었고 점수도 항상 우수한 편이었으므로 2학년 진급 시에 자연계열로 진급예정이었으나 여러 사정상 인문계열로 변경하여 진급한 학생이었다. 그러나 수학이 우수한 반면 국어가 약한 편이어서 내적인 불안 요소로 잠재하고 있었는데 그 불안감이 이번 수능 결과에 그대로 나타나고 말았다.

수능시험 결과를 분석하면 외견상 등급이 좋아 보이지만 인문계 학생으로서 국어 B에서 낮은 점수를 취득하여 정시지원에 상당히 어려움을 겪었다. 만약 국어B에서 2등급 점수대라도 형성하였더라면 보다 나은 정시지원 전략을 구사할 수 있었을 것이다.

취득한 수능 점수를 바탕으로 학생이 원하는 경제학과에 지원하기 위해 수도권 소재의 대학 중 과년도 입시결과 배치자료를 분석하여 합격 가능성이 높은 경희대학교와 국립대학교인 부산대학교에 지원하였다. 정시 가군의 경희대학교는 수도권 소재 타 대학과 비교했을 때 수학A의 반영비율이 25%로 비교적 높은 편이었고 정시 나군의 부산대학교는 국립대학교로서의 장점과 안정적인 합격을 보장하기 위해 지원하였으나 의외로 추가합격까지 가는 곤란을 겪었다. 과년도 입시결과 배치자료를 100% 신뢰하는 것은 위험하며 여러 가지 변수를 고려해야 함을 알 수 있었다.

다. 전형 지원 현황

구분	지원 수준 (소신) (적정) (안정)	지원 대학	학과 (학부)	계열 (인문) (자연) (예체)	전형 명칭	모집 인원	활용점수	대학수학능력 시험 성적 반영방법 (영역별 반영비율)	대학별 환산점수 (배점/ 만점)	합격 여부
가	소신	경희대 학교	경제 학과	인문	일반 전형	36	수능점수 (표준점수+ 백분위)	■ 수능반영방법 ▸ 국어, 수학, 영어: 표준점수 ▸ 탐구 영역: 백분위 변환표준 점수 2개 합 (탐구영역 변환표준점수는 수능성적발표 이후 대학에서 발표) ■ 성적산출방법 ▸ Σ[(취득 표준(변환)점수)X(영역별 반영비율)]÷2X7 ■ 수능 반영 영역 및 비율 국어[30%], 영어[25%], 수학[30%], 탐구[15%]	446.691 700	불합격
나	소신	부산대 학교	경제 학부	인문	수능1 전형	41	학생부 (20)+수능 점수(80) *수능점수 (표준점수)	■ 수능반영방법 ▸ 국어, 수학, 영어: 표준점수 ▸ 탐구 영역: 백분위 변환표준점수 (탐구영역 변환표준점수는 수능 성적 발표 이후 대학에서 발표) ■ 성적산출방법 ▸ Σ[(취득 표준(변환)점수)X(영역별 환산점수)]÷(영역별 배점) ■ 수능 반영 영역 및 비율 국어[24%], 영어[16%], 수학[24%], 탐구[16%]	50.348 80	추가 합격

■ **정시지원 및 결과: 충남대학교 행정학부**

가. 지원자 취득 수능 성적

국어			수학			영어			한국지리			사회 · 문화		
표준 점수	백분위	등급	표준 점수	백분위	등급	표준 점수	백분위	등급	표준 점수	백분위	등급	표준 점수	백분위	등급
136	100	1	126	89	2	124	88	3	48	41	5	60	78	3

나. 상담 실제

위 학생의 경우 수능 네 개 영역 중 국어영역에서 가장 좋은 성과를 낸 만큼 이를 가장 높게 반영하는 대학 및 학과에 응시할 경우 합격 가능성 또한 비례할 수 있다는 생각으로 평소 본인의 진로와 가정형편을 고려해서 지방 국립대학교의 행정학과를 살펴보기로 하였으며, 이에 해당하는 것으로 (나)군의 충남대학교 행정학과에 지원하기로 하였다. 다만, (가)군의 경북대학교 독어독문학과의 경우 객관적으로 드러난 지난 입시결과 사례에 비추어 충남대학교 행정학과에 비해 커트라인이 높았지만 추가합격과 진학 후에 복수전공까지 고려해서 합격할 경우 입학할 생각까지 갖고 지원하였다.

결과는 역시나 강점을 보인 국어 영역에 대한 반영비율이 높은 충남대학교 행정학과의 경우 최초합격을 이루었으나 경북대학교 독어독문학과의 경우 비교적 후보순위가 빠른 4번이었으나 복수전공을 고려한 여러 지원자의 지원 성향에 따라 추가합격 사례가 적은 관계로 최종합격을 이루어 내지 못했다는 점이 조금 아쉬웠다. 영역별로 고른 성적을 획득하는 것도 좋지만 이 또한 뜻대로 되지 않기 때문에 그날 컨디션에 따라 적어도 1~2개의 영역에서 상대적으로 우위를 점할 수 있는 결과를 이끌어 내는 것 또한 정시지원에서 고민을 덜 수 있는 덜 수 있는 하나의 방법으로 보인다.

다. 전형 지원 현황

구분	지원 수준 (소신) (적정) (안정)	지원 대학	학과 (학부)	계열 (인문) (자연) (예체)	전형 명칭	모집 인원	활용점수	대학수학능력 시험 성적 반영방법 (영역별 반영비율)	대학별 환산점수 (배점/ 만점)	합격 여부
가	상향	경북대 학교	독어독 문학과	인문	일반 전형	15	수능100% (표준점수+ 백분위)	국어B형 표준점수 25%+ 수학A형 표준점수 25%+영어 표준점수 25%+탐구 변환표준점수 25%	492.29 / 800	불합격
나	안전	충남대 학교	행정 학부	인문	일반 전형	34	수능100% (표준점수)	국어AB형 표준점수 32%+ 수학AB형 표준점수 16%+ 영어 표준점수 32%+탐구 표준점수 20%	193.96 / 300	최초 합격

02 자연계열

1) 서울대학교, 연세대학교

■ 정시지원 및 결과: 서울대학교 산업공학과

가. 지원자 취득 수능 성적

국어			수학			영어			물리I			화학II		
표준점수	백분위	등급	표준점수	백분위	등급	표준점수	백분위	등급	표준점수	백분위	등급	표준점수	백분위	등급
132	99	1	125	98	1	132	98	1	68	96	1	64	93	2

나. 상담 실제

위 학생의 경우 평소 서울대학교 지원을 염두에 두고 있었기에 과학Ⅱ 과목을 선택하였으며 실제 수능에서 과학탐구 영역의 화학Ⅱ를 제외하고 국어A, 수학B, 영어, 물리I에서 만점에 가까운 성적을 거머쥐었다. 이에 따라 자연스럽게 (가)군에는 서울대학교 기계항공공학부나 산업공학과와 (나)군에는 연세대학교 혹은 고려대학교 수학과 중 한 곳에 지원할 계획이었으며, 수능만 100%를 반영하는 서울대학교의 경우에 국어, 수학, 영어의 표준점수와 탐구과목에 대한 자체 변환표준점수를 합산한 결과 519.03점이 나왔는데 입시기관에서 발표한 지원가능점수는 기계항공공학부 520점, 산업공학과 517점이었기에 상향지원을 자제하고 본인 점수의 눈높이에 맞추어 산업공학과에 안전 지원하기로 결정하였다. 그리고 연세대학교 수학과의 경우 서울대학교보다 좀 더 합격 안정권에 들어갈 수 있다는 판단으로 지원하였는데, (가)군의 서울대학교 산업공학과는 정시 선발인원이 10명밖에 되지 않아 배치표상의 지원가능점수기준만으로 안전 판단기준을 100% 믿을 수가 없었기 때문이었다. 연세대학교 수학과의 경우에는 배치표상의 지원가능점수가 516점이었기에 예측한 대로 최초합격했으며, 서울대학교 역시 배치표상의 지원점수 기준으로 안전 하향지원을 한 결과로 역시 최초합격하였기에 기계항공공학부에 대한 미련을 버리고 최종 등록하게 되었다.

다. 전형 지원 현황

구분	지원 수준 (소신) (적정) (안정)	지원 대학	학과 (학부)	계열 (인문) (자연) (예체)	전형 명칭	모집 인원	활용점수	대학수학능력 시험 성적 반영방법 (영역별 반영비율)	대학별 환산점수 (배점/ 만점)	합격 여부
가	소신	서울대 학교	산업 공학과	자연	일반 전형	10	수능100% (표준점수+ 백분위)	국어B형 표준점수 25%+수학A형 표준점수 30%+영어 표준점수 25%+탐구 변환표준점수 20%	519.03 / 800	최초 합격
나	안전	연세대 학교	수학과	자연	일반 전형	11	수능90% (표준점수+ 백분위) + 학생부10%	국어A형 표준점수 20%+수학A형 표준점수 30%+영어 표준점수 20%+탐구 표준점수 30%	585.5 / 900	최초 합격

■ 정시지원 및 결과: 서울대학교 간호대학

가. 지원자 취득 수능 성적

국어			수학			영어			한국사			한국지리		
표준 점수	백분위	등급	표준 점수	백분위	등급	표준 점수	백분위	등급	표준 점수	백분위	등급	표준 점수	백분위	등급
129	95	2	131	99	1	132	98	1	65	95	1	66	99	1

나. 상담 실제

학생은 수시 모집에서도 서울대학교를 지원하여 1자에는 합격하였으나 최종석으로 불합격하였다. 인문계열임에도 불구하고, 자연계열의 학과에도 관심이 있어 지원하였다. 연세대학교와 고려대학교에도 최상위 학과에 지원하였으나 불합격하였다. 논술전형으로 다른 대학도 지원하였는데 수능을 치르고 난 뒤에 논술전형에 응시하지 않았다.

서울대학교에 지원할 때에 여러 과를 생각하였으나 가장 안정적으로 갈 수 있는 학과를 선택하였다. 서울대학교의 경우 자연계열에서 국어B, 수학A형에 응시하였어도 의류학과와 간호대학은 지원 가능하며, 다른 자연계열의 학과는 서울대학교에서 정한 변환 점수를 적용하여야 한다. 서울대학교는 수학 성적 반영 비율이 30%로 높은데 학생은 수학에서 가장 좋은 성적을 거두었고, 간호대학은 인문계열 학과와 자연계열의 의류학과면 받았을 제2외국어 감점도 받지 않아 충분히 가능할 것으로 보았다. 경쟁률이 상대적으로 높기는 하지만 학생의 성적이 충분할 것으로 보았다. 그래서 (나)군은 서울대학교 바로 다음 학교의 자연계열 학과에 지원하였으며 (다)군에서는 한의예과 중 조금 인지도 낮은 학교에 지원하였다. 서울대학교는 최초합격하였으며, 나군도 최초합격하였다. 다군의 한의예과는 후보 순위가 100번이 넘었으나 추가합격을 통보받았다. 평소 자연계열 학과에도 관심이 있었고, 서울대학교 입학사정관의 말(예를 들면 서울대 입학사정관은 진학협의회와 간담회를 하는 중에 '우리는 학생이 앞으로 교수를 할 것이라고 생각하고 학생을 선발한다'고 말하였다) 등을 고려하여 최종적으로 서울대학교에 진학하기로 하였다.

다. 전형 지원 현황

구분	지원 수준 (소신) (적정) (안정)	지원 대학	학과 (학부)	계열 (인문) (자연) (예체)	전형 명칭	모집 인원	활용 점수	대학수학능력 시험 성적 반영방법 (영역별 반영비율)		대학별 환산점수 (배점/만점)	합격 여부
가	안정	서울대학교	간호대학	자연	일반전형	37	수능100% (표준점수+백분위)	국어AB형 표준점수 25%+수학AB형 표준점수 30%+영어 표준점수 25%+탐구 변환표준점수 20%	523	800	최초합격

* 제2외국어 3등급 이하는 차등 감점. 학생은 3등급으로 1점 감점.

■ 정시지원 및 결과: 연세대학교(신촌) 전기전자공학부

2015학년도 대입전형 수시지원카드

국영수과 (내신)	모의고사 성적현황	국어 (A형)	수학 (B형)	영어	탐구1 (화학 I)	탐구2 (생명과학 I)	합(탐구는 2과목 평균값)
(1.55) 등급	3월 모의고사 백분위	90	84	95	90	91	360
	4월 모의고사 백분위	91	88	98	91	96	371
	6월 모의평가 백분위	97	74	97	81	89	343
	백분위 중 최댓값	97	88	98	91	96	376.5
	백분위 중 최솟값	90	74	95	81	89	344

가. 지원자 취득 수능 성적

국어			수학			영어			생명과학 I			화학 II		
표준점수	백분위	등급	표준점수	백분위	등급	표준점수	백분위	등급	표준점수	백분위	등급	표준점수	백분위	등급
130	98	1	122	91	2	132	98	1	64	92	2	68	98	1

나. 상담의 실제

이 사례 학생은 소위 수능에서 대박을 거둔 학생이다. 학생의 1년간 모의고사 성적과 수능 성적을 정리하면 아래 표와 같다.

	3월 모의고사		4월 모의고사		6월 모의평가		9월 모의평가		수능	
	표준 점수 합	백분위합	표준 점수 합	백분위합	표준 점수 합	백분위합	표준 점수 합	백분위합	표준 점수 합	백분위합
점 수	513	360	523	371	494	353	515	380	516	382

위 성적 변화에서 두 가지 특징을 살펴볼 수 있는데, 히니는 수능에서 표준점수 합은 모의고사 때와 별반 차이가 없는데 백분위합은 최고점을 얻었다. 이는 올 수능이 쉽게 출제되어 표준점수는 낮게 나왔어도 실제 이 학생의 등위는 올라갔음을 알 수 있다. 다른 하나는 6월 모의평가에서 점수가 바닥을 쳤는데 막판 마무리를 잘하여 점수를 이전만큼 아니 그 이상 끌어올렸다는 것이다.

이 학생은 앞서 수시지원 때 성균관대학교(자연과학) 전자전기컴퓨터공학계열, 고려대학교(안암) 전기전자공학부, 서강대학교 기계공학계, 한양대학교(서울) 융합전자공학부 4곳에 모두 논술전형으로 응시하였다. 한양대학교를 제외한 3곳 모두 수능최저학력기준을 만족하였으나 고려대학교와 한양대학교는 논술 성적이 낮아서 불합격하였고, 성균관대학교와 서강대학교는 논술을 미응시하여 불합격하였다. 수능 성적에서 기대했던 것보다 좋은 점수를 받아서 정시에서 소신 지원을 하기로 하였다.

수능 점수가 잘 나왔다고 해서 무턱대고 높은 곳을 지원하진 않고, 소신 2개, 적정 1개로 나누어 전략적으로 지원하였다. 받은 점수를 가지고 입시기관 자료 탐색, 담임교사와의 상담, 실시간 모의지원 등을 바탕으로 모집단위 (가)군에는 성균관대학교 전자전기컴퓨터 공학계열 일반전형에 안정 지원하고, (나)군에는 연세대학교(신촌) 전기전자공학부 일반전형에 소신 지원하였다. (다)군에는 욕심을 내서 계명대학교 의예과 일반전형에 소신 지원하였다. 결과는 앞서 두 곳은 합격하였고, 계명대 의예과는 불합격하였다.

다. 전형 지원 현황

구분	지원 수준 (소신) (적정) (안정)	지원 대학	학과 (학부)	계열 (인문) (자연) (예체)	전형 명칭	모집 인원	활용점수	대학수학능력 시험 성적 반영방법 (영역별 반영비율)	대학별 환산 점수 (배점/ 만점)	합격 여부
가	적정	성균관 대학교 (자연 과학)	전자 전기 컴퓨터 공학 계열	자연	일반 전형	46	표준점수 +변환표 준점수	(국어영역표준점수×1.0)+(수학영역표준점수×1.5)+(영어영역표준점수×1.0)+(과학탐구영역 2개 과목 변환표준점수 합×1.5)	646.765 1,000	최초 합격
나	소신	연세 대학교 (신촌)	전기 전자 공학부	자연	일반 전형	84	표준 점수	국어 A형 표준점수+수학 B형 표준점수*3/2+영어 표준점수+탐구영역 변환점수 탐구영역 환산 점수=과학탐구 변환점수 표의 백분위에 해당하는 점수를 활용하며 응시한 2과목의 변환점수 총점×3/2 수능반영 성적=영역별 환산 점수의 합 (국어+수학+영어+탐구)×900/1000	579.348 900	추가 합격
다	소신	계명대 학교	의예과	자연	일반 전형	34		① 영역별성적=백분위점수×가중치×가산비율 ② 영역별성적 평균 [인문·자연계열]=(국어+수학+영어+$\frac{탐구1+탐구2}{2}$) ÷ 4 [예·체능계열]=(국어/수학(택 1)+영어+$\frac{탐구1+탐구2}{2}$) ÷ 3 * 탐구영역 2과목 평균 시 소수점 이하 자릿수는 그대로 반영함. ③ 전형유형별 반영점수 =영역별 성적 평균×전형 유형별 수능 반영비율	953 1,000	불합격

2) 서울시립대학교 기타

■ 정시지원 및 결과: 서울시립대학교 환경원예학과

가. 지원자 취득 수능 성적

국어			수학			영어			화학 I			지구과학1		
표준점수	백분위	등급	표준점수	백분위	등급	표준점수	백분위	등급	표준점수	백분위	등급	표준점수	백분위	등급
128	95	2	119	82	3	124	88	3	62	88	3	66	96	1

나. 상담 실제

이 학생은 3학년 1학기까지 최종 내신(국수영탐) 1.33으로 의예과 및 수도권 상위권 대학에 수시지원했으나 수능최저학력기준을 충족하지 못하여 수시 결과에 많은 아쉬움이 있었다. 재수를 하지 않고 취득한 수능 점수로 최상의 진학 결과를 이루기 위해 우선적으로 진학을 희망하는 수도권 소재 대학의 과년도 입시결과 자료를 면밀히 비교 분석하여 서울시립대학교, 동국대학교, 가톨릭대학교를 정시지원하였다. (가)군에서는 우수한 내신을 적극 활용하고 안정적인 합격 대학을 보장하기 위해 내신을 20% 반영하는 서울시립대학교에 지원하였다. (나)군에서는 관심 분야인 의학 및 의생명 분야를 전공하고자 소신껏 동국대학교 의생명공학과에 지원하였다. (다)군에서는 과년도 합격사례를 분석하고 올해 수능점수를 고려하여 합격 가능한 가톨릭대학교 생명환경학부에 지원하였다. 이는 대학 졸업 후 의학전문대학원이나 약학전문대학원 진학을 위한 전공 선택이기도 하였다. 서울시립대학교와 동국대학교는 국어, 영어, 수학은 수능 점수(표준점수+백분위)를 반영하였으며 탐구는 변환표준점수를 사용하는데 지구과학 I 에서 1등급을 취득하여 경쟁력이 있었다.

수능 최상위권의 점수는 아니지만 학생이 희망하는 수도권 대학의 생명과학 관련 분야에 진학하기에는 여유로운 점수이었으므로 정시 상담은 비교적 수월하였다. 여러 배치 기준자료를 활용하였으며 가장 큰 비중과 신뢰를 둔 자료는 한국대학교육협의회에서 제공하는 대입상담프로그램이었다.

다. 전형 지원 현황

구분	지원 수준 (소신) (적정) (안정)	지원 대학	학과 (학부)	계열 (인문) (자연) (예체)	전형 명칭	모집 인원	활용점수	대학수학능력 시험 성적 반영방법 (영역별 반영비율)	대학별 환산 점수 (배점/ 만점)	합격 여부
가	안정	서울 시립 대학교	환경 원예 학과	자연	일반 전형	17	학생부 (20%)+ 수능(80%) *수능점수 (표준점수+ 백분위)	■ 수능반영방법 국어, 수학, 영어 영역: 표준점수 탐구 영역: 백분위를 활용한 자체 변환점수를 적용함.(2과목의 변환표준점수 적용) ■ 성적산출방법 ▶ 국어, 수학, 영어 　영역별 반영점수X영역별 표준점수 취 　득점÷영역별 표준점수 최고점 ▶ 탐구영역 　2과목의 변환표준점수 성적을 반영 　(*탐구영역 변환표준점수는 수능 이후 　대학 홈페이지에 공고) ■ 수능 반영 영역 및 비율 국어A[20%], 수학B[30%], 영어[20%], 탐 구[30%]	754.694 800	최초 합격
나	소신	동국 대학교 (서울)	의생 명공 학과	자연	일반 전형	14	표준점수+ 백분위	■ 수능반영방법 국어, 수학, 영어 영역: 표준점수 탐구 영역: 백분위를 활용한 자체 변환점 수를 적용함.(2과목의 변환표준점수 적용) ■ 성적산출방법 ▶ 국어, 수학, 영어 　(표준점수−200)X반영총점(1000)X계열 　별 영역 반영비율 ▶ 탐구영역 　2과목의 변환표준점수 성적을 반영(* 　탐구영역 변환표준점수는 수능 이후 　대학 홈페이지에 공고) ■ 수능 반영 영역 및 비율 국어A[20%], 수학B[30%], 영어[30%], 탐 구[20%]	621.74 1000	최초 합격

| 다 | 안정 | 가톨릭
대학교
(성심) | 생명
환경
학부 | 자연 | 일반
전형 | 57 | 표준점수 | ■ 수능반영방법
　▶ 수학, 탐구(2과목 반영)+국어, 영어 중
　　상위과목 1개 반영
　▶ 수학B 10% 가산점 부여 ■ 성적산출방법
　반영영역 취득점수×영역별 반영 비율
　반영영역별 표준점수 최고점
■ 수능 반영 영역 및 비율
　수학B[40%], 탐구[30%], 국어[30%] 및
　영어[30%]에서 상위 1개 선택 | 984,253
⁄
1,000 | 최초
합격 |

■ **징시지원 및 결과: 울산과학기술대학교 이공계열**

가. 지원자 취득 수능 성적

국어			수학			영어			생명과학 I			화학 II		
표준 점수	백분위	등급	표준 점수	백분위	등급	표준 점수	백분위	등급	표준 점수	백분위	등급	표준 점수	백분위	등급
130	98	1	116	73	4	129	94	2	64	91	2	53	55	5

나. 상담의 실제

이 사례 학생은 서울대학교 진학을 목표로 수능 공부를 준비했고, 탐구 영역에 화학Ⅱ를 응시하였다. 수능 결과가 학생의 기대 점수에 많이 못 미쳤다. 국어 성적은 3, 4, 6월 모의고사 성적에 비해 높은 성적을 거두었다. 하지만 수학과 화학Ⅱ 성적은 앞서 3회 모의고사 때보다 터무니없이 낮은 점수를 받았는데, 시험 이후 학생이 말하길 좋은 점수를 받아야 한다는 부담감에 제 실력을 발휘하지 못했다고 했다. 영어와 생명과학Ⅰ 성적은 앞서 모의고사 때와 비슷한 성적을 거두었다. 전체 성적을 보면 3회 모의고사 때 최저 점수보다 낮은 점수를 받았다.

잇따른 수시 불합격 소식에 학생의 입시 불안감은 높아졌다. 받은 점수를 가지고 전략적인 정시지원 계획을 수립하고 최악의 경우 재수까지 생각하였다. 정시지원 전략을 수립함에 있어서 자연계열 학생으로 수학 점수가 낮은 것이 치명적인데,

대부분 대학이 수학 과목에 대한 반영 비율이 높다 보니 위 학생에겐 불리하였다. 또한 이 사례 학생의 경우 구체적인 대학 진학 학과를 선정하지 못하였는데 대학 1학년 동안 이공계열 과목을 두루 이수한 이후 전공에 맞는 학과를 찾고 싶어 하여 이공계열, 공학계열로의 진학을 희망하였다.

받은 점수를 가지고 입시기관자료 탐색, 담임교사와의 상담, 실시간 모의지원 등을 바탕으로 모집단위 (가)군에는 울산과학기술대학교 이공계열 일반전형에 적정 지원하고, (나)군에는 성균관대학교 공학계열에 소신 지원하였다. (다)군에는 학생 기대치에 맞는 대학을 찾지 못해 지원하지 않았고, 만약 위 두 곳 모두 불합격한다면 재수한다는 각오로 결과를 기다렸다. 다행히 울산과학기술대학교 이공계열은 최초합격하여 등록하였다. 하지만 성균관대학교 공학계열은 후보 순위 56이었고, 미등록 충원 때까지 기다렸으나 합격하지는 못했다.

다. 전형 지원 현황

구분	지원 수준 (소신) (적정) (안정)	지원 대학	학과 (학부)	계열 (인문) (자연) (예체)	선형 명칭	노집 인원	휠용 점수	대학수학능력 시험 성적 반영방법 (영역별 반영비율)	대학별 환사점수 (배점/ 만점)	합격 여부
가	적정	울산과학기술대학교	이공계열	자연	일반전형	26	표준점수	{국어'A'×0.15}+{수학'B'×0.35}+{영어×0.25}+{과학탐구(2과목)×0.25}+{가산점(과학Ⅱ과목×0.1)}	126.9 / 200	최초합격
나	소신	성균관대학교	공학계열	자연	일반전형	72	표준점수+백분위	(국어영역표준점수×1.0)+(수학영역표준점수×1.5)+(영어영역표준점수×1.5)+(과학탐구영역 2개 과목 변환표준점수 합×1.0)	615.1 / 1000	후보순위 56

3) 국립대학교 기타

■ 정시지원 및 결과: 부산대학교 통계학부

가. 지원자 취득 수능 성적

국어			수학			영어			화학 I			생명과학 I		
표준점수	백분위	등급	표준점수	백분위	등급	표준점수	백분위	등급	표준점수	백분위	등급	표준점수	백분위	등급
125	90	2	119	82	3	129	94	2	56	69	4	56	68	4

나. 상담의 실제

이 사례 학생은 지방 국립대학교 또는 항공운항과 진학을 목표로 하고 있었고, 앞서 수시지원에서 한국항공대학교 항공운항학과 학생부교과전형, 부산대학교 기계공학부 논술전형, 한서대학교 항공운항학과 학생부종합전형에 지원하였으나 불합격하였다.

학생이 받은 수능 성적을 앞서 3회 모의고사(3월, 4월, 6월)와 비교해 보면 국영수 성적은 모의고사 때와 비슷하거나 약간 점수가 올랐다. 하지만 탐구과목 모두 수능 점수는 모의고사 점수에 비해 많이 떨어졌다.

잇따른 수시 불합격 소식에 학생의 입시 불안감은 높아졌다. 받은 점수를 가지고 전략적인 정시지원 계획을 수립하였고, 재수는 하지 않고 점수대에 맞춰서 대학을 진학하려고 하였다. 앞서 수시에선 항공운항과 기계공학과로 원서를 넣었으나 정시에선 합격에 대한 부담감으로 소신지원보다는 각종 입시사에서 제공하는 배치점보다 다소 높은 곳을 지원하는 안정 지원을 하기로 하였다.

받은 점수를 가지고 입시 기관 자료 탐색, 담임교사와의 상담, 실시간 모의 지원 등을 바탕으로 모집단위 (가)군에는 경북대학교 통계학과 일반전형에 안정 지원하고, (나)군에는 부산대학교 통계학과에 안정 지원하였다. (다)군에는 수시 때의 미련이 남아 있어서 한서대학교 항공전자공학과에 소신 지원하였다. 결과는 세 곳 모두 최초합격하였다.

다. 전형 지원 현황

구분	지원수준(소신)(적정)(안정)	지원대학	학과(학부)	계열(인문)(자연)(예체)	전형명칭	모집인원	활용점수	대학수학능력 시험 성적 반영방법(영역별 반영비율)	대학별환산점수(배점/만점)	합격여부
가	안정	경북대학교	통계학과	자연	일반전형	18	표준점수	본인 취득 표준 점수의 합 단, 탐구영역은 홈페이지에 게시된 〈변환 표준점수표〉를 참조하여 취득 변환 표준점수로 환산함.	572.88 / 820	최초합격
나	안정	부산대학교	통계학과	자연	일반전형	48	표준점수	각 과목 영역별 점수 합 영역별 점수=취득 표준(변환)점수× 부산대학교 영역별 가중치에 의한 환산점수÷수능시험 영역별 배점	48.75 / 80	최초합격
다	소신	한서대학교	항공전자공학과	자연	일반전형	6	백분위	* 학교 홈페이지 별도 자료 참조	921.16 / 1,000	최초합격

■ 정시지원 및 결과: 부산대학교 조선해양공학과

가. 지원자 취득 수능 성적

국어			수학			영어			화학 I			생명과학 I		
표준점수	백분위	등급	표준점수	백분위	등급	표준점수	백분위	등급	표준점수	백분위	등급	표준점수	백분위	등급
125	90	2	119	82	3	117	78	3	69	99	1	52	57	5

나. 상담의 실제

이 사례 학생은 지방 국립대학교 진학을 목표로 하고 있었고, 앞서 수시지원에서 경북대학교 응용화학공학부와 부산대학교 화공생명환경공학부 학생부종합전형에 지원하였으나 불합격하였다.

학생이 받은 수능 성적을 앞서 3회 모의고사(3월, 4월, 6월)와 비교해 보면 우선 국어 성적은 그간의 모의고사 성적보다 실제 수능에서 월등히 높은 성적을 거두었다. 수학 성적은 모의고사 때의 최고 성적에 육박한 점수를 받았으나 영어 성적이 모의고사 때보다 저조한 점수를 받았다. 탐구영역에서는 화학Ⅰ 성적은 그간의 모의고사 점수보다 월등히 좋은 점수를 받았으나, 생명과학Ⅰ 점수가 기대에 훨씬 못 미치는 점수를 받았다. 전체 성적을 보면 3회 모의고사 때 최저 점수보다는 조금 높은 점수를 받았다.

잇따른 수시 불합격 소식에 학생의 입시 불안감은 높아졌다. 받은 점수를 가지고 전략적인 정시지원 계획을 수립하고 최악의 경우 재수까지 생각하였다. 앞서 수시에선 화학공학계열로 원서를 넣었으나 정시에선 합격에 대한 부담감으로 소신지원보다는 각종 입시사에서 제공하는 배치점보다 다소 높은 곳을 지원하는 안정지원을 하기로 하였다.

받은 점수를 가지고 입시기관자료 탐색, 담임교사와의 상담, 실시간 모의지원 등을 바탕으로 모집단위 (가)군에는 부산대학교 조선해양공학과 일반전형에 안정 지원하고, (나)군에는 울산대학교 기계공학부(기계자동차공학)에 안정 지원하였다. (다)군에는 학생 기대치에 맞는 대학을 찾지 못해 지원하지 않았고, 만약 위 두 곳 모두 불합격한다면 재수한다는 각오로 결과를 기다렸다. 결과는 두 곳 모두 최초합격하였고, 부산대학교 조선해양공학과에 등록하였다.

다. 전형 지원 현황

구분	지원수준 (소신) (적정) (안정)	지원 대학	학과 (학부)	계열 (인문) (자연) (예체)	전형 명칭	모집 인원	활용점수	대학수학능력 시험 성적 반영방법 (영역별 반영비율)	대학별 환산점수 (배점/만점)	합격 여부
가	안정	부산 대학교	조선해양 공학과	자연	일반 전형	36		※ 정시 요강 참조	48.06 / 80	최초 합격
나	안정	울산 대학교	기계공학부 (기계자동차 공학)	자연	일반 전형	66	백분위	(국어×0.2+수학×0.3+ 영어×0.3+탐구(1)×0.2)× 1,000/108	858.33 / 1000	최초 합격

■ 정시지원 및 결과: 부산대학교 건설융합학부

가. 지원자 취득 수능 성적

국어			수학			영어			화학 I			생명과학 I		
표준점수	백분위	등급	표준점수	백분위	등급	표준점수	백분위	등급	표준점수	백분위	등급	표준점수	백분위	등급
117	75	4	119	82	3	116	77	3	56	69	4	64	91	2

나. 상담 실제

이 사례 학생은 수시에서 논술로 6회 지원하였으나 좋은 결과를 얻지 못하고 수능에 최선을 다했다. 그렇지만 수능 결과가 학생의 기대 점수에 많이 못 미쳐 입시 지도가 수월하지 못했다. 또한 수시 불합격으로 인해 학생의 입시 불안감이 상당하여 적극적으로 소신지원할 수 있는 상황도 아니었다. 평소 학생을 지도하면서 학생의 적성에 맞고 희망하는 학과가 생명과학, 생화학 관련 분야임을 고려하여 희망학과를 우선으로 지방의 사립대와 국립대학교로 지원하기로 했으나 학부모님이 수도권으로 진학하기를 희망하여 (다)군에서 수도권 대학 1곳을 지원하고 그 대신에 지방 사립대는 지원하지 않기로 했다.

(가)군에서는 전과, 복수전공, 부전공 등을 활용하기로 하고 희망하는 학과가 아니지만 합격을 우선 고려하여 부산대학교 건설융합학부에 지원하였다. 과년도 합격 사례점수를 충분히 비교 분석하여 안정권 위주의 대학을 선정하여 지원하였으므로 충분히 합격을 예상하였다. 앞서 언급하였지만 수시 불합격이라는 입시 실패의 불안감이 상당하였기에 (가)군에서는 합격 위주로 지원하였다. (나)군에서 마찬가지로 부산대학교의 분자생물학과에 지원하였다. 과년도 합격 사례점수와 비교했을 때 합격 안정권의 점수가 아니었으나 과년도의 추가합격 등록 순위가 13번까지 내려왔으므로 이를 고려하여 지원하였다. 다행히도 졸업식 직전에 추가합격 소식을 받고 학생이나 지도교사 모두 정말 기쁜 마음이었다. (다)군은 숭실대학교 물리학과에 소신지원하였으나 합격하지 못했다. 수도권 소재 대학에 진학하기에는 다소 부족한 수능 점수였다.

이 사례 학생의 경우 수도권 소재로 진학하려는 희망이 강했지만 경쟁력 있는 지방의 국립대학교에서도 충분히 자신의 꿈을 키우고 자신의 잠재력을 살려 성장할 수 있다는 자기 의지와 희망이 강했고, 교사의 지도에 잘 따라 수도권을 고집하지 않고 주어진 수능 결과를 합리적으로 분석하여 좋은 결과를 이루었다.

다. 전형 지원 현황

구분	지원 수준(소신) (적정) (안정)	지원 대학	학과 (학부)	계열 (인문) (자연) (예체)	전형 명칭	모집 인원	활용점수	대학수학능력 시험 성적 반영방법 (영역별 반영비율)	대학별 환산 점수 (배점/ 만점)	합격 여부
가	적정	부산 대학교 (부산)	건설 융합 학부	자연	수능 전형1	46	학생부(20)+ 수능점수 (80) *수능점수 (표준점수+ 백분위)	■ 수능반영방법 국어, 수학, 영어 영역: 표준점수 탐구 영역: 백분위를 활용한 자체 변환점수를 적용함. (2과목의 변환표준점수 적용) ■ 성적산출방법 ▶ 국어, 수학, 영어 수능시험 영역별 표준점수× 우리 대학교 영역별 가중치에 의한 환산점수(★)÷수능시험 영역별 배점(200점) ▶ 탐구영역 2개 과목 표준변환점수의 합 ×우리 대학교 영역별 가중치에 의한 환산점수(★)÷수능시험 탐구영역 배점(200점)*탐구영역 변환표준점수는 수능 이후 **대학 홈페이지**에 공고 ■수능 반영 영역 및 비율 국어A[16%], 수학B[24%], 영어 [24%], 탐구[16%]	47.182 80	최초 합격

나	소신	부산 대학교 (부산)	분자 생물 학과	자연	수능 전형1	22	위와 동일	위와 동일	47.182 / 80	추가 합격
다	소신	숭실 대학교	물리학 과	자연	일반 전형	24	학생부 교과(5)+ 수능점수 (95) *수능점수 (표준점수)	■ 수능반영방법 　▶ 국어, 수학, 영어, 탐구(2과목 　　반영)의 표준점수를 환산하여 　　반영 ■ 성적산출방법 　$\dfrac{\text{해당영역 수험생 표준점수}}{\text{해당영역 전체 표준점수 최고점}}$ ■ 수능 반영 영역 및 비율 　국어[15%], 수학[35%], 영어[25%], 　탐구[25%]	620.096 / 700	불합격

명문대가 뽑아주는

대입전략의
모든 것

초판인쇄 2015년 07월 10일
초판발행 2015년 07월 10일

지은이 박종석 · 곽원우 · 한규진 · 조희종 · 송동연 · 신상철 · 안세봉
펴낸이 채종준
펴낸곳 한국학술정보(주)
주소 경기도 파주시 회동길 230 (문발동 513-5)
전화 031) 908-3181(대표)
팩스 031) 908-3189
홈페이지 http://ebook.kstudy.com
전자우편 출판사업부 publish@kstudy.com
등록 제일산-115호(2000. 6. 19)

ISBN 978-89-268-6957-4 13370